Ética global:
perspectivas e desafios

O selo DIALÓGICA da Editora InterSaberes faz referência às publicações que privilegiam uma linguagem na qual o autor dialoga com o leitor por meio de recursos textuais e visuais, o que torna o conteúdo muito mais dinâmico. São livros que criam um ambiente de interação com o leitor – seu universo cultural, social e de elaboração de conhecimentos –, possibilitando um real processo de interlocução para que a comunicação se efetive.

Ética global:
perspectivas e desafios

Editora Intersaberes

Leonardo Nunes Camargo

EDITORA intersaberes

Rua Clara Vendramin, 58 . Mossunguê
CEP 81200-170 . Curitiba . PR . Brasil
Fone: (41) 2106-4170
www.intersaberes.com
editora@editoraintersaberes.com.br

Conselho editorial
Dr. Ivo José Both (presidente)
Drª Elena Godoy
Dr. Neri dos Santos
Dr. Ulf Gregor Baranow

Editora-chefe
Lindsay Azambuja

Supervisora editorial
Ariadne Nunes Wenger

Analista editorial
Ariel Martins

Preparação de originais
Luiz Gustavo Micheletti Bazana

Edição de texto
Arte e Texto Edição e Revisão de Textos
Floresval Nunes Moreira Junior

Capa
Denis Kaio Tanaami

Projeto gráfico
Bruno Palma e Silva

Diagramação
Maiane Gabriele de Araujo

Equipe de design
Luana Machado Amaro
Sílvio Gabriel Spannenberg

Iconografia
Celia Regina Tartalia e Silva
Regina Claudia Cruz Prestes

Dados Internacionais de Catalogação na Publicação (CIP)
(Câmara Brasileira do Livro, SP, Brasil)

Camargo, Leonardo Nunes
   Ética global: perspectivas e desafios/Leonardo Nunes Camargo. Curitiba: InterSaberes, 2019. (Série Estudos de Filosofia)

   Bibliografia.
   ISBN 978-85-5972-932-0

1. Ética 2. Ética – Estudo e ensino 3. Ética social 4. Filosofia I. Título II. Série.

18-22003   CDD-172.4

Índices para catálogo sistemático:
1. Ética mundial   172.4
   Iolanda Rodrigues Biode – Bibliotecária – CRB-8/10014

1ª edição, 2019.

Foi feito o depósito legal.

Informamos que é de inteira responsabilidade do autor a emissão de conceitos.

Nenhuma parte desta publicação poderá ser reproduzida por qualquer meio ou forma sem a prévia autorização da Editora InterSaberes.

A violação dos direitos autorais é crime estabelecido na Lei n. 9.610/1998 e punido pelo art. 184 do Código Penal.

sumário

ética, a urgência do livro, ix
apresentação, xiii
organização didático-pedagógica, xvii

1

Perspectivas éticas na filosofia contemporânea, 22

1.1 Desafios da ética na contemporaneidade, 24

1.2 O niilismo como diagnóstico da crise ética no pensamento de Nietzsche, 29

1.3 Foucault e a constituição do sujeito ético, 37

1.4 A ética e o conhecimento do outro em Emmanuel Levinas, 44

1.5 Peter Singer: para além de uma ética racional, 51

2 O compromisso ético na questão dos direitos humanos, 66
  2.1 A tomada de consciência dos direitos fundamentais do ser humano, 68
  2.2 É possível uma ética global do ser humano?, 73
  2.3 Um panorama dos direitos fundamentais, 77
  2.4 Os direitos humanos como valores multiculturais, 88
  2.5 Os direitos humanos em um cenário de desigualdade, 93

3 A urgência de uma ética para o meio ambiente, 112
  3.1 Pressupostos conceituais para a formulação de uma ética ambiental, 114
  3.2 Uma preocupação ética global com o meio ambiente, 119
  3.3 Ecologia profunda: a ética para além do antropocentrismo, 125
  3.4 Responsabilidade e cuidado com o meio ambiente, 134
  3.5 A tecnologia e o capital como agentes responsáveis pela crise ambiental, 140

4 Ética e bioética: um novo olhar para a vida, 156
  4.1 Bioética: princípios e tendências, 158
  4.2 A bioética em defesa do ser vivo, 165
  4.3 O problema bioético nas pesquisas com seres humanos, 172
  4.4 A bioética como enfrentamento às teses transumanistas, 179
  4.5 A manipulação genética como ameaça à imagem do ser humano, 186

5
A ética na civilização tecnológica, 204
    5.1 A tecnologia como objeto da ética, 206
    5.2 A tecnologia como vocação humana, 213
    5.3 O homem como objeto da tecnologia, 219
    5.4 A biotecnologia e a promessa de melhoramento humano, 225
    5.5 A ética como um freio aos avanços da tecnologia, 232

6
A responsabilidade como princípio ético para as gerações futuras, 250
    6.1 O pensamento ético em Hans Jonas, 252
    6.2 Por que uma ética para as gerações futuras?, 258
    6.3 A heurística do temor como opção ética perante as ameaças da tecnologia, 265
    6.4 A responsabilidade como princípio ético, 271
    6.5 O ser humano como agente da responsabilidade e da prudência, 277

considerações finais, 295
referências, 299
bibliografia comentada, 311
respostas, 315
sobre o autor, 329

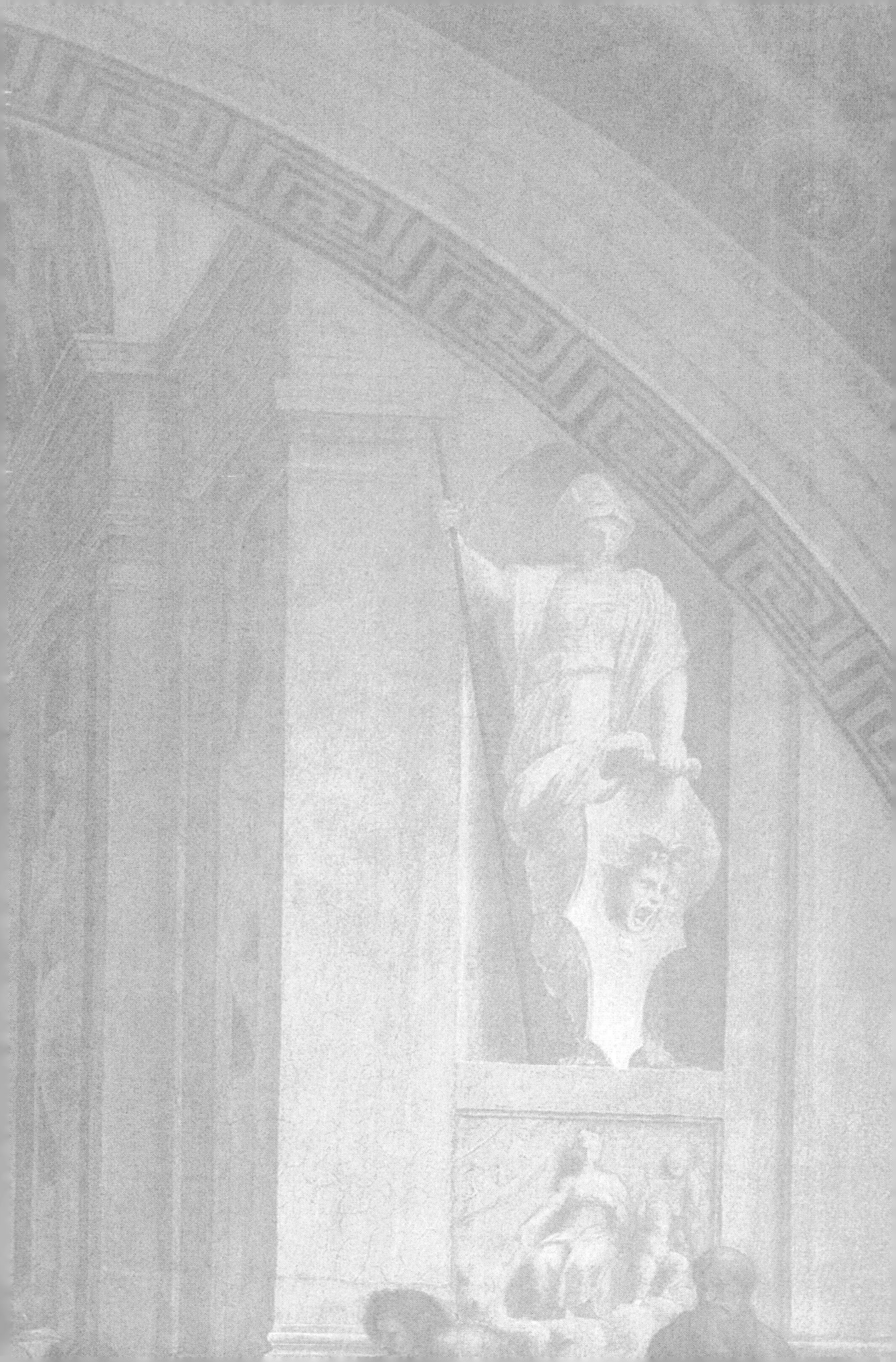

ética, a urgência do livro

Sendo uma *filosofia* prática, a ética, como disciplina filosófica, vive de urgências. Por isso, o tema deste livro não poderia ser mais urgente e atual. *Perspectivas* e *desafios* são palavras-chave quando se trata do problema ético contemporâneo. Leonardo Nunes Camargo, pesquisador do assunto, trata das questões centrais de nosso tempo e dos conceitos que ajudam a compreender e articular possibilidades de enfrentamento da chamada *crise ética* de nossos tempos. Escrito de forma ao mesmo tempo leve e acessível, profunda e conscienciosa, o livro assume a urgência de nosso tempo com coragem e discernimento.

De um lado o assunto do niilismo, um dos grandes desafios éticos do nosso momento, é analisado em sua relação com o esvaziamento dos valores do mundo contemporâneo e com a crise dos fundamentos e dos valores supremos. Sem dúvida, do ponto de vista ético, estamos diante de uma tensão sem precedentes em relação aos valores orientadores da nossa sociedade, porque o nosso tempo é marcado pelo vazio, pelas incertezas, pela frustração e pelo medo. É esse vazio que faz nascer os discursos de ódio e a relativização dos direitos humanos, do respeito e da tolerância. Sem orientação, facilmente nos perdemos em disputas vãs, preconceitos e ódio. Ora, é precisamente para isso que a ética existe: para nos ajudar a refletir sobre as nossas ações, de forma a coordenar o nosso relacionamento com os demais seres humanos, com o planeta em geral e com toda a comunidade da vida.

A urgência da qual trata o livro, portanto, apresenta-se tanto do ponto de vista intra-humano quanto do extra-humano. Pensando o mundo humano, o livro que o leitor tem em mãos analisa questões como direitos humanos, alteridade, liberdade e desigualdades que ainda vigoram em nossa sociedade. Trata-se de um desafio de cunho social, que diz respeito à nossa vida entre os demais seres humanos. Sem dúvida, aí reside um dos dilemas éticos mas urgentes de nosso tempo. Do ponto de vista extra-humano, o livro analisa os desafios ligados à ética ambiental, à bioética e à integridade da vida no futuro. Inspirado em Hans Jonas, filósofo alemão no qual é especialista, o autor analisa a relação entre a ética e a tecnologia tanto no que se refere aos recursos ambientais e à exploração do planeta quanto do ponto de vista das ameaças à autenticidade da vida.

Nesse sentido, o livro seleciona acertadamente as temáticas e oferece chaves de leitura para todos aqueles que querem pensar o nosso tempo a partir de seus problemas centrais. Compreender a atualidade, promover os direitos humanos, proteger o meio ambiente, proceder eticamente em relação à tecnologia, garantir as normas bioéticas nos experimentos com a vida, preservar a autenticidade e a integridade das gerações futuras: eis alguns dos objetivos éticos mais urgentes de nossa época, que Leonardo, com o entusiasmo de sua juventude e a destreza de sua tenra maturidade, enfrenta de forma exemplar.

A obra, assim, é argumentativamente rica e beneficamente instigante para todos aqueles que não querem apenas diagnósticos pessimistas, mas perspectivas reais de enfrentamento da grande crise que se abate sobre nós. Ela cumpre, por isso, plenamente o objetivo a que se propôs e oferece a chance para que todos nós, seus leitores, possamos contribuir para que o vazio de valores e a ameaça dos novos poderes sejam enfrentados com reflexão e responsabilidade. Resta-nos fazer a leitura inspirar nossas escolhas no cotidiano da vida, para o bem de todos.

Jelson Oliveira
Doutor em Filosofia, Professor do Programa de
Pós-Graduação em Filosofia da PUCPR.
Curitiba, verão de 2018.

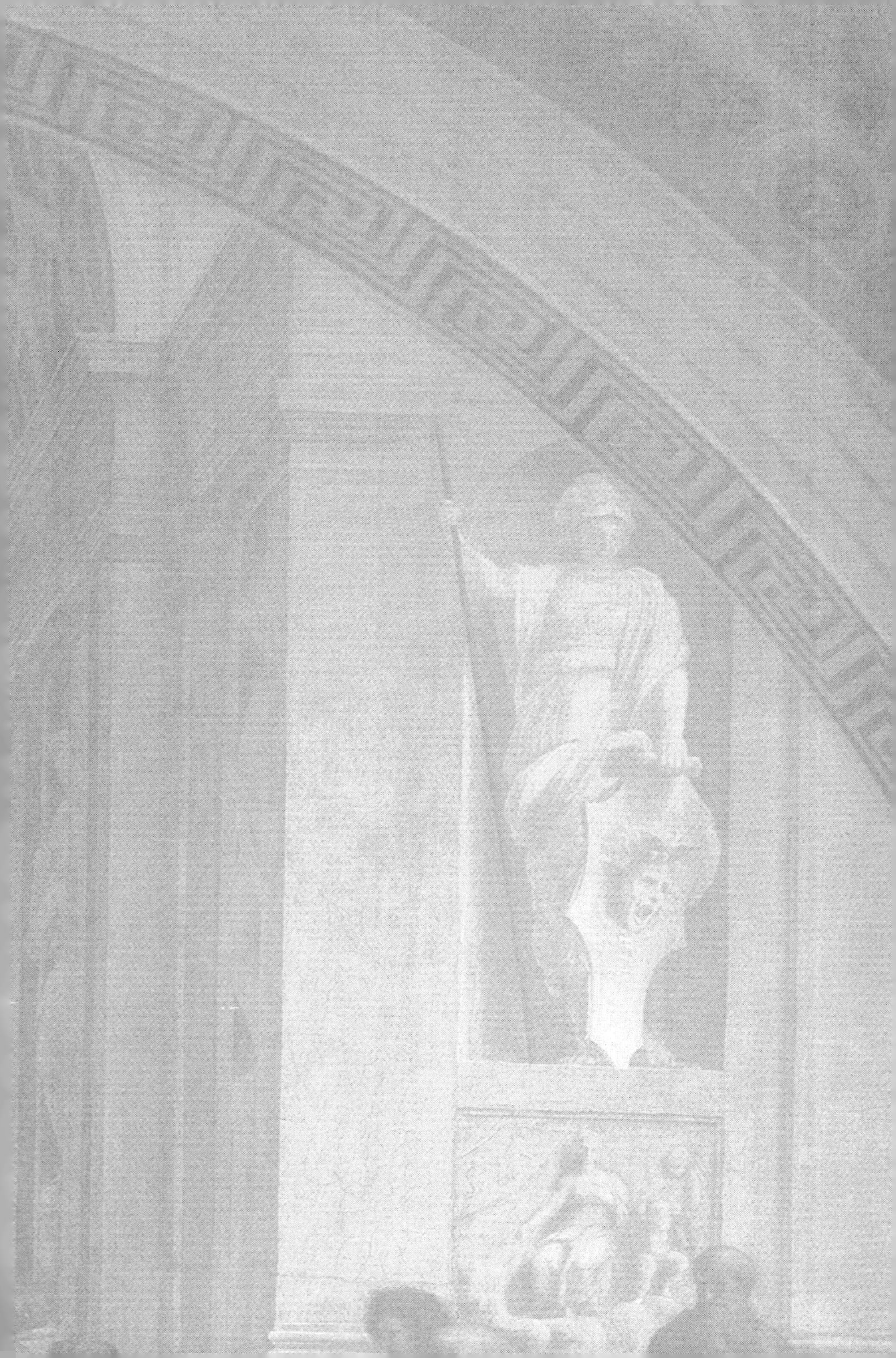

apresentação

Nesta obra, *consideramos* a ética uma reflexão filosófica sobre os princípios axiológicos que orientam e fundamentam as ações morais ou, ainda, uma espécie de ciência que questiona as leis morais e regula as ações humanas. Ao tratar a *ética* sob uma perspectiva global, apontamos para a diversidade de variações semânticas que o termo sugere na contemporaneidade.

Na história do pensamento ocidental, surgiram diversas concepções sobre a ética. Até a contemporaneidade, mais precisamente até o século XIX, as normas éticas eram pautadas em princípios e deveres do ser humano em relação a si mesmo, ou seja, as discussões sobre a ética eram determinadas e discutidas apenas considerando-se as ações imediatas e do presente.

Após o século XX, com o desenvolvimento exponencial da tecnologia, aliada à ciência e ao capital, e, ainda, com o diagnóstico niilista, foram adotadas diversas perspectivas para tratar da ética. De certa forma, houve um rompimento com o caráter único da prescrição e da normatização das éticas clássicas, ou seja, na contemporaneidade, não podemos pensar a ética apenas como um conjunto de códigos, preceitos e regras morais.

Nos tempos atuais, a ética pode ser entendida, por exemplo, como uma série de práticas relacionadas a um cuidado de si, como sugere Michel Foucault. Outra possibilidade de compreendê-la remete ao pensamento de Hans Jonas, que formula seu princípio ético com base na não reciprocidade, fugindo do antropocentrismo no qual muitas éticas se apoiaram Por isso, na contemporaneidade não podemos analisar a ética apenas como uma relação de homem para homem, mas ela deve abarcar discussões voltadas ao meio ambiente, aos direitos humanos, à bioética e à tecnologia, tanto no presente como para salvaguardar as gerações futuras.

A sociedade brasileira clama por uma reflexão ética que aborde temas como direitos humanos, meio ambiente, tecnologia e bioética. As pesquisas no Brasil, assim como no mundo, têm sinalizado para a importância de produzir tecnologia a fim de melhorar as condições e elevar a qualidade de vida das pessoas. No entanto, sem um debate ético, corremos o risco de excluir certos grupos sociais dos benefícios advindos da tecnologia e da ciência, aumentando assim a desigualdade do país, tão alarmante nos dias de hoje. Do mesmo modo, também precisamos debater de forma urgente e eficaz assuntos relacionados ao meio ambiente. A quantidade de desastres naturais ocorridos nos últimos anos, alguns provocados pelo abuso e pela irresponsabilidade do próprio ser humano de forma direta (como o desastre ambiental em Mariana em 2015, deslizamentos de terra constantes em cidades do Rio de Janeiro, Santa Catarina, Bahia etc.), outros em virtude do desequilíbrio ecológico (fortes chuvas, longos períodos de seca, entre outros), requer atitudes imediatas por parte dos governos e uma mudança de comportamento nas pessoas que favoreça o equilíbrio ambiental do país.

Portanto, nesta obra você está convidado a mergulhar no universo ético da contemporaneidade, no qual procuramos discutir as principais perspectivas e modelos éticos, bem como diversos pensadores que tratam da temática. É importante salientar que procuramos fazer isso de forma técnica e estritamente filosófica, de modo não exaustivo, mas que ofereça um arcabouço teórico suficiente para discutir o tema. Não temos a pretensão e nem conseguiremos esgotar todas as questões que concernem à temática sobre a ética.

A obra está organizada em seis capítulos.

No Capítulo 1, abordaremos o tema da ética sob uma **perspectiva contemporânea**. Nele, discutiremos algumas formas de produzir filosofia na atualidade sob o viés ético e, para tanto, nos apoiaremos em autores como Friedrich Nietzsche, Michel Foucault, Emmanuel Levinas e Peter Singer.

No Capítulo 2, trataremos a ética sob a **perspectiva dos direitos humanos**. Analisaremos como a ética deve preservar os direitos fundamentais do ser humano, entre eles o direito à liberdade, ao trabalho e à vida em um cenário de desigualdades e exploração.

No Capítulo 3, analisaremos os desafios enfrentados pela ética sob a **perspectiva ambiental**, ou seja, defenderemos a ética como algo capaz de frear as ações humanas que provocam desequilíbrio ambiental no planeta e veremos que, para isso, é necessário que o ser humano mude sua forma de agir.

No Capítulo 4, analisaremos um tipo de abordagem ética que vem ganhando destaque no cenário mundial: a **perspectiva bioética**. Destacaremos a forma como a bioética procura enfrentar questões ligadas à ciência e à tecnologia, sobretudo aquelas que têm como objetivo melhorar a constituição psíquica e física do ser humano.

No Capítulo 5, discutiremos os limites e os desafios da ética em uma sociedade sob a **perspectiva tecnológica**. Analisaremos de forma precisa a ética como um freio à tecnologia, principalmente pelo fato de ela ter transformado o homem em seu objeto.

No Capítulo 6, analisaremos a concepção ética sob a **perspectiva do pensador alemão Hans Jonas**. Apresentaremos como o autor compreende a ética na contemporaneidade e de que maneira ele elege a responsabilidade como princípio ético capaz de preservar a autenticidade e a integridade da humanidade para as gerações futuras.

Todas as questões que discutiremos ao longo desta obra têm o objetivo de despertar o interesse de alunos, professores e da comunidade acadêmica sobre a importância de discutir a ética na sociedade em que vivemos. Esta obra representa apenas o início de uma discussão que não encontrará fim, pois sempre haverá questões que a ética deverá enfrentar, seja para questionar e regular comportamentos, seja como um meio que ajude na preservação da humanidade no futuro.

*organização
didático-pedagógica*

Esta seção tem a finalidade de apresentar os recursos de aprendizagem utilizados no decorrer da obra, de modo a evidenciar os aspectos didático-pedagógicos que nortearam o planejamento do material e como o aluno/leitor pode tirar o melhor proveito dos conteúdos para seu aprendizado.

Introdução do capítulo

Logo na abertura do capítulo, você é informado a respeito dos conteúdos que nele serão abordados, bem como dos objetivos que o autor pretende alcançar.

Síntese

Você conta, nesta seção, com um recurso que o instigará a fazer uma reflexão sobre os conteúdos estudados, de modo a contribuir para que as conclusões a que você chegou sejam reafirmadas ou redefinidas.

Indicações culturais

Ao final do capítulo, o autor oferece algumas indicações de livros, filmes ou sites que podem ajudá-lo a refletir sobre os conteúdos estudados e permitir o aprofundamento em seu processo de aprendizagem.

Atividades de autoavaliação

Com estas questões objetivas, você tem a oportunidade de verificar o grau de assimilação dos conceitos examinados, motivando-se a progredir em seus estudos e a se preparar para outras atividades avaliativas.

Atividades de aprendizagem

Aqui você dispõe de questões cujo objetivo é levá-lo a analisar criticamente determinado assunto e aproximar conhecimentos teóricos e práticos.

Bibliografia comentada

Nesta seção, você encontra comentários acerca de algumas obras de referência para o estudo dos temas examinados.

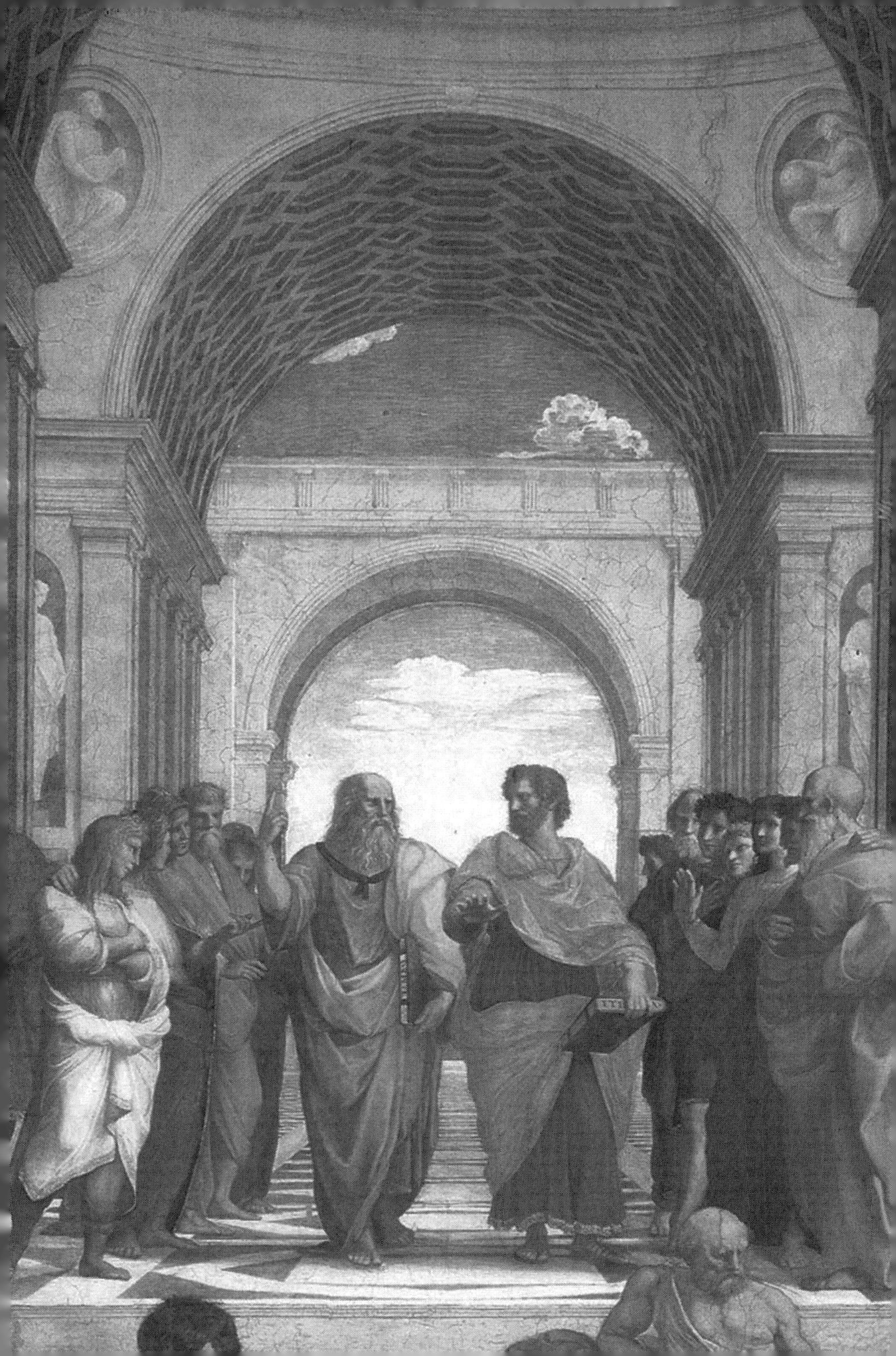

1

*Perspectivas éticas
na filosofia
contemporânea*

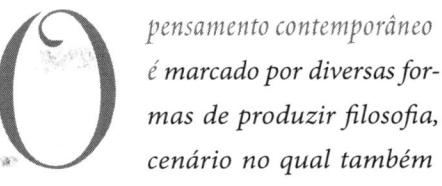

O pensamento contemporâneo é marcado por diversas formas de produzir filosofia, cenário no qual também está a ética. Longe de ser uma concepção apenas no sentido prescritivo e normativo, a ética na atualidade caminha sob diferentes perspectivas, isto é, cada autor e cada corrente teórica elabora e produz seu pensamento ético de acordo com sua convicção e o momento histórico. Entretanto, não podemos pensar a ética apenas no campo da filosofia, pois ela tornou-se global à medida que a tecnologia passou a afetar nossa forma de viver e nosso estilo de vida. Neste capítulo, ainda que o enfoque seja propriamente filosófico, apresentaremos diferentes concepções éticas produzidas ao longo da contemporaneidade, mostraremos que cada autor tem um modo de pensar a ética e analisaremos o pensamento de Friedrich Nietzsche, Michel Foucault, Emmanuel Levinas e Peter Singer no que se refere a esse tema.

1.1
Desafios da ética na contemporaneidade

Atualmente, vivemos um momento histórico marcado pelo niilismo* em função dos avanços tecnológicos ocorridos a partir do fim do século XIX, principalmente após a Primeira Guerra Mundial. A sociedade perdeu suas principais referências éticas e morais e passamos a questionar quem somos e o que devemos fazer diante das atrocidades ocorridas no século XX. A partir do momento que questionamos quem somos, pensamos sobre nossa existência e, consequentemente, nos interrogamos sobre a sacralidade da vida e o que significa, em uma instância, pensar a ética.

Vivemos uma crise mundial de diferentes facetas, isto é, ela perpassa diversas áreas da sociedade, como a política, a economia, a religião e a ética, enfim, nosso modo de viver foi alterado pela tecnologia a ponto de não sabermos mais quais são as consequências e os benefícios que a técnica de fato oferece à humanidade. Pela primeira vez na história, precisamos nos preocupar com a possibilidade de extinção da espécie humana e das demais formas de vida sobre na Terra, provocadas pelo próprio ser humano. Ora, não pretendemos considerar que o ser humano é o único capaz de destruir a própria vida; pelo contrário,

---

* De acordo com o dicionário de filosofia de Nicola Abbagnano (2007, p. 712), a palavra *niilismo* é utilizada "para designar doutrinas que se recusam a reconhecer realidades ou valores cuja admissão é considerada importante", sendo "empregada para indicar as atitudes dos que negam determinados valores morais ou políticos". Ainda conforme Abbagnano (2007, p. 712-713), Nietzsche utilizou o termo "para qualificar sua oposição radical aos valores morais tradicionais e às tradicionais crenças metafísicas: o niilismo não é somente um conjunto de considerações sobre o tema 'Tudo é vão'; não é somente a crença de que tudo merece morrer, mas consiste em colocar a mão na massa, em destruir. [...] É o estado dos espíritos fortes e das vontades fortes do qual não é possível atribuir um juízo negativo: a negação ativa corresponde mais à sua natureza profunda" (Abbagnano, 2007, p. 712-713).

sabemos que a natureza pode fazê-lo sem grande esforço, mas o fato é que a ação antrópica provoca um desequilíbrio no planeta em virtude do uso desenfreado da tecnologia sem uma avaliação ética consistente. Portanto, pensar a ética nesse cenário tecnológico é sem dúvida um exercício filosófico urgente e indispensável.

Não podemos nos limitar a falar de uma ética global na contemporaneidade sob uma perspectiva apenas normativa, pois essa delimitação seria um equívoco e daria origem a uma análise genérica e superficial do tema. Por isso, devemos pensar a ética em um nível global, que envolva temas relacionados ao meio ambiente, à bioética, aos direitos humanos e à própria tecnologia. Na atualidade, há diversos autores e métodos que se dedicam a analisar a questão da ética e cada um deles a aborda sob uma perspectiva diferente.

Mesmo dizendo que não podemos ter uma visão apenas normativa da ética, pois isso seria um equívoco, apresentaremos algumas definições e conceitos que foram legitimados e investigados ao longo da história da filosofia ocidental, procurando mostrar que pensar em uma ética global normativa ainda é possível na contemporaneidade, porém não podemos entendê-la apenas sob essa perspectiva.

Frequentemente ouvimos que as pessoas seguem certas normas sociais porque têm medo de serem rejeitadas ou simplesmente para serem aceitas ou, ainda, respeitam essas normas por medo de sofrerem alguma sanção ou lhes ser imposta alguma multa. Fato é que esses tipos de comportamento não estão no campo da ética, apenas são seguidos códigos morais da cultura em que se vive. Por isso, culturalmente são criados valores que servem para definir o que é bom ou mau, correto ou incorreto.

Mas, então, como podemos definir a ética? Ou melhor, para que serve a ética? Quais são suas características? A princípio, podemos dizer que a ética lança uma reflexão sobre a ação do ser humano enquanto objeto da lei. Nesse sentido, podemos pensar a ética como uma reflexão filosófica cujo objetivo é avaliar, questionar e fundamentar uma norma ou um código, seja ele jurídico ou não. Ela deve estar presente em toda a sociedade como um objeto de reflexão que permite que o convívio social ocorra de forma harmoniosa.

É possível traduzir o termo *ética* do grego de duas formas, ambas pronunciadas como *etho*. Uma é escrita com *epsilon* (ε) e está relacionada aos códigos culturais, às normas, aos costumes e aos hábitos de determinado povo, portanto, está próxima do conceito de *moral**. A outra forma é escrita com *eta* (η) e está relacionada ao nosso modo de ser e ao caráter de cada indivíduo, isto é, à forma como agimos, razão por que está mais próxima do conceito de ética.

> Podemos pensar a ética como uma reflexão filosófica cujo objetivo é avaliar, questionar e fundamentar uma norma ou um código, seja ele jurídico ou não. Ela deve estar presente em toda a sociedade como um objeto de reflexão que permite que o convívio social ocorra de forma harmoniosa.

Longe de uma conceitualização irrestrita e fechada, no sentido de que não é possível pensar em outras formas de conceituar o termo, podemos dizer que a *ética* é "uma reflexão propriamente filosófica a respeito dos princípios axiológicos que orientam e fundamentam as ações morais" (Candiotto, 2011b, p. 12). Ou, de acordo com Sánchez Vásquez (1995, p.12), podemos

---

* Devemos pensar a **moral** como um conjunto de normas e prescrições que regulam a vida em sociedade. Geralmente, os códigos morais são adquiridos pela cultura e devem fazer com que o cidadão seja capaz de decidir entre o que é correto e errado. A ética tende a ser universal, enquanto a moral está associada a culturas específicas. Abbagnano (2007, p. 682) define *moral* como "conduta dirigida ou disciplinada por normas, conjunto dos *mores*". A moral é suscetível de avaliação e, assim, "não só se fala de atitude moral para indicar uma atitude moralmente valorável, mas também coisas positivamente valoráveis, ou seja, boas" (Abbagnano, 2007, p. 682).

definir a *ética* como "a teoria ou ciência do comportamento moral dos homens em sociedade. Ou seja, é ciência de uma forma específica de comportamento humano". De acordo com essas definições, a ética é uma atividade filosófica e, conforme a proposição de Sánchez Vásquez (1995), apresenta uma abordagem científica cuja função é analisar os problemas morais em relação aos atos praticados pelos seres humanos. Assim, não é função da ética apenas dizer o que é certo ou errado, mas investigar por que devemos agir de determinado modo ou de um modo diferente. Ela deve esclarecer ao sujeito a melhor forma de ele agir, porém quem decide é sempre o sujeito que praticará a ação. Podemos ainda complementar a definição de ética da seguinte forma: "como filosofia da moral, quer dizer, a reflexão que versa sobre os códigos morais culturais, legitimando-os ou questionando sua validade" (Candiotto, 2011b, p. 14).

> "A sabedoria prática não pode ser ciência nem arte: nem ciência, porque aquilo que se pode fazer [agir] é capaz de ser diferentemente; nem arte, porque o agir e o produzir são duas espécies diferentes da coisa. Resta, pois, a alternativa de ser ela uma capacidade verdadeira e raciocinada de agir com respeito às coisas que são boas ou más para o homem" (Aristóteles, 1973, p. 344).

Na história da filosofia ocidental, poderíamos destacar desde a filosofia clássica grega até, na contemporaneidade, diversos autores que trataram do tema da ética. Contudo, destacaremos dois pensadores que abordaram o tema e que influenciaram essa discussão em diversos momentos da história: Aristóteles (384-322 a.C.) e Immanuel Kant (1724-1804).

Aristóteles classificou a ética como uma atividade filosófica. Para ele, os saberes eram divididos em teóricos, poiéticos e práticos. Os **saberes teóricos** procuram descrever como as coisas realmente são, como acontecem e suas causas, a exemplo das ciências da natureza. Já os **saberes**

poiéticos estão relacionados à arte de produzir, ou seja, são as técnicas e as habilidades necessárias para a produção de uma ferramenta ou de um objeto de utilidade prática que servirá para satisfazer as necessidades humanas. Os **saberes práticos**, por sua vez, estão relacionados à atividade, ou seja, mostram como devemos agir e o que devemos fazer, de modo a orientar a vida de forma satisfatória e atender aos ideais da sociedade. Esses saberes são chamados de *normativos* porque orientam nossas ações tendo em vista um fim último, que Aristóteles identificou como o bem. Nesse campo dos saberes, temos a **ética**, que nos orienta sobre como devemos agir para alcançar o bem; a **economia**, que define como proceder na Administração Pública e doméstica; e a **política**, que orienta a respeito de como governar a cidade.

Já a contribuição de Kant para a ética considera que toda ação moral deve ser guiada pela razão. Como esta é um princípio universal, todo agir moral deve seguir um princípio universalizável e ser transformado em leis morais universais. Kant chamou esse processo de *imperativo categórico*, o qual transforma os processos subjetivos da ação em leis morais universais. Toda ação deve ser submetida ao critério desse imperativo, no sentido de que impõe um dever, e pode ser expressa na seguinte fórmula: "Age de tal maneira que a tua vontade pela sua máxima se possa considerar a si mesma ao mesmo tempo legisladora universal." (Kant, 1973, p. 233). Aqui, devemos lembrar o salto histórico que fizemos, pois não pretendemos nos alongar em prescrições éticas normativas, e sim apontar para uma possível fundamentação teórica e histórica do tema ao longo da história da filosofia que sirva de base para todo o pensamento até a contemporaneidade.

Desses dois pensadores, destacamos duas formulações teóricas que perpassaram a reflexão filosófica sobre a ética que podemos chamar de *tradicional*: primeiro, toda prescrição, para ser moral (ética), deve ser universal; segundo, toda ação moral (ética), tanto em Aristóteles como em Kant, atinge apenas aquilo que podemos chamar de *círculo imediato da ação*, ou seja, as pessoas com as quais convivo e fazem parte do meu presente. Em outras palavras, trata-se de uma relação entre o agente da ação e o que sofre a ação, e vice-versa.

A seguir, apresentaremos algumas das principais contribuições filosóficas sobre a ética na contemporaneidade. A maioria delas foge dessas duas formulações apresentadas no parágrafo anterior, isto é, tais perspectivas fogem do princípio de universalização da lei moral e, como no caso de Michel Foucault e Hans Jonas*, não se referem propriamente à relação eu/outro. Veremos que, para Foucault, a relação acontece consigo mesmo, enquanto Jonas propõe um princípio ético voltado às gerações futuras e que garanta, assim, a preservação da autenticidade humana.

1.2
O niilismo como diagnóstico da crise ética no pensamento de Nietzsche**

O século XIX foi marcado por uma falência generalizada das principais correntes e perspectivas filosóficas que sustentaram a sociedade ocidental durante muito tempo. A razão deixa de ser um juízo universal, já não

---

*   As contribuições desse autor serão analisadas no Capítulo 6.
** Friedrich Nietzsche nasceu em 15 de outubro de 1844, na cidade de Rocken, na Alemanha. De família tradicional protestante, estudou Teologia e Filologia. Em 1869, ocupou a cátedra de Filologia Clássica na Universidade da Basileia, onde permaneceu por dez anos, tendo de abandonar seu posto por causa de problemas de saúde. Despertou interesse pela filosofia após a leitura da obra *O mundo como vontade e representação*, de Arthur Schopenhauer. Entre suas principais obras, destacam-se *O nascimento da tragédia* (1872), *Aurora* (1881), *A gaia ciência* (1882), *Assim falou Zaratustra* (1883), *Além do bem e mal* (1886) e *Genealogia da moral* (1988), entre outras. Faleceu em 25 de agosto de 1900, na cidade de Weimar, na Alemanha.

sendo capaz de responder às grandes questões da existência humana, como vida e morte. No campo da ética, há um esvaziamento no sentido e os grandes pilares morais da sociedade ocidental também não conseguem conduzir a vida e dirigir as ações humanas. Conforme Viesenteiner (2011, p. 112), "a partir do século XIX a esfera da ética que garante sentido às ações e à vida assiste gradativamente ao esvaziamento do potencial gerador de sentido ao homem. A esse colapso e esvaziamento é que também podemos denominar de crise da ética". É nesse contexto que surge Nietzsche, um pensador contemporâneo que faz um diagnóstico da razão e da moral e lança um novo olhar moral para a sociedade ocidental. Desde sua primeira publicação, Nietzsche está preocupado em lançar uma reflexão profunda sobre a moral, os valores e a cultura ocidental, e a reflexão sobre esses temas perpassa toda a sua obra.

O conceito fundamental para compreender o diagnóstico de Nietzsche em relação à ética é o *niilismo*. Nietzsche entende o niilismo na sociedade ocidental como um processo de esvaziamento da vida e dos valores que a fundamentaram ao longo de vários séculos. O próprio autor via-se como um pensador fora de seu tempo, no sentido de que o diagnóstico da crise ética pelo niilismo é um evento que perpetua-se até nossos dias.

> Nietzsche entende o niilismo na sociedade ocidental como um processo de esvaziamento da vida e dos valores que a fundamentaram ao longo de vários séculos. O próprio autor via-se como um pensador fora de seu tempo, no sentido de que o diagnóstico da crise ética pelo niilismo é um evento que perpetua-se até nossos dias.

De acordo com Viesenteiner (2011, p. 113), o "niilismo é um processo de falência generalizada do sentido que o homem agrega à sua vida e ao mundo". A partir do século XIX, todos os valores que serviram para solidificar a existência do ser humano, sua vida, seu mundo, a sociedade a que ele pertence e as respostas que ele tinha desmoronaram. Sem esse fundamento para sua existência, o indivíduo perde suas referências e encontra-se perdido em um mundo estranho e sem sentido.

Em uma leitura niilista do mundo, a solidão, a angústia, a náusea e a falta de finalidade são características que marcam a condição de esvaziamento do homem. A ausência de meta, rumo e direção também são elementos típicos do tempo que vivemos. Podemos usar como exemplo um navio em alto-mar sem uma bússola, isto é, aquilo que dava direção aos marinheiros, que mostrava o norte e o caminho a seguir é perdido durante o percurso. Mas não é somente isso. O diagnóstico niilista nietzschiano é mais profundo, ou seja, além da falta de direção (no caso, a bússola), o niilismo é como alguém em alto-mar que também perde a direção. O vento já não sopra para direção alguma, há uma tempestade se formando e o sujeito está sozinho e sem qualquer apoio. O desamparo e a falta de direção manifestados na questão "Para onde vou?" representam o padecimento, a falta de sentido e de objetivo, e o que causa mais pavor é que não há possibilidades de sair dessa condição.

Não podemos entender o esvaziamento dos valores que a cultura ocidental do século XIX propiciou como uma negação do mundo e da vida, pelo contrário. Nietzsche é a favor da vida, o que o autor diagnostica é a perda de significado da existência humana. Nietzsche, além de analisar os aspectos negativos da racionalidade moderna, também faz uma crítica ao cristianismo. Essas duas bases da moral ocidental tendem a fazer com que o sujeito fuja desse mundo, em vez de enfrentá-lo. A racionalidade vê o homem apenas como um ser dotado de uma faculdade universal na qual ela é capaz de guiar as ações. O cristianismo, por sua vez, postula que o indivíduo deve fugir dessa condição do mundo, pois a vida na Terra é passageira, um castigo, e um dia ele alcançará algo melhor, porém em outra vida e em outro lugar. A proposta do autor é pensar a vida enquanto uma reconciliação, isto é, viver enquanto ela acontece no aqui e agora, pois, conforme observam Paula Junior e Oliveira (2009, p. 177), "a vida deve ser afirmada não só a partir da alegria, do prazer e da luminosidade, mas também da dor, do sofrimento e do seu lado pretensamente obscuro".

Voltemos à questão do niilismo, que, como vimos, não pode ser entendido apenas como uma negação do mundo e da vida, mas como uma falta de meta e de objetivos. Podemos dizer que o fundamental para se entender o niilismo é a falta de respostas à questão "Para quê?". Em outras palavras, os valores que fundamentavam qualquer resposta a essa questão perderam seu sentido.

Quando o ser humano perde suas referências, ou seja, não é capaz de dar sentido ou valor à vida e, quando tenta fazê-lo, esse valor nada representa, certos pressupostos que legitimam atrocidades vêm à tona. A falta de sentido justificou, no passado, situações como genocídios, holocaustos, ditaduras violentas e sanguinárias, ataques contra a vida, homicídios, enfim, uma série de eventos que banalizaram a vida e ocorreram de forma eminente a partir do século XX.

Uma das passagens mais significantes da obra nietzschiana e que caracteriza profundamente seu diagnóstico niilista da sociedade e trata da crise ética vivida a partir do século XIX é o trecho intitulado "O homem louco", de *A gaia ciência* (1882). Vejamos um fragmento:

> Não ouviram falar daquele homem louco que em plena manhã acendeu uma lanterna e correu ao mercado, e pôs-se a gritar incessantemente: "Procuro Deus! Procuro Deus!"? – E como lá se encontrassem muitos daqueles que não criam em Deus, ele despertou com isso uma grande gargalhada. Então ele está perdido? Perguntou um deles. Ele se perdeu como uma criança? Disse um outro. Está se escondendo? Ele tem medo de nós? Embarcou num navio? Emigrou? – gritavam e riam uns para os

outros. O homem louco se lançou para o meio deles e trespassou-os com seu olhar. "Para onde foi Deus?", gritou ele, "já lhes direi – Nós o matamos – vocês e eu. Somos todos seus assassinos! Mas como fizemos isso? Como conseguimos beber inteiramente o mar? Quem nos deu a esponja para apagar o horizonte? Que fizemos nós, ao desatar a terra do seu sol? Para onde se move ela agora? Para onde movemos nós? Para longe de todos os sóis? Não caímos continuamente? Para trás, para os lados, para a frente, em todas as direções? Existem ainda "em cima" e "embaixo"? Não vagamos como que através de um nada infinito? Não sentimos na pele o sopro do vácuo? Não se tornou mais frio? Não anoitece eternamente? Não temos que acender lanternas pela manhã? Não ouvimos o barulho dos coveiros a enterrar Deus? Não sentimos o cheiro da putrefação divina? – também os deuses apodrecem! Deus está morto!
(Nietzsche, 2001, p. 147).

Sem dúvida, somente esse trecho já nos diz muito do abandono e da solidão que passamos a ter de enfrentar após o anúncio da morte de Deus feito por Nietzsche. O autor critica a prepotência da cultura ao criar valores como um ato tão glorioso e merecedor de prestígio. O anúncio da morte de Deus revela o quanto a cultura tornou-se vazia e incapaz de guiar as ações humanas. Ela não é capaz de direcionar a sociedade para qualquer lado ou direção, nem mesmo para onde devemos nos movimentar. A consideração de que Deus está morto é o auge da expressão niilista da sociedade contemporânea. Isso significa que política, religião, escola, moral, arte e cultura como um todo já não podem sustentá-la. Estamos sozinhos e vivemos no vazio.

Nietzsche apresenta três momentos que caracterizam o niilismo enquanto estado psicológico:

1. O primeiro refere-se à falta de **finalidade**. Quando o ser humano toma consciência de que suas ações são, na verdade, um desperdício de forças que não levarão a lugar algum, sente vergonha de si

mesmo e desprezo pelo fracasso alcançado, ou melhor, o desprezo por não ser capaz de alcançar nada marca esse primeiro estágio.
2. O segundo refere-se à **unidade**. A partir do século XIX, perde-se qualquer possibilidade de sistematização e organização, isto é, aquilo que assegurava uma relação entre mundo e homem não tem qualquer tipo de fundamentação.
3. Por fim, o terceiro momento refere-se à questão da **verdade**. Se a cultura ocidental, ao longo de séculos, teve a pretensão de construir um mundo sólido e alicerçado no valor absoluto de verdade, a partir do momento que os valores perdem seu significado não há razão capaz de legitimar um mundo metafísico.

A perda desses três valores influenciou todos os valores morais que davam sentido à vida, a ponto de chegarmos a uma completa ausência de valor. Conforme Nietzsche (1999, p. 431, grifo do original), "em suma: as categorias 'fim', 'unidade', 'ser', com as tínhamos imposto ao mundo um valor, foram outra vez **retiradas** por nós – e agora o mundo parece **sem valor**".

Voltemos à citação da passagem de "O homem louco" para selar nossas ideias sobre o niilismo como diagnóstico da crise ética:

Deus continua morto! E nós o matamos! Como nos consolar, a nós, assassinos entre os assassinos? O mais forte e mais sagrado que o mundo até então possuíra sangrou inteiro sob os nossos punhais – quem nos limpará este sangue? Com que água poderíamos nos lavar? Que ritos expiatórios, que jogos sagrados teremos de inventar? A grandeza desse ato não é demasiado grande para nós? Não deveríamos nós mesmos nos tornar deuses, para ao menos parecer dignos dele? Nunca houve um ato maior – e quem vier depois de nós pertencerá, por causa desse ato, a uma história mais elevada que toda história até então! Nesse momento silenciou o homem louco, e novamente olhou para seus

ouvintes: também eles ficaram em silêncio, olhando espantados para ele: "eu venho cedo demais", disse então, "não é ainda meu tempo. Esse acontecimento enorme está a caminho, ainda anda: não chegou ainda aos ouvidos dos homens. O corisco e o trovão precisam de tempo, a luz das estrelas precisa de tempo, os atos, mesmo depois de feitos, precisam de tempo para serem vistos e ouvidos. Esse ato ainda lhes é distante que a mais longínqua constelação – **e, no entanto, eles o cometeram!**" *– Conta-se também que no mesmo dia o homem louco irrompeu em várias igrejas, e em cada uma entoou o seu* Réquiem aeternam deo. *Levado para fora e interrogado, limitava-se a responder: "O que são ainda essas igrejas, senão os mausoléus e túmulos de Deus?".*
(Nietzsche, 2001, p. 147, grifo do original)

Essa perda de Deus, isto é, a ausência de uma referência capaz de dar sentido e significado à vida, representa a crise ética provocada pelo niilismo. Conforme Nietzsche, no trecho citado, esse momento, à sua época, ainda não havia chegado, mas hoje claramente vivemos o completo esvaziamento dos valores. O niilismo apoderou-se de nossas vidas e não sabemos viver sem ele. Isso acontece em diversas situações da vida cotidiana: compramos objetos e mercadorias sem necessidade, apenas por comprar, viramos objetos de mercado, somos motivados a todo instante a ir a *shoppings*, mercados, *fast-foods* e à academia para ficar com nossos corpos perfeitos. Tudo isso demonstra a artificialidade na qual a vida se transformou e mascara a realidade. Nossos momentos lúdicos e nossas viagens também transformaram-se em aparências. Veja, por exemplo, a necessidade das pessoas em postar fotos em redes sociais mostrando onde estão e o que estão fazendo. O que é isso senão o sentimento de vazio e de solidão?

Diante desse esgotamento, além de o homem trocar sua vida por momentos de prazer supérfluos, com o niilismo há uma banalização de si mesmo, à medida que o sujeito já não é capaz de criar e inventar nada. Sua capacidade técnica de criar está sendo substituída pelo uso de medicamentos. Basta observar o aumento, em nossa sociedade, do uso de medicamentos para depressão, ansiedade e nervosismo. Como superar o niilismo? A resposta parece certa: não é possível. Como superar a crise ética da contemporaneidade? Parece que a resposta aqui também seria um *não*, mas, por ainda estarmos imersos nesse período niilista, isto é, vivermos o esvaziamento dos valores, não somos capazes de reconhecer a crise ética como um problema e compreender a dimensão da crise que se instalou na sociedade a partir do século XIX, pois "somos demasiado covardes para realizar uma profunda incursão pelo outro de nós mesmos e do mundo" (Viesenteiner, 2011, p. 122). Nossa rejeição à crise é como não querer ter uma dor de cabeça, isto é, antes mesmo de sentir a dor eu tomo medicamentos para preveni-la, mas a dor em si mesma eu nunca a senti, eu nunca a experimentei, eu não sou capaz de enxergar a dor como algo que poderá tornar meu organismo mais resistente àquele tipo de doença. Experimentar o vazio, viver com ele e, quem sabe, criar novos valores talvez seja a saída para a crise ética.

> Essa perda de Deus, isto é, a ausência de uma referência capaz de dar sentido e significado à vida, representa a crise ética provocada pelo niilismo. Conforme Nietzsche, esse momento, à sua época, ainda não havia chegado, mas hoje claramente vivemos o completo esvaziamento dos valores.

1.3
Foucault e a constituição do sujeito ético

A obra de Michel Foucault* não apresenta um pensamento ético sistematizado, porém encontramos o termo *ética* diversas vezes ao longo de sua produção filosófica. No entanto, Foucault é um dos autores que foge da concepção ética normativa e reguladora, isto é, ele não pretende sistematizar um conjunto de normas que regulamenta a conduta dos indivíduos em sociedade e assim lançar uma reflexão ética sobre esta, nem mesmo concebe a ética como aquilo que determina o que é bom ou justo, correto ou incorreto. Outra característica da ética de Foucault e que foge dos princípios que chamamos de *tradicionais* no início deste capítulo é que o autor também não está preocupado em analisar como o indivíduo deve agir diante de certos códigos e normas sociais. Pelo contrário, o pensador francês busca investigar como se dá a relação ética do sujeito com ele mesmo, ou seja, como o sujeito enquanto indivíduo lida com os códigos morais que lhes são impostos pela cultura e que tendem a direcionar suas ações. Foucault procura saber como o indivíduo se comporta, como ele age e como se dá o processo de construção de sua maneira de ser e de agir em uma sociedade que a todo momento quer controlar e regular suas ações. Segundo Araújo (2011, p. 148), "para

---

* Michel Foucault nasceu na França, na cidade de Poitiers, em 1926, e faleceu em Paris, em 1984. Formou-se em Psicopatologia e Filosofia. Foi influenciado pela fenomenologia durante sua formação acadêmica, mas em sua produção procurou desviar-se dessa corrente filosófica. É autor de diversas obras, como *A história da loucura na época clássica* (1961), *O nascimento da clínica* (1963), *As palavras e as coisas* (1966), *História da sexualidade* (I – A vontade de saber, 1976; II – O uso dos prazeres, 1984; III – O cuidado de si, 1984), *Vigiar e punir*, (1975), entre outras. O acervo de Foucault ainda está em expansão. Diversos cursos, como *A sociedade punitiva*, no College de France, foram publicados postumamente. Trata-se de um autor riquíssimo em conteúdo e que ainda precisa ser muito estudado e analisado.

alguém se constituir como sujeito moral, importará como com seus atos tal indivíduo reage àquelas regras de conduta, isto é, como com sua atividade prática pessoal ele responde às exigências morais". Desse modo, o que importa na ética de Foucault é como o sujeito se posiciona diante de uma regra e se ele a seguirá ou não. Punições e coações, portanto, não devem influenciar o sujeito ético na formulação foucaultiana.

Em Foucault, há uma crítica à pretensão da filosofia ocidental de buscar no sujeito uma essência, uma verdade transcendental ou uma natureza fixa e imutável que explique quem é o homem. A análise do autor sobre o ser humano diz respeito aos elementos históricos e culturais que constituem o homem enquanto sujeito. Nesse sentido, não encontraremos em Foucault uma definição de homem, nem mesmo um conjunto de normas e códigos que dizem como ele deve agir.

> O que importa na ética de Foucault é como o sujeito se posiciona diante de uma regra e se ele a seguirá ou não. Punições e coações, portanto, não devem influenciar o sujeito ético na formulação foucaultiana.

Existem diversas práticas que constituem o homem enquanto sujeito, as quais variam conforme cada cultura. Foucault procura analisar as transformações históricas que as possibilitaram. Contudo, não podemos relativizar um comportamento ético por causa da diferença cultural, pois a prática tem valor e deve ser seguida sempre de forma refletida pelo sujeito: Para Araújo (2011, p. 144), "o *éthos* pessoal não é uma marca definitiva, não há um imperativo moral absoluto habitando todas as consciências de todos os indivíduos". De certa forma, o autor vai contra a pretensão de universalização da ação moral de Kant.

Diante das normas culturais que tornam o ser humano sujeito da própria cultura, como ele pode tornar-se sujeito de si mesmo? Essa é a questão que discutiremos nas próximas páginas e a que buscaremos responder.

Na obra de Foucault, podemos considerar que a preocupação com a constituição do sujeito acontece após a análise do autor sobre a formação dos saberes e a normatividade dos comportamentos ligados a práticas governamentais. Em *Vigiar e punir* (1975), ele constata que não existe poder sem resistências, e aqui devemos entender o *poder* como unidade microfísica, ou seja, o poder está presente nas diversas atividades cotidianas que o ser humano desenvolve. Assim, há um controle sobre os corpos. Para Foucault, vivemos em uma sociedade na qual há uma normalização sobre o indivíduo, a qual só é possível graças ao poder disciplinar. Dito de outro modo, em qualquer atividade que o indivíduo desenvolva há um controle sobre o tempo e o espaço em que este se encontra. Isso ocorre nas fábricas, nas escolas, nas religiões, no exército, entre outras instituições. O sujeito não é mais aquele que dita as normas sociais, é apenas um produto moldado pelas técnicas de poder que normalizam suas atitudes e atividades.

Nesse sentido, o poder disciplinar é algo que modela, normatiza e controla o corpo a fim de torná-lo dócil. Por isso, dizemos que o poder é **capilar** e **microfísico**, no sentido de que não parte de uma estrutura elevada ou maior como o governo e o Estado, mas das relações corriqueiras das quais todos fazem parte e controlam a vida humana.

Após a segunda metade do século XX, o ser humano não passa de um número, um dado estatístico dentro de um cálculo que visa controlar a sociedade e saber, por exemplo, se a população está aumentando ou diminuindo, se há uma doença, onde ela se espalha com maior fluidez e como controlá-la. Enfim, o homem tornou-se um número, e a isso chamamos controle de um *biopoder*. De acordo com Candiotto (2009, p. 221, grifo do original),

> *essa dupla dimensão da normalização moderna, individualizante e totalizante, pela qual somos alvejados tanto pela técnica disciplinar como pela regulação do biopoder, nos constitui como sujeitos, no sentido de estarmos* **sujeitos** *a. Daí a constituição de um sujeito sujeitado a partir do controle do corpo e da regulação da vida".*

Tentaremos compreender essa problemática foucaultiana ampliando o conceito de **poder** e, posteriormente, por meio da análise de longos períodos da Antiguidade, em vez da análise mais recente dos séculos XVII e XVIII.

Para Foucault, governo é a capacidade de conduzir. Nesse sentido, o indivíduo deve ser capaz de conduzir condutas e ser conduzido, governar e ser governado. A capacidade de alguém governar, isto é, conduzir os outros, passa pela necessidade de esse indivíduo ser capaz de conduzir a si próprio. Desse modo, o autogoverno é uma precondição para qualquer governo. Disso criam-se as relações de poder. Contudo, certos procedimentos, como escravidão e domesticação, não são exemplos desse tipo de relação, pois as relações de poder constituem-se quando há possibilidade de luta. Temos a ideia do governar como um **agir sobre ações**, mas também como ser capaz de **reagir a ações**, e esse é um conceito importante para a ética foucaultiana, na qual "significa que inexistem relações de governo sem práticas de liberdade" (Candiotto, 2009, p. 222).

Foucault não pensa a liberdade como processo de autoconstituição do ser humano. Sua intenção com esse conceito está ligada às relações de poder, as quais efetivam-se quando o sujeito está diante de determinada ação e é capaz de visualizar a possibilidade de outras ações. Assim, só podemos dizer que um indivíduo é livre no momento em que ele está agindo. As relações de poder também possibilitam ao indivíduo exercer a liberdade quando este, mesmo aceitando uma condução por parte do Estado, criar formas de resistência. Dessa forma, a resistência perante as relações de poder de outrem também é uma forma de liberdade do sujeito que age e, portanto, esse processo constitui o sujeito enquanto ético.

Para pensar a ética no horizonte da governabilidade, devemos entendê-la como um embate entre o desejo e a liberdade, isto é, o sujeito, no governo de si, deve limitar a imposição de seu desejo sobre sua liberdade. Isso significa que precisamos de um governo adequado de nós mesmos para que possamos governar os outros. De acordo com Candiotto (2009, p. 223):

> Para Foucault, a capacidade de alguém governar, isto é, conduzir os outros, passa pela necessidade de esse indivíduo ser capaz de conduzir a si próprio. Desse modo, o autogoverno é uma precondição para qualquer governo. Disso criam-se as relações de poder.

> *O governo de si mesmo é pensado numa primeira instância como a luta interior contra o modo de governo que forja um sujeito sujeitado pelo controle individualizante do corpo e pela regulação totalizante da vida. Numa segunda instância, essa luta se volta contra o desejo, contra a aceitação muitas vezes cômoda e passiva por parte do próprio sujeito diante das identificações que lhe são impostas.*

O governo de si faz parte do processo de constituição do sujeito, e não podemos pensar em um governo dos outros sem necessariamente sermos capazes de governar a nós mesmos. Dessa forma, a resistência, a liberdade, as relações de poder e o governo de si são formas ampliadas do poder que possibilitam um governo de si. De acordo com Araújo (2011, p. 150), "o sujeito moral se constitui conforme o modo como age com relação aos preceitos: com liberdade para se sujeitar às regras de conduta, que são por ele mesmo exercidas; ou, ao contrário, submetendo-se ao poder da autoridade, renunciando a si, para purificar sua alma de todo e qualquer desejo".

Nosso segundo ponto de análise refere-se ao retorno que Foucault propõe quando analisa os processos individualizantes e totalizantes. Para o autor, a postura de condução já estava presente nas sociedades primitivas, como no pastoreio. Os pastores, por meio da vigilância particular e totalizante de seus rebanhos, mantinham-se atentos a todos os animais do grupo, de modo que a vigilância e a condução eram indispensáveis. Esse tipo de sociedade derruba a pretensão moderna de domínio e controle sobre os corpos. O cristianismo também postulou uma forma de relação consigo mesmo, isto é, as práticas e o controle do desejo já aconteciam no período medieval, no qual a governabilidade e o poder pastoral estavam ligados à vontade divina.

Poderíamos retornar ainda mais no tempo para discutir a relação do governo de si. Para os gregos antigos, por exemplo, a arte de governar passava pela capacidade de governar a si mesmo: "é um bem precioso o saber governar a si mesmo, ser o **senhor de si**" (Araújo, 2011, p. 151, grifo nosso). Saber controlar as emoções, os desejos e os prazeres eram ações morais para os gregos e a prática das virtudes era uma prioridade na educação de jovens naquela sociedade. Para que haja política na cidade (*pólis*), é necessário haver ética, tanto para o governante como para o governado e, ainda, para quem vai resistir ao governo. A arte de governar os outros passa pela renúncia do querer governar apenas por *status,* para mostrar sua dominação sobre os outros ou para acumular riquezas. Trata-se de uma forma de cuidado de si. A prática em si sempre acontece graças a escolhas pessoais.

Sobre o cuidado de si, podemos dizer que ele tem a **função de luta**, no sentido de que o sujeito deve estar preparado para adversidades existenciais, infelicidades, acidentes e provações. Tem também a **função de**

crítica, pois o indivíduo deve estar ciente de sua ação no governo dos outros e de si, deve se corrigir, impor-se sobre os erros, os maus hábitos e costumes e livrar-se de tudo o que lhe impor obstáculos. O cuidado de si tem, ainda, uma **função terapêutica**, pois o indivíduo deve saber cuidar do corpo e da alma. Se a medicina tem o poder de curar o corpo, a filosofia cura a alma. Cuidar dessas duas instâncias, corpo e alma, ajuda na constituição do sujeito em si, como médico de si mesmo. Esse cuidado de si possibilita ao sujeito cuidar dos outros.

> Para que haja política na cidade (*pólis*), é necessário haver ética, tanto para o governante como para o governado e, ainda, para quem vai resistir ao governo.

O sujeito ético em Foucault não é necessariamente uma pessoa ou um tipo de identidade, mas trata-se de uma subjetivação, isto é, o sujeito é alguém que está em constante processo de afirmação e de constituição, é aquele que tem uma relação consigo mesmo. Candiotto (2009, p. 228) considera que "esse trabalho de si para consigo nunca se completa: ele incita a constituição contínua de singularidades inassimiláveis ao governo da individualização".

Após essa discussão, podemos entender por que a ética, para Foucault, está longe de ser uma questão normativa e reguladora: o princípio ético está na modulação de formas de ser e viver que sejam capazes de questionar a evidência de nossa existência, pois somos sujeitos em um constante processo de constituição de singularidades. A ética passa pela liberdade e a acompanha. Nas palavras de Foucault (1984, p. 116), "o que é a ética senão a prática da liberdade, a prática refletida da liberdade?". Nesse sentido, a pergunta existencial "Quem somos nós?" deve ser colocada junto à questão ética "O que fazer de nós mesmos?".

1.4
A ética e o conhecimento do outro em Emmanuel Levinas

A *contribuição ética* de Levinas* para a filosofia tornou-se fundamental na contemporaneidade pelo fato de esse autor ter resgatado o conceito de **alteridade**, isto é, uma ética capaz de nos levar ao encontro do outro. A alteridade, na filosofia de Levinas, é uma condição necessária e indispensável para que possamos nos realizar enquanto ser. Nesse sentido, a relação que eu tenho com o outro é fundamental para pensar em um novo tipo de ética, entendida como filosofia primeira. A fim de aprofundar alguns aspectos da ética de Levinas, precisamos, inicialmente, entender a crítica do autor à ontologia.

A tradição filosófica (e, de certo modo, estamos nos referindo também à ontologia) teve como característica reduzir todos os entes do mundo a conceitos. A própria alteridade foi alvo desse tipo de redução ontológica proposta pela filosofia. No entanto, ao fazermos isso a reduzimos a uma totalidade**, no sentido de que diferenças e singularidades são normatizados por meio de conceitos e comportamentos. A ética de Levinas, então, foge de sistemas éticos tradicionais, como os citados no início do

---

* Emmanuel Levinas nasceu na Lituânia, na cidade de Kaunas, em 1905. Em 1923, transferiu-se para a França e seguiu caminho na filosofia. Foi aluno de Husserl e Heidegger. Alvo do regime nazista, distanciou-se de seu mestre Heidegger por questões ligadas ao regime. Em 1973, foi nomeado professor da Sorbonne. Entre suas principais obras, destacam-se *Totalidade e infinito* (1961), *Humanismo do outro homem* (1972), *Ética e infinito* (1982) e *Entre nós: ensaios sobre a alteridade* (1991). Faleceu em 1995, em Paris.

** Devemos entender *totalidade* como uma forma de a filosofia ocidental reduzir tudo a conceitos, a sistemas, a um princípio universal, isto é, a totalidade e a universalidade sempre foram buscadas, em vez de se preservar a singularidade e a diferença de cada ente. A crítica de Levinas vai contra esse modo de fazer filosofia desde as correntes clássicas até a contemporaneidade.

capítulo, que perpassam um longo período da história ocidental, e não pode ser entendida como um conjunto de normas e práticas que devem orientar a ação humana.

O eu, na filosofia ocidental, sempre reduziu o outro a um conceito, ou seja, nunca olhamos o outro como ele é em si mesmo. Segundo Levinas (2000, p. 33), "a relação com o ser, que atua com ontologia, consiste em neutralizar o ente para o compreender e captar. Não é, portanto, uma relação com o outro como tal, mas com a redução do outro ao mesmo". Quando o outro fica condicionado a um conceito, não existe alteridade, pois anula-se qualquer possibilidade de diferença e da singularidade, e a alteridade é justamente a manutenção da diferença e da singularidade: "A objetivação do outro em categorias e sistemas de pensamento o expõe com total vulnerabilidade à intervenção normatizadora das tecnologias modernas. O princípio moderno da dominação é normalizar a alteridade pela assimilação da diferença numa forma de totalidade" (Ruiz, 2011, p. 228).

Com a modernidade, a redução ontológica do outro a um conceito no qual são manifestados desejos e interesses do eu torna-se mais acentuada. A fórmula de Bacon, "saber é poder", enaltece a pretensão de reduzir o ser humano a categorias lógicas. Levinas foge dessas concepções e propõe uma condição metafísica da alteridade, na qual não cabe qualquer forma de universalização do homem, mas privilegia-se a diferença. De acordo com o autor, "o outro metafísico é outro de uma alteridade que não é formal, de uma alteridade que não é um simples inverso da identidade, nem de uma alteridade feita da resistência ao Mesmo, mas de uma alteridade anterior a toda iniciativa, a todo imperialismo do Mesmo" (Levinas, 2000, p. 26). A ontologia negou a ética, pois o outro sempre foi visto como um conceito ou uma teoria. A partir do momento que reduzimos ontologicamente a alteridade a uma totalidade, isto é, a um conceito, praticamos um tipo de violência filosófica. Até mesmo a violência física acontece quando o outro é reduzido a um conceito, ou seja, tratado como um objeto ou uma coisa. A *violência filosófica* é chamada assim porque, além de negar a alteridade do outro, este é reduzido a interesses do eu, excluindo qualquer possibilidade de singularidade. Dessa forma, é necessário haver uma ética fundamentada e capaz de reconhecer a diferença do outro. Quando reconhecermos o outro por meio da alteridade, a dimensão da responsabilidade surgirá como princípio capaz de reduzir os interesses do eu.

Até o momento, vimos que Levinas faz uma crítica à filosofia ocidental por esta ter reduzido ontologicamente a alteridade do outro a conceitos e sistemas. A consequência dessa redução é a produção de uma violência tanto filosófica quanto física. Agora, aprofundaremos alguns conceitos importantes na obra de Levinas, como a própria **alteridade**, a ideia de **desejo** e **infinito**, como se dá o reconhecimento do outro e a noção de **rosto**.

A **alteridade** é condição necessária do ser, isto é, o ser efetiva-se enquanto tal quando abre-se à alteridade. Portanto, sem o outro, isto é, sem a alteridade, o homem não seria homem. Nesse sentido, a alteridade é uma característica que diferencia o homem dos demais seres vivos. O sujeito torna-se histórico a partir do momento que abre-se ao outro. Nesse sentido, a característica indispensável da alteridade é a relação. De acordo com Levinas (1993, p. 56), "A relação com o Outro me questiona, me esvazia de mim mesmo e não cessa de me esvaziar ao descobrir em mim recursos sempre novos. Não me sabia tão rico, pois não tenho direito a me guardar nada". Perceba que a relação do outro com o eu possibilita que este se conheça, se complete, se descubra enquanto sujeito e amplie suas possibilidades de existência.

A vontade, assim como a liberdade, são condições posteriores à alteridade. A alteridade, além de necessária, é prioritária para a existência humana e realiza-se independentemente da vontade do sujeito. Como a alteridade constitui o sujeito enquanto ser humano, podemos dizer que a alteridade, e, consequentemente,

> A **alteridade** é condição necessária do ser, isto é, o ser efetiva-se enquanto tal quando abre-se à alteridade. Portanto, sem o outro, isto é, sem a alteridade, o homem não seria homem. Nesse sentido, a alteridade é uma característica que diferencia o homem dos demais seres vivos.

a ética, são metafísicas, uma vez que tendem a respeitar a diferença, a desigualdade e a singularidade. As vontades, os desejos, a liberdade e os valores, enfim, todas as dimensões do sujeito manifestam-se de maneira diferente em cada um.

A subjetividade do eu só é possível por meio da relação com o outro. Não existe um eu transcendental padronizado de acordo com uma racionalidade universal, mas um outro com o qual me relaciono e é condição de minha existência.

Aqui podemos avançar em nossa reflexão e passarmos para a ideia de **desejo**. O desejo é algo que constitui a subjetividade, e que, portanto, torna o sujeito um ser desejante. Contudo, a capacidade de desejar será sempre incompleta, à medida que o indivíduo está sempre direcionado à plenitude, mas nunca a alcançará. O desejo é o que move o sujeito à procura pelo ser, do nosso ser; é um lançar a novas terras, a um lugar sempre diferente e estranho. A abertura do eu ao outro impele o desejo. Entretanto, não podemos confundir *desejo* com *necessidade*. A necessidade, seja fisiológica, psíquica ou histórica, pode ser saciada e deixar de existir, enquanto o desejo caminha rumo ao infinito, é insaciável e está sempre à procura de algo. A sociedade contemporânea tende a confundir *desejo* com *necessidade*. Graças à tecnologia, as grandes empresas, para divulgar e motivar o consumo de seus produtos por meio de propagandas, criam um falso desejo nas pessoas e o transformam em necessidade, a qual só pode ser saciada caso seu produto ou serviço seja comprado. O desejo nos constitui como seres abertos e nos impele ao infinito. Por isso, diz-se que a ética de Levinas é uma ética do infinito. O eu necessita do outro para viver e buscar o outro significa compensar o desejo. Dessa forma, não é possível pensar na alteridade sem o desejo. Conforme Ruiz (2011, p. 234):

> *O sujeito é um ser desejante. Desejante por ser, desejante de uma plenitude nunca atingida e inatingível, desejante de uma harmonia nunca alcançada e inalcançável. Esse desejo insaciável que percorre o ser da subjetividade e a abre para a alteridade é, em última instância, um desejo do infinito.*

Depois do caminho percorrido até aqui, chegamos a um ponto importante no pensamento ético de Levinas, que pode ser representado pela pergunta "Como reconhecemos o outro?". A resposta é: pela revelação. A revelação possibilita o conhecimento do outro como ele é. Só podemos conhecer do outro aquilo que for revelado e, dessa forma, podemos dizer que a revelação é uma categoria epistemológica (Ruiz, 2011, p. 243).

Para conhecer o outro, o eu (sujeito) precisa acolhê-lo, no sentido de que tenho de acolher aquilo que este outro revela ao meu ser, respeitando aquilo que é revelado Por isso, a ética de Levinas preserva a diferença, pois eu só posso acolher o outro quando respeito seu modo de ser, isto é, sua diferença. Quando o outro é revelado, o eu deve acolher sua manifestação em si mesmo, respeitando sua diferença e a novidade de seu modo de ser. Mesmo com todas as possibilidades de conhecimento, o outro jamais poderá ser reduzido a um conceito ou a um sistema. Nossos preconceitos sempre serão insuficientes e parciais em relação ao outro. Podemos apenas conhecer aquilo que nos for revelado e nunca teremos acesso ao outro em sua plenitude.

Dessa revelação que nos permite conhecer partes da singularidade do outro, aparece a ideia de **rosto** na ética de Levinas. De acordo com o autor, o que podemos conhecer do outro é o rosto, pois é aquilo que se revela em si. Não o compreendemos por categorias empíricas, mas sim pelo acolhimento. O rosto aproxima o eu do outro. O rosto é a expressão do humano, mas não estamos falando de um rosto físico que pode ser descrito por aspectos como forma e cor. Nele não cabem conceitos e sistemas, pois reconhecemos o outro não pela razão, mas pelo rosto.

> "A epifania do rosto como rosto abre a humanidade. O rosto na sua nudez de rosto apresenta-me a penúria do pobre e do estrangeiro; mas essa pobreza e esse exílio que apelam para os meus poderes visam-me, não se entregam a tais poderes com dados, permanecem expressão do rosto. [...] É minha responsabilidade em face de um rosto que me olha como absolutamente estranho [...] que constitui o fato original da fraternidade" (Levinas, 2000, p. 190-191).

O rosto é o acesso que temos à alteridade do outro enquanto sujeito histórico. O rosto obriga a não agir com indiferença e a exercer uma responsabilidade infinita e intransferível, porque essa parte do outro sempre exige e suplica. Desse modo, o rosto coloca o outro em destaque, até antes mesmo do eu.

Nessa perspectiva, o rosto é uma epifania do outro que se efetiva na concretude de uma vida em relação e ao mesmo tempo é detentor de uma abstração que não é integrada na esfera do mundo. Dessa forma, dizemos que o rosto é metafísico. Ao mesmo tempo que vemos o rosto como algo visível e concreto, algo nele manifesta uma certa inefabilidade, isto é, algo que não podemos descrever com caracteres lógicos. É por meio do rosto que o outro se comunica com o eu, pois ele dialoga e convida a manter uma relação entre as partes.

Por fim, temos a ideia de **responsabilidade**. Quando o eu relaciona-se com o outro, torna-se responsável por esse outro. O rosto do outro exige responsabilidade, e o fato de acolhê-lo já implica em responsabilidade, cuidado e zelo pela vida do outro.

> O rosto é o acesso que temos à alteridade do outro enquanto sujeito histórico. O rosto obriga a não agir com indiferença e a exercer uma responsabilidade infinita e intransferível, porque essa parte do outro sempre exige e suplica. Desse modo, o rosto coloca o outro em destaque, até antes mesmo do eu.

A ética pautada pela responsabilidade em Levinas caracteriza-se na relação de aproximação que tenho com o outro, no acolhimento do diferente, na sociabilidade que constrói vínculos de fraternidade. Esta, no entanto, é o lugar que engloba tanto a singularidade como a multiplicidade e não tem uma gênese nem um término na igualdade e na reciprocidade:

> O que chamo de responsabilidade por outrem, ou amor sem concupiscência, o eu só pode encontrar sua exigência em si próprio; ela está no seu "eis-me aqui" do eu, em sua unicidade não intercambiável de eleito. Ela é originalmente sem reciprocidade, pois traria o risco de comprometer sua gratuidade ou graça, ou caridade incondicional. Mas a ordem da justiça dos indivíduos responsáveis uns pelos outros surge não para estabelecer esta reciprocidade do eu e seu outro, mas por causa do terceiro, que, ao lado deste que me é um outro, me é "também um outro". (Levinas, 2005, p. 293)

Nesse sentido, somos responsáveis pelo outro, por nós mesmos e pelas ações dos outros. A responsabilidade é uma incumbência à promoção de um novo humanismo. Por meio da liberdade, justificamos nossa responsabilidade pelo outro, isto é, à medida que somos livres, somos responsáveis pelo outro. Essa responsabilidade é um verdadeiro imperativo ético, uma interpelação ao sofrimento do outro e da humanidade.

1.5
Peter Singer: para além de uma ética racional

Por mais que as diferentes abordagens éticas no âmbito filosófico tenham tomado rumos diversos na contemporaneidade, elas ainda trataram da relação do homem para com seu semelhante, ou seja, o próprio homem, mesmo que em alguns casos a referência fosse o outro, como em Levinas; ou em uma relação consigo mesmo, de governo de si, como em Foucault. Nesse sentido, podemos dizer que a marca característica que serviu de fio condutor para legitimar a ação ética foi a racionalidade do ser humano. Mas é possível pensar em uma ética além da racionalidade? Isto é, uma ética além da relação sujeito-sujeito? Uma ética que leve em consideração os interesses dos animais?

Aqui, adentramos em uma nova perspectiva para pensar a ética global. As contribuições de Peter Singer[*] nos ajudarão a pensar em uma ética além do homem, isto é, que ultrapasse a dimensão da racionalidade humana, levando em consideração o animal e seu bem-estar. A obra fundamental do autor para se pensar ética é *Ética prática* (1979). Peter Singer defende um direito próprio dos animais na contemporaneidade e procura meios que sustentem sua concepção de que os animais também podem ser sujeitos éticos. Nesse sentido, a postura de Singer vai contra o especismo, uma forma de preconceito que privilegia uma espécie em detrimento de outra.

---

[*] Peter Singer nasceu na Austrália, em 1946, na cidade de Melbourne. É um dos mais importantes pensadores na atualidade que trabalham com o tema da ética aplicada. Atualmente, é professor na Universidade de Princeton, nos Estados Unidos. Lecionou nas Universidades de Oxford, de Nova Iorque, da Califórnia, do Colorado e de La Trobe. É fundador da Associação Internacional de Bioética e coeditor da revista *Bioética*. Tem vários livros publicados, entre os quais destacam-se *Libertação animal* (1975) e *Ética prática* (1979).

Embora Singer seja considerado um filósofo ligado à ética utilitarista, "não se dedicou a construir uma nova teoria do utilitarismo ético, mas buscou aplicar a teoria utilitarista aos problemas práticos de nosso tempo" (Sganzerla; Mendes, 2016, p. 384). Portanto, a obra de Singer aborda uma série de temas que defendem as minorias, como a igualdade para mulheres, o uso de animais em pesquisas, a fome, a preservação do meio ambiente, o aborto e a eutanásia.

Contudo, tentaremos apresentar como o autor dispensa sua análise voltada aos animais. O autor foge da concepção ética tradicionalista de caráter deontológico*, que apoia-se em normas e prescrições sobre como devemos agir, e também de caráter consequencialista, no qual há objetivos e o sujeito deve agir para favorecê-los esses objetivos. No entanto, para fundamentar sua teoria ética como prática, o autor precisou estabelecer um novo princípio. Se retornássemos à civilização grega na época da *pólis*, a felicidade, também entendida como bem, seria esse princípio. Na modernidade, teríamos a universalização, ou seja, buscou-se em cada momento histórico da filosofia estabelecer um *telos*, uma finalidade, um princípio que fosse capaz de direcionar as ações humanas. O que Singer propõe é o princípio de igual consideração de interesses.

De acordo com Singer, esse princípio aplica-se tanto ao ser humano quanto aos animais, pois o autor entende esse interesse comum como o alívio da dor e do sofrimento. De acordo com esse princípio, em qualquer

---

* De acordo com o dicionário técnico de filosofia de Nicola Abbagnano (2007, p. 240), *deontologia* designa uma ciência do "conveniente", ou seja, uma moral fundada na tendência a perseguir o prazer e fugir da dor e que, portanto, não lance mão de apelos à consciência, ao dever etc. "A tarefa do deontólogo", diz Bentham, "é ensinar ao homem como dirigir suas emoções, de tal modo que as subordine, na medida do possível, a seu próprio bem-estar [...]. Muito diferente desse uso é o proposto por Rosmini, que entendeu por 'deontológicas' as ciências normativas, ou seja, as que indagam como deve ser o ente para ser perfeito [...]. O ápice das ciências deontológicas seria a ética (doutrina da justiça)" (Abbagnano, 2007, p. 240).

ação moral praticada todos os envolvidos (sejam animais humanos ou não) compartilham de um mesmo peso de interesses. Vejamos como Singer (2002, p. 30) aborda o tema:

> *A essência do princípio de igual consideração significa que, em nossas deliberações morais, atribuímos o mesmo peso aos interesses semelhantes de todos os que são atingidos por nossos atos. Isso significa que, se apenas X e Y viessem a ser atingidos por um possível ato, e que, se X estiver mais sujeito a perdas e Y mais sujeito a vantagens, melhor seria deixar de praticar esse ato.*

De acordo com esse trecho, se alguma das partes for privilegiada em uma ação moral, o ato deve ser evitado. A ação somente pode se concretizar quando ambas as partes forem privilegiadas de mesma forma:

> *Se aceitarmos o princípio da igual consideração de interesses, não poderemos dizer que é melhor praticar o ato, a despeito dos fatos descritos, porque estamos mais preocupados com Y do que com X. Eis a que o princípio realmente equivale: um interesse é um interesse, seja lá de quem for esse interesse.* (Singer, 2002, p. 30)

Em sua obra, Singer, para deixar ainda mais clara sua posição quanto ao princípio de igual consideração de interesses, compreende esse interesse como o alívio da dor e do sofrimento, os quais são algo que tendemos a evitar. Assim, a indesejabilidade da dor aplica-se em ambos os casos. Evidentemente, podemos ter um caso no qual a dor de um indivíduo seja mais intensa que a dor de outro, mas o determinante aqui é que, no caso do sofrimento, ele deve ser sempre evitado.

Ainda de acordo com Singer, o princípio de igual consideração de interesses funciona como uma balança, na qual os interesses devem ser pesados e vistos de maneira imparcial. Ao eleger o interesse da dor e do sofrimento como uma forma de aplicar sua ética, o autor faz uma crítica ao racismo e ao especismo, isto é, não podemos atribuir uma dor maior a um indivíduo de uma espécie ou só pelo fato de ele ser de uma raça diferente, ou, ainda, só porque conhecemos ou imaginamos mais facilmente a dor que ele sente em comparação à dor de outra espécie ou raça. Esse princípio de igual consideração dos interesses não é restrito aos seres humanos e estende-se a todos os seres vivos, como os animais. Ora, mas a questão que se apresenta é: Por que estender um princípio ético a animais? Esse princípio mostra que a preocupação que devemos ter por outros não exige qualquer racionalidade e capacidade superior de uma raça sobre outra. Em outras palavras, o fato de uma pessoa ser diferente da raça dela não lhe dá o direito de explorá-la, ou seja, não podemos ignorar seus interesses e considerá-las inferiores ou com menos capacidade intelectiva. Nesse sentido, podemos estender esse princípio aos animais, pois, conforme Singer (2002, p. 66) "o princípio, contudo, também implica o fato de que os seres não pertencerem à nossa espécie não nos dá o direito de explorá-los, nem significa que, por serem os outros animais menos inteligentes do que nós, possamos deixar de levar em conta os seus interesses".

Aqui reafirmamos que o princípio de igual consideração de interesses não leva em conta se o ser vivo sabe falar ou pensar, basta a capacidade de sofrer e de sentir dor. A capacidade de sofrer é um direito indispensável do ser vivo. Não há justificação moral que proíba levar o sofrimento em consideração. Ao chutarmos uma pedra, de acordo com Singer, não estamos ferindo os interesses daquele objeto. Não podemos dizer o mesmo, porém, quando usamos certos animais como cobaias para o teste de medicamentos e cosméticos.

Aqui aparece a **senciência** (sensibilidade) como uma fronteira defensável de preocupação com o interesse do outro. Por exemplo, não podemos comparar a dor de um ser humano com a de um rato e dizer que a dor do humano é mais intensa simplesmente porque conhecemos esse tipo de dor e nada sabemos, na prática, sobre a dor de outros seres vivos. O princípio de igual consideração de interesses não pretende medir a intensidade das dores e procura formas de aliviar o sofrimento em ambos os seres.

O fato de o ser humano ter consciência da dor mais que outros animais pode gerar certos questionamentos ao princípio ético de Singer. Vamos tentar clarificar o princípio de igual consideração de interesses com o exemplo do autor em sua obra *Ética prática*: temos claro que, em certas circunstâncias, o ser humano sofra além da dor física. Se capturarmos as pessoas que vão a parques e fizermos experimentos com elas, levando-as à morte, certamente criar-se-á um medo nas pessoas que vão constantemente a parques, a tal ponto de elas sofrerem intensamente com a situação. Se capturarmos ratos nos mesmos locais para realizar os mesmos tipos de experimentos, estes não sofrerão antecipadamente, uma vez que não são capazes de prever um acontecimento que lhes causará dor. Mas não é por esse motivo que podemos justificar o experimento com animais não humanos, pois, se assim fizermos, poderíamos incluir aqui os bebês recém-nascidos e os seres humanos com algum tipo de deficiência mental, pois ambos também não são capazes de prever o que acontecerá e, portanto, não sofrerão antecipadamente. Ora, o que queremos mostrar com isso é que o que está em jogo não é a capacidade de distinguir quem sofre mais, e sim que a igualdade de interesses preza pelo alívio do sofrimento em qualquer espécie. Dor e sofrimento são, em si mesmas, coisas más e devem ser minimizadas e evitadas constantemente, independentemente da raça ou da espécie.

Para finalizar a discussão acerca da proposta de Singer em relação ao alcance do princípio de igual consideração de interesses para além dos animais humanos, queremos lançar duas análises amplamente discutidas na sociedade atual, que geram uma série de debates e que foram problematizadas pelo autor há algumas décadas. Trata-se do uso de animais como alimentos e de sua utilização em experimentos científicos.

Evidentemente, não nos estenderemos nos temas, pretendemos apenas desenvolver algumas reflexões.

Sobre o uso de animais na alimentação, Singer aponta para o fato de serem usados mais por luxo do que por necessidade. Para o autor, a variedade de dietas que a sociedade atual disponibiliza no mercado pode facilmente substituir a carne animal por outros produtos. Mas a principal preocupação em relação ao uso de animais refere-se às condições de vida a que eles são submetidos para gerar um baixo custo de produção e, assim, a carne possa ser vendida por um preço mais acessível à população. Os locais de confinamento, os modos de operacionalização e a dieta exaustiva são alguns exemplos de exposição desses animais. A crítica do autor está totalmente direcionada à produção de carne pelas grandes indústrias, que visam apenas satisfazer seus interesses e obter lucro. O sofrimento que elas provocam nos animais é passível de uma reflexão ética, pois fere o princípio de igual consideração de interesses e a vida em si.

> O que está em jogo não é a capacidade de distinguir quem sofre mais, e sim que a igualdade de interesses preza pelo alívio do sofrimento em qualquer espécie. Dor e sofrimento são, em si mesmas, coisas más e devem ser minimizadas e evitadas constantemente, independentemente da raça ou da espécie.

Sobre o uso de animais na experimentação científica, cientistas defendem que essa prática gera benefícios e descobertas que favorecem a humanidade, porém, o modo como esses animais são tratados provoca um sofrimento excessivo neles. A indústria cosmética é um bom exemplo do uso de animais para o teste de xampus, condicionadores e produtos para tratamento de pele. Para que um produto dessa indústria dê resultados positivos, são necessários vários testes até se chegar à fórmula correta. Dito de outro modo, vários animais morrem enquanto esses produtos são testados. A premissa de que fazer pesquisa com animais serve para aliviar o sofrimento é infundada, inclusive porque a indústria estética não precisa aliviar a dor e o sofrimento de nenhum ser humano. Usamos o exemplo da indústria cosmética, mas poderíamos mencionar outros exemplos, como a produção de corantes artificiais, sejam eles comestíveis ou não, entre outros*.

A questão que se formula e que vai contra o especismo é: Seríamos capazes de usar seres humanos em pesquisas para que fossem descobertas novas formas de prolongar a vida ou, ainda, melhorar a forma física e estética de outras pessoas?

A dor corporal e o sofrimento, tomados por Singer via princípio da igual consideração de interesses, leva o agente a considerar as ações éticas não de acordo com as capacidades racionais, mas pela consideração de algo que é comum a todos os seres vivos, independentemente de serem eles dotados ou não de razão, que é a capacidade de sofrer. (Barboza; Debona; Decock, 2011, p. 178)

Nesse sentido, podemos perceber que nem animais nem seres humanos deveriam ser usados como instrumentos de manipulação na pesquisa científica, tendo em vista que são seres que sofrem, e, nesse caso, a possibilidade de dor deve ser evitada. Fato é que temos de encontrar novos meios científicos que possibilitem o progresso da ciência, sem que precisemos usar seres vivos para alcançar tais avanços.

---

* Nos Estados Unidos, havia experimentos com macacos nos quais estes primeiro eram acostumados a percorrer longas distâncias e, posteriormente, recebiam uma grande dose de radiação e eram forçados a correr até onde fossem capazes. Esse experimento servia para obter informações sobre a capacidade de resistência de soldados em campo de batalha caso sofressem algum ataque nuclear. Fato é que em nenhum momento desses experimentos visou-se o alívio do sofrimento dos macacos; pelo contrário, eles eram constantemente forçados a continuar (por meio do uso de choques), aumentando assim sua dor e seu sofrimento e, consequentemente, ferindo o princípio de igual consideração de interesses, que é aliviar o sofrimento e a dor.

Síntese

Neste capítulo, vimos que não podemos mais pensar a ética somente como um conjunto de códigos morais que o sujeito deve seguir para viver em harmonia na sociedade. Na contemporaneidade, surgiram vários autores que propuseram uma reflexão a respeito da ética, cada um a seu modo, de uma maneira bem particular. Vimos também que pensar uma ética global é fugir dos patamares filosóficos teóricos, uma vez que ela atingiu diferentes áreas do saber e todas as formas de vida.

Retomamos a seguir os principais pontos trabalhados ao longo deste capítulo e que permitem pensar em uma nova ética.

Friedrich Nietzsche foi um dos primeiros autores contemporâneos a fazer uma crítica à racionalidade e ao modelo ético cristão. Vimos que o autor propõe o niilismo como diagnóstico da crise ética, isto é, a partir do século XIX, há um esvaziamento dos valores morais, a ponto de o ser humano perder todas as suas referências.

Já Michel Foucault propõe o autogoverno de si como forma de constituir um sujeito ético. Vimos que o autor faz uma análise histórica da sociedade e das formas que tentam regular suas ações. O sujeito ético é aquele capaz de, diante de uma norma disciplinadora, posicionar-se perante essa regra, a favor ou contra. E, ainda, é capaz de governar a si mesmo, para também governar os outros.

Quanto ao modelo ético de Levinas, vimos que o autor propõe a alteridade enquanto fundamento ético, isto é, a relação que se estabelece entre o eu e o outro produz uma reflexão sobre o sujeito ético, a ponto de o eu tornar-se responsável pelo outro. Nesse modelo ético, o rosto exerce um papel essencial.

Por fim, fugindo de um preconceito especista e racista, Peter Singer propõe como modelo ético o princípio de igual consideração dos interesses. Vimos que todos os animais, sejam eles humanos ou não, compartilham de interesses. O interesse comum entre todos é o alívio da dor e do sofrimento. Para que uma ação moral seja de fato ética, o interesse de todos os envolvidos deve ser levado em consideração.

Indicações culturais

As *indicações culturais* a seguir, na forma de filmes ou de livros, referem-se ao conteúdo trabalhado ao longo deste capítulo e têm como objetivo aprofundar os conceitos e as teorias trabalhados, permitindo que você aprofunde o tema e amplie seus conhecimentos.

Filmes

AMOR sem fronteiras. Direção: Martin Campbell. EUA: UIP, 2003. 127 min.

LUZ de inverno. Direção: Ingmar Bergman. Suécia: Versátil, 1963. 78 min.

MEDEIA. Direção: Pier Paolo Pasolini. Itália: 1969. 118 min.

PLANETA dos macacos. Direção: Tim Burton. EUA: Fox Film Brasil, 2001. 120 min.

Livros

FOUCAULT, M. **História da sexualidade 3**: o cuidado de si. Tradução de Maria Thereza da Costa Albuquerque. 4. ed. Rio de Janeiro: Graal, 1985.

_____. **Vigiar e punir**. Tradução de Raquel de Ramalhete. 22. ed. Petrópolis: Vozes, 2000.

LEVINAS, E. **Ética e infinito**. Madrid: Visor, 1991.

LEVINAS, E. **Humanismo do outro homem**. Tradução de Pergentino Stefano Pivatto (Coord.). Petrópolis: Vozes, 1993.

_____. **Totalidade e infinito**. Tradução de José Pinto Ribeiro. Lisboa: Edições 70, 2000.

NIETZSCHE, F. **A gaia ciência**. Tradução de Paulo César de Souza. São Paulo: Companhia das Letras, 2001.

_____. **Genealogia da moral**. Tradução de Paulo César de Souza. São Paulo: Companhia das Letras, 1998.

PELIZZOLI, M. **Levinas e a construção da subjetividade**. Porto Alegre: EdPUCRS, 2002.

RUSS, J. **Pensamento ético contemporâneo**. Tradução de Constança Marcondes César. São Paulo: Paulus, 2009.

SGANZERLA, A.; FALABRETTI, E. S.; BOCCA, E. V. (Org.). **Ética em movimento**. São Paulo: Paulus, 2009.

SINGER, P. **Ética prática**. Tradução de Jefferson Luiz Camargo. 3. ed. São Paulo: M. Fontes, 2002.

_____. **Libertação animal**. Tradução de Marly Winckler. São Paulo: Lugano, 2004.

VÁSQUEZ, A. S. Ética. Tradução de João Dell'Anna. 15. ed. Rio de Janeiro: Civilização Brasileira, 1995.

VOLPI, F. **O niilismo**. Tradução de Aldo Vannuchi. São Paulo: Loyola, 1999.

Atividades de autoavaliação

1. Nietzsche faz um diagnóstico da crise ética no século XIX e considera que, a partir desse século, a sociedade perdeu suas referências e já não consegue respostas à pergunta "Para quê?". Além disso, a falta de meta e de objetivos acometem a sociedade como um todo. O conceito que Nietzsche usa em seu diagnóstico dessa crise ética é:
    a) valorização da vida.
    b) compromisso ético.
    c) transmutação dos valores.
    d) niilismo.
    e) moral de rebanho.

2. De acordo com o que discutimos neste capítulo, podemos dizer que governo é a capacidade de conduzir. Assim, o indivíduo deve ser capaz de conduzir condutas e ser conduzido, governar e ser governado. A capacidade de alguém governar, isto é, conduzir os outros, exige que esse indivíduo seja capaz de conduzir a si próprio. Desse modo, o autogoverno é como uma precondição para qualquer governo. Dos autores indicados a seguir, o que propõe o autogoverno como constituição do sujeito ético é:
    a) Nietzsche.
    b) Aristóteles.
    c) Kant.
    d) Levinas.
    e) Foucault.

3. De acordo com Levinas, a filosofia ocidental teve como principal característica limitar todos os entes do mundo a conceitos. A própria alteridade foi alvo desse tipo de redução proposta pela filosofia. No entanto, ao fazermos isso, a reduzimos a uma totalidade, no sentido de que as diferenças e as singularidades são normatizadas na forma de conceitos e comportamentos. Antes de propor a alteridade como um dos principais fatores de seu modelo ético, Levinas faz uma crítica à filosofia ocidental. Essa crítica dirige-se principalmente:
    a) à carta universal dos direitos humanos.
    b) à ontologia.
    c) ao materialismo histórico-dialético.
    d) ao conceito de transmutação dos valores.
    e) ao niilismo.

4. Peter Singer, em sua formulação ética, diz que, em uma ação moral, os interesses de todos os envolvidos devem ser levados em consideração. O autor propõe e defende como premissa de igualdade para todos os seres vivos o princípio:
   a) de igual consideração de interesses.
   b) de universalização dos costumes.
   c) da lógica igualitária.
   d) do terceiro excluído.
   e) universal de conduta.

5. Indique se as afirmações a seguir são verdadeiras (V) ou falsas (F) no que se refere às perspectivas da ética na filosofia contemporânea:
   (   ) Nietzsche propôs o niilismo como diagnóstico da crise ética.
   (   ) Podemos atribuir a máxima: "Age de tal maneira que a tua vontade pela sua máxima se possa considerar a si mesma ao mesmo tempo legisladora universal" ao pensador Immanuel Kant.
   (   ) Aristóteles, ao separar o conhecimento em saberes teóricos, poiéticos e práticos, colocou a ética como sabedoria prática, juntamente com a economia e a política.

   Agora, assinale a alternativa que apresenta à sequência correta:
   a) V, F, V.
   b) V, V, F.
   c) F, F, F.
   d) F, F, V.
   e) V, V, V.

Atividades de aprendizagem

Questões para reflexão

1. O niilismo que Nietzsche identificou como diagnóstico da crise ética mudou nossa concepção sobre Deus, o mundo e o ser humano. Esse niilismo é entendido como um esvaziamento dos valores e o ser humano perde suas referências e o sentido de sua existência. De acordo com o que estudamos ao longo do capítulo, elabore um texto dissertativo sobre como você entende o niilismo nietzschiano.

   Para construir o texto, você deverá:
   - apresentar uma breve definição de niilismo;
   - discutir a crítica que Nietzsche faz à filosofia ocidental;
   - apresentar a saída de Nietzsche para superar o niilismo e argumentar se isso é possível ou não.

2. Na obra *Totalidade e infinito*, Levinas diz:

   > No rosto apresenta-se o ente por excelência. E todo o corpo pode exprimir com o rosto: uma mão ou um arqueamento do ombro, por exemplo [...]. O princípio de "tu não cometerás assassínio", a própria significação do rosto, parece situar-se no oposto do mistério que profana Eros e que se anuncia na feminilidade do termo. No rosto, Outrem exprime a sua eminência, a dimensão de altura e divindade donde descende. Na sua doçura desponta sua força e seu direito. (Levinas, 2000, p. 240)

   Elabore um texto dissertativo discutindo a importância do rosto na formulação ética do autor.

Para construir o texto, você deverá:
- apresentar como Levinas compreende o rosto;
- discutir como podemos nos reconhecer no rosto o outro, tendo como referência o mandamento ético de não matar;
- relacionar a importância do rosto para a proposta ética de Levinas.

Atividades aplicadas: prática

1. Faça uma leitura da seguinte obra:

   NIETZSCHE, F. **Genealogia da moral**. Tradução de Paulo César de Souza. São Paulo: Companhia das Letras, 1998.

   Faça um fichamento dessa obra e verifique a possibilidade de construir um artigo científico. Ao ler a obra, identifique aspectos que comprovem uma nova proposta ética para a contemporaneidade, estabelecendo relações com o que trabalhamos ao longo deste capítulo. Lembre-se de que a ética na contemporaneidade foge dos padrões de normatização e universalização dos princípios morais.

2. Faça uma pesquisa, em livros ou na internet, de autores que trabalham com o tema da ética na contemporaneidade. Escolha um e elabore um texto dissertativo de no máximo cinco páginas expondo as principais características da ética desse autor.

   Para construir o texto, você deverá:
   - contextualizar o autor e localizar o momento histórico;
   - apresentar elementos que comprovem que o pensamento ético dele foge dos padrões tradicionais da ética;
   - evidenciar qual é a preocupação dele e do que trata em sua reflexão.

   Depois, se possível, socialize seu texto com os colegas de turma.

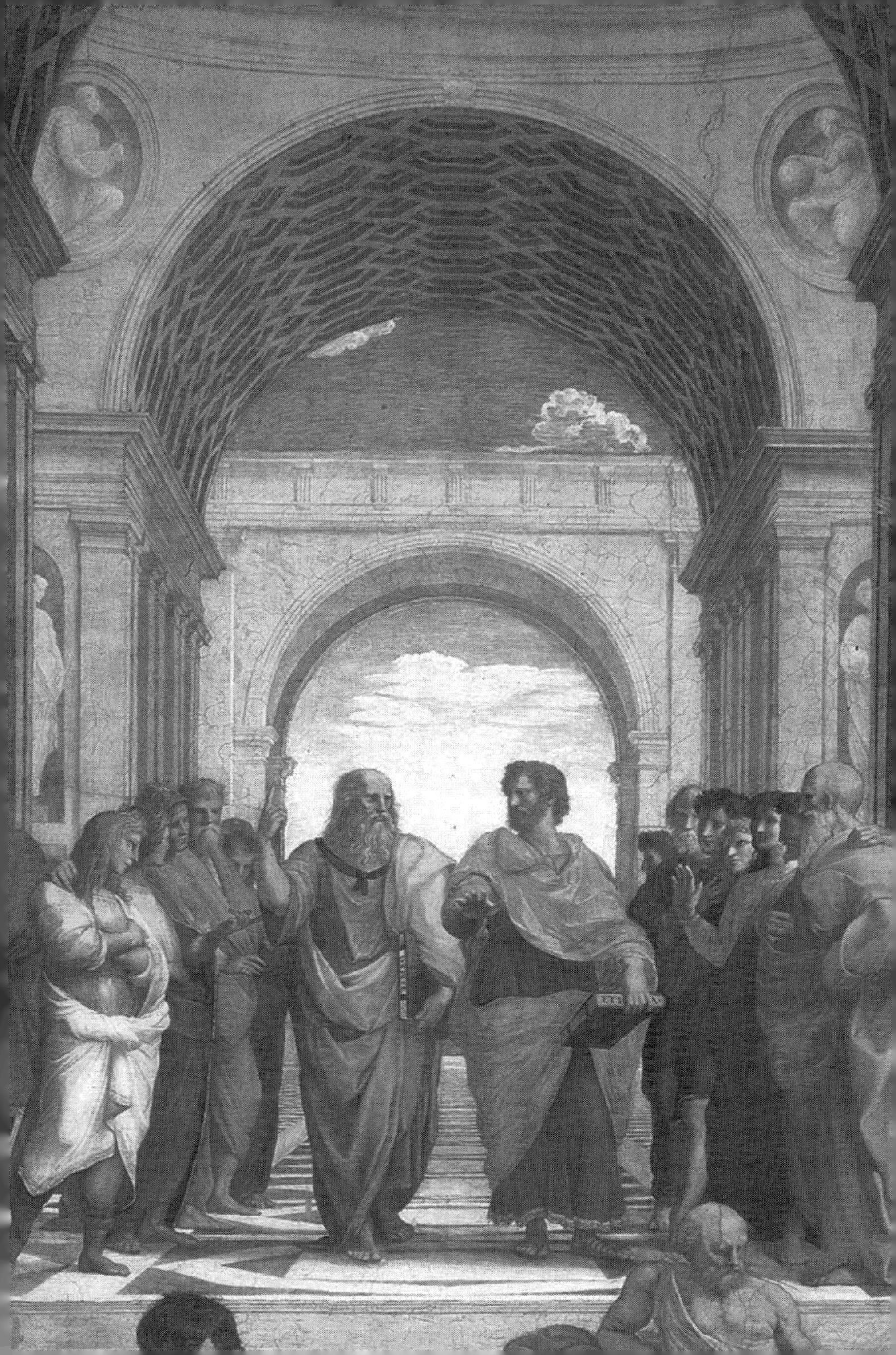

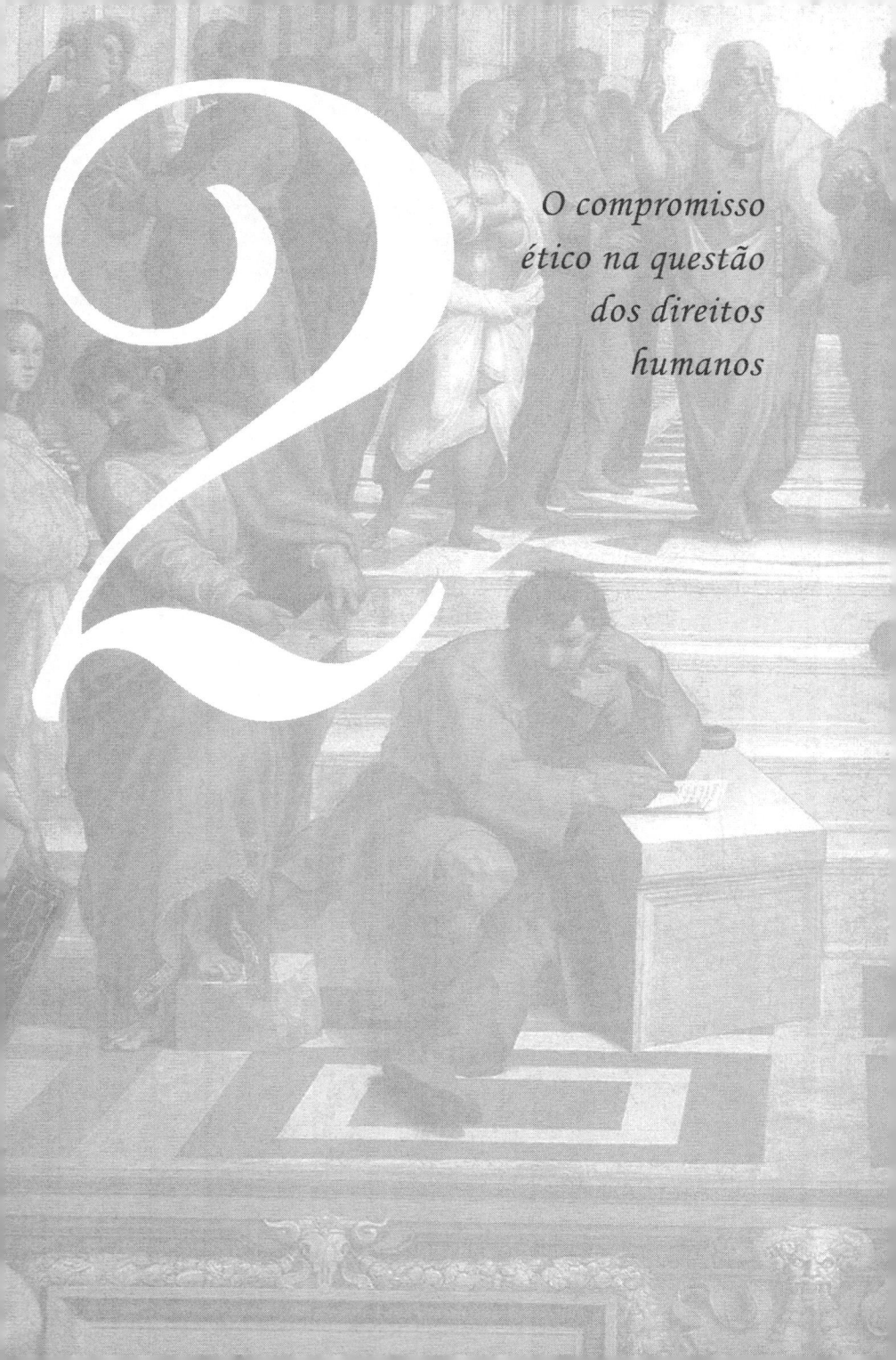

2

O compromisso
ético na questão
dos direitos
humanos

O direito é uma *forma inviolável da faculdade moral de agir do ser humano*. Dizemos que é uma *faculdade moral* no sentido de ser também um poder moral, porque opõe-se à imposição da força física e mental. É um *agir* porque refere-se à capacidade e ao direito de o ser humano escolher o que fazer ou não. E é *inviolável* no sentido de que atinge todos os seres humanos. Os direitos humanos, portanto, são direitos da humanidade. Atualmente, pensar nesses princípios que garantam o direito a todos tornou-se uma tarefa importante da ética e, por extensão, da filosofia como um todo. Neste capítulo, abordaremos temas relacionados ao nascimento das primeiras declarações universais dos direitos do homem e do cidadão, à dimensão ética desses direitos, à urgência de se pensar em direitos transculturais, além de tratar dos direitos universais já garantidos e de como falar de direitos em um cenário de exclusão, exploração e dominação.

2.1
A tomada de consciência dos direitos fundamentais do ser humano

Assim como no nascimento das primeiras declarações sobre os direitos humanos, hoje vivemos um momento crítico quando vamos falar sobre direitos humanos. Atualmente, no Brasil, o tema tem ganhado ampla repercussão. Entretanto, há uma série de incompreensões sobre ele. Por isso, nesta seção, analisaremos alguns aspectos importantes do surgimento das primeiras declarações sobre os direitos humanos, a saber: a Declaração de Independência dos Estados Unidos (1776) e a Declaração dos Direitos do Homem e do Cidadão (1789). Após essas análises, discutiremos a importância da ética para os direitos humanos.

Escolhemos esses dois momentos históricos que tratam do tema proposto, mas há uma série de períodos e pensadores que poderíamos abordar desde a civilização grega, como o período helênico, o período cristão, Rousseau, entre outros. No entanto, foi nos séculos XVII e XVIII que de fato houve uma maior preocupação com os direitos do homem.

Thomas Jefferson, enquanto preparava o documento para a proclamação de independência dos Estados Unidos, afirmava que "todos os homens são criados iguais, dotados pelo seu criador de certos direitos inalienáveis, que entre estes estão a vida, a liberdade e a busca da felicidade" (Hunt, 2009, p. 13). Essa frase de 1776 marca o início de uma série de reflexões sobre os direitos humanos. Em 1789, na França, com a Revolução Francesa, houve uma preocupação com questões voltadas aos direitos humanos. Ao contrário da Declaração de Independência dos Estados Unidos, o documento francês foi escrito por vários integrantes da Assembleia Nacional. Em 27 de agosto de 1789, foram aprovados alguns artigos, os quais receberam o nome de *Declaração dos Direitos do Homem e do Cidadão*.

O documento era bastante simples e não tratava de um tipo de governo específico, além de não mencionar qualquer liderança ou instituição política. Apenas sinaliza para um direito natural dos homens e sagrado por natureza, que era a base para a fundação de qualquer governo. Todos os homens eram, a partir de então, considerados iguais perante a lei, sem privilégios implícitos por natureza. O que se fez presente no documento foi a universalidade dos direitos ali descritos, característica essa que durante muito tempo não foi questionada.

O princípio de universalidade dos direitos do homem expresso na Declaração Universal dos Direitos do Homem e do Cidadão repetiu-se com a criação da Organização das Nações Unidas (ONU), em 1948. Basicamente, essa declaração destacava a importância de salvaguardar as liberdades dos seres humanos. Contudo, mesmo na França esse pressuposto não foi seguido a rigor. O que mais chama a atenção nesses primeiros documentos, e que podemos considerar um paradoxo, é o fato de que, neles, os direitos nem sempre eram estendidos a todos os seres humanos, e sim apenas a pessoas com direitos políticos.

O paradoxo ainda reside em um termo que Thomas Jefferson usou de forma explícita na Declaração de Independência: a expressão *autoevidência*. Ora, se um direito é autoevidente, não é necessário que seja dito. Todas as declarações que surgiram após a dos Estados Unidos geraram discussões e críticas sobre a clareza e o conteúdo desses documentos. Outro questionamento que pode ser feito é que os direitos à vida e à liberdade não são de fato tão evidentes como se imagina. Na declaração de 1948 da ONU, encontramos o seguinte: "o reconhecimento da dignidade inerente a todos os membros da família humana e de seus direitos iguais e inalienáveis é o fundamento da liberdade, da justiça e da paz no mundo" (Hunt, 2009, p. 17-18).

De acordo com Hunt (2009), quando tratamos de direitos humanos, falamos de direitos de indivíduos que vivem em sociedade e, portanto, no campo político:

> Os direitos humanos requerem três qualidades encadeadas: devem ser **naturais** (*inerentes nos seres humanos*), **iguais** (*os mesmos para todo mundo*) e **universais** (*aplicáveis por toda parte*). Para que os direitos sejam direitos **humanos**, todos os humanos em todas as regiões do mundo devem possuí-los igualmente e apenas por causa de seu status como seres humanos. Acabou sendo mais fácil aceitar a qualidade natural dos direitos do que a sua igualdade ou universalidade. De muitas maneiras, ainda estamos aprendendo a lidar com as implicações da demanda por igualdade e universalidade de direitos. Com que idade alguém tem direito a uma plena participação política? Os imigrantes – não cidadãos – participam dos direitos ou não, e de quais? (Hunt, 2009, p. 19, grifo do original)

Por serem naturais, iguais e universais, os direitos humanos não se referem apenas a homens livres, mas a todos os seres humanos e, dessa forma, devemos pensar os direitos humanos enquanto direitos da humanidade.

Sobre o processo de construção histórica dos direitos humanos, podemos perguntar por que a necessidade de esses documentos serem escritos na forma de declaração. Além de ser uma afirmação formal, jurídica e pública, tanto a Declaração de Independência dos Estados Unidos como a Declaração Universal dos Direitos do Homem e do Cidadão provocaram mudanças em seus sistemas políticos, pois os governos deveriam garantir certos direitos a todos os homens. Os direitos humanos surgiram, sobretudo, de uma necessidade de abolir a tortura e os castigos físicos cruéis que assolavam a Europa no período. Os crimes de tortura e os castigos sempre estiveram presentes na história da sociedade e, com essas declarações, buscou-se diminuí-las ou mesmo eliminá-las.

Sobre a história do processo de independência dos Estados Unidos, que culminou com uma declaração, devemos considerar um aspecto importante. Até meados do século XVIII, o princípio de universalidade era muito criticado pelos pensadores. Existiam apenas algumas exceções que propunham que os direitos humanos (até então conhecidos como *direitos naturais*) fossem direitos universais e, portanto, válidos a toda a humanidade. Com o processo de independência dos Estados Unidos, passou-se a defender que os colonos tivessem os mesmos direitos dos cidadãos nascidos na Grã-Bretanha. Percebeu-se que esses direitos não atendiam às necessidades universais, mas apenas aos interesses particulares daquele povo. Para que não se tornasse uma reforma somente no sistema político da Grã-Bretanha, e sim um processo de independência, os pensadores e políticos estadunidenses precisavam de uma declaração universalista que fugisse dos padrões de seus colonizadores. O propósito de uma declaração universal, portanto, rompia com os padrões da Grã-Bretanha.

Fato é que a Declaração de Independência dos EUA influenciou decisivamente na declaração francesa de 1789. Sem ela e, principalmente, sem o aspecto da universalidade no documento de independência, talvez a história não fosse como a conhecemos.

> Por serem naturais, iguais e universais, os direitos humanos não se referem apenas a homens livres, mas a todos os seres humanos e, dessa forma, devemos pensar os direitos humanos enquanto direitos da humanidade.

Em agosto de 1789, a Declaração Universal dos Direitos do Homem e do Cidadão foi aprovada, no cenário político tumultuado da Revolução Francesa. Nela, podemos observar alguns aspectos importantes: no art. 1º, lemos que todos os homens, ao nascerem, são livres e iguais perante a lei e os direitos, e não somente os homens franceses; no art. 2º, há uma defesa da liberdade, do direito à propriedade, da segurança e da resistência à opressão como direitos naturais e inalienáveis e sagrados de todo homem. Se fosse preciso estabelecer um limite a algum direito, esse deveria ser expresso em forma de lei (conforme o art. 4º). No art. 6º, todos os homens devem ter os mesmos direitos perante qualquer lei, além da livre participação em sua formulação. Os impostos deveriam ser pagos por todos de forma justa, de acordo com a capacidade de cada cidadão, conforme os art. 6, 13 e 14.

Além disso, podemos ler na declaração francesa a condenação a decisões arbitrárias, punições desnecessárias, presunção de culpa e apropriação da propriedade de alguém por parte do governo; a garantia de direitos como liberdade de expressão e de opinião, até mesmo em relação às religiões; e a defesa da liberdade de impressa.

Por meio desse documento, os franceses garantiram os direitos básicos do homem e legitimaram um novo tipo de governo. Todo cidadão a serviço do governo deveria prestar contas de seus atos à sociedade. Vale ressaltar que, na declaração, não encontramos menção a reis ou à Igreja Católica. Os termos usados na redação da declaração eram *Ser Supremo* e *direitos sagrados*, entre outros. Ao contrário de outras versões da Declaração de Independência dos Estados Unidos, que afirmavam certos direitos particulares dos cidadãos daquela sociedade, na declaração francesa em nenhum artigo do documento há menção sobre casos particulares e individuais. No texto dessa declaração, são utilizadas expressões como *todo homem*, *todo cidadão* e *a sociedade*, entre outras.

Após as declarações do século XVIII, tanto a dos Estados Unidos como a da França, foi elaborada, principalmente na Europa, uma série de textos que tratava do tema dos direitos humanos. Esses documentos propiciaram o início de discussões sobre a liberdade e os direitos de todos os seres humanos, e até hoje discutimos um tema que parece evidente e claro dentro em um Estado democrático de direito. A questão é: Os direitos humanos são tratados de forma clara e ética em todos os lugares do planeta?

2.2
É possível uma ética global do ser humano?

Quando falamos em direitos humanos, nos referimos a algo voltado à dignidade dos indivíduos. Contudo, em vários lugares do mundo, as pessoas não são tratadas enquanto sujeitos na perspectiva dos direitos humanos, e sim objetos de discursos em prol dos direitos humanos. Para clarificar essa ideia, reflitamos: Os direitos humanos estão comprometidos com a luta pelos mais pobres, necessitados e explorados, ou são apenas discursos que tornam os direitos humanos algo inalcançável?

Os problemas que enfrentamos em relação aos direitos humanos na atualidade são advindos do passado, ou seja, do modo como foram tratadas questões relacionadas à fé, à política, à arte e à compartimentalização dos saberes. Tudo isso propiciou uma visão equivocada do ser humano, na qual alguns têm mais direitos que outros.

Uma das funções da ética nos direitos humanos é tentar fundamentá-la como uma moral universal a fim de legitimar os direitos humanos. Por isso, podemos dizer que os direitos humanos precisam ser entendidos como direitos morais porque devem sustentar princípios morais e éticos que garantam ao homem direitos básicos que favoreçam sua sobrevivência. Dessa forma, temos o direito como uma ferramenta capaz de garantir esse direito a todos os seres humanos e que, ao mesmo tempo, gera obrigações e deveres.

Quando chegamos ao âmbito universalista dos direitos humanos, devemos deixar de lado certos relativismos e fazer com que os direitos de todos os cidadãos do mundo, independentemente de seu contexto social, econômico ou político, sejam tratados de forma igualitária, respeitando-se as diferenças de cada homem ou mulher. Nesse contexto que estamos tratando, isto é, da universalidade dos direitos humanos, o fundamento dos direitos humanos não pode sofrer variações em função das diversidades culturais entre as sociedades nem por questões ligadas à religião, à política, à cultura etc. Afinal, estamos tratando de valores universais que visam proteger o ser humano contra possíveis ameaças a seus direitos, como o direito à vida.

Nos países mais pobres, a desigualdade social é o fator que mais assola e compromete a hegemonia dos direitos humanos. A má-distribuição de renda é extremamente decisiva para a não concretude dos ideais das declarações voltadas aos direitos do homem, tanto que a concentração de riqueza está nas mãos de pequenos grupos. Sabemos que os direitos humanos pregam a garantia de uma vida digna a todas as pessoas, seja homem ou mulher, pobre ou rico, branco ou negro, enfim, as pessoas em geral. Entretanto, as pessoas que mais necessitam desses direitos não têm conhecimento deles, e são justamente aqueles que não têm acesso à educação, à cultura, à política e ao trabalho e não têm garantidos os direitos à propriedade, à moradia e ao trabalho, ou seja, são os excluídos da sociedade.

> Os direitos humanos precisam ser entendidos como direitos morais porque devem sustentar princípios morais e éticos que garantam ao homem direitos básicos que favoreçam sua sobrevivência.

Lembramos que o art. 1º da Declaração Universal dos Direitos Humanos de 1948 (muito próxima à declaração francesa de 1789) diz que todos os seres humanos nascem iguais e livres e, por serem dotados de razão, devem proceder uns para com os outros com fraternidade. Ora, se todos são iguais, os direitos humanos também devem criar responsabilidades que respondam a exigências fundamentais da sociedade, como desemprego, crise ecológica, crise econômica, fome, miséria, exclusão, crise dos refugiados, entre outras. Aqui, a ética é fundamental para dar uma resposta a esses problemas globais, no sentido de que ela deve recuperar sua dimensão que trata de interesses sociais, econômicos e políticos e, assim, transformar as propostas dos direitos humanos em algo real e possível. Segundo Ahlert (2007, p. 6):

Uma verdadeira cidadania, ideal máximo dos direitos humanos, exige o exercício de direitos e deveres. Isto significa que cada indivíduo deve fomentar a busca e a construção coletiva dos direitos; o exercício da responsabilidade com a coletividade; o cumprimento de regras e de normas de convivência, produção, gestão e consumo estabelecidos pela coletividade; a busca efetiva de participação na política para controlar seus governos eleitos dentro de princípios democráticos (Ahlert, 2007, p. 6).

A ideia de **cidadania** pressupõe que as pessoas tenham participação real na sociedade, torna-as sujeitos da ação e, portanto, espera-se que lutem por seus direitos perante os governos. Aqui adentramos em uma concepção hegemônica que podemos ter dos direitos humanos no que se refere à aplicabilidade que a ética pode ter para garantir a preservação desses direitos. De acordo com Santos (2014), uma visão convencional dos direitos humanos apresenta as seguintes características:

- A universalidade dos direitos: "os direitos são universalmente válidos, independentemente do contexto social, político e cultural em que operam e dos diferentes regimes de direitos humanos existentes em diferentes regiões do mundo" (Santos, 2014, p. 21).
- O poder linguístico que os direitos humanos adquiriram a fim de combater as chamadas "patologias do poder" (Santos, 2014, p. 21).
- A punição que os violadores dos direitos humanos devem sofrer quando cometerem crimes contra a sociedade.
- O questionamento das possíveis limitações dos direitos humanos, sejam elas sociais, políticas ou econômicas, propicia o alastramento de certos males que os próprios direitos humanos tentam combater.
- A possível existência de critérios duplos para avaliar os direitos humanos não compromete a universalidade dos direitos.

- Segundo Santos (2014, p. 21), os direitos humanos "partem de uma ideia de dignidade humana que, por sua vez, assenta numa concepção de natureza humana como sendo individual, autossustentada e qualitativamente diferente da natureza não humana".
- A liberdade religiosa só existe quando o Estado for secular, sem qualquer inclinação religiosa.
- Para que os direitos humanos sejam violados, deverão ir contra as declarações universais dos direitos humanos, os tribunais e as comissões.

Os direitos humanos tentam dar uma resposta aos desafios que a sociedade enfrenta ao lidar com diferentes tipos de pessoas. O fato é que os direitos humanos partem de princípios e de fundamentos que foram legitimados no Ocidente e, portanto, suas propostas respondem às necessidades de um grupo específico do planeta: o Ocidente. Talvez a saída fosse a construção de uma posição contra-hegemônica e intercultural dos direitos humanos, como propõe Santos (2014).

Existem vários grupos no mundo que não se encaixam no modelo declarado dos direitos universais proposto pelos países do Ocidente. Os grupos extremistas fundamentalistas requerem direitos que dizem que são próprios historicamente, e muitos são contra as ideias ocidentais. Esses movimentos, que ganham visibilidade em todo o planeta, reivindicam a dignidade humana. No entanto, os direitos humanos propostos pelo Ocidente não atendem aos seus anseios. Aqui, podemos perceber certa fragilidade nas declarações dos direitos humanos formuladas ao longo dos últimos séculos, pois, por mais que se pretendam universais, elas não contemplam o interesse de todos os povos. A saída ética pode ser eficaz

> Os direitos humanos tentam dar uma resposta aos desafios que a sociedade enfrenta ao lidar com diferentes tipos de pessoas.

e mais viável, pois, enquanto *ethos* mundial, ela dialoga mais facilmente entre as diferentes culturas, estabelecendo assim um elo que garanta os direitos a todos os povos.

2.3
Um panorama dos direitos fundamentais

Até o momento, conhecemos um pouco da história dos direitos humanos, tendo como referência a Declaração de Independência dos Estados Unidos e a Declaração dos Direitos do Homem e do Cidadão. Nelas, há algumas características que se tornaram indispensáveis a qualquer declaração que pretenda falar sobre os direitos humanos, entre elas a universalidade dos direitos a serem proclamados. Vimos alguns desafios que os direitos humanos podem enfrentar na atualidade em virtude da diversidade de povos e crenças. Pensar em uma ética global sobre os direitos humanos talvez ajude a retirar das declarações o aspecto abstrato e metafísico que elas carregam, tornando-as algo prático e possível de ser seguido pelos governos.

> A declaração de 1948 constitui um importante marco na conscientização universal dos direitos humanos a partir do século XX. Os artigos ali expressos representam um anseio das pessoas por igualdade e liberdade perante governos e sistemas opressores que marginalizam a vida e ameaçam sua sacralidade.

Nosso enfoque nesta seção será analisar algumas características presentes na Declaração Universal dos Direitos Humanos proclamada em 1948 pela Assembleia Geral das Nações Unidas (ONU). Obviamente, elegemos essa declaração por ter uma grande aceitação mundial. Vários países assinaram acordos em torno dela, comprometendo-se a garantir os direitos básicos e inerentes a todo ser humano. De certa forma, entendemos que esse documento também reflete certos ideais de declarações que lhes são anteriores, como a dos Estados Unidos e a da França. A declaração de 1948 constitui um importante marco na conscientização universal dos direitos humanos a partir do século XX. Os artigos ali expressos representam um anseio das pessoas por igualdade e liberdade perante governos e sistemas opressores que marginalizam a vida e ameaçam sua sacralidade. Além disso, esses artigos apresentam respostas para o contexto atual de turbulência que se vive em todo o mundo, ainda que sejam respostas fracas, como afirma Flores (2009, p. 21):

Falar em direitos humanos requer [...] [falar de] relações de poder que funcionam oprimindo, explorando e excluindo a muitos coletivos de pessoas que exigem viver dignamente. Essas reduções conceituais, reflexivas e pseudodistributivas funcionam não tanto como construção de condições para a eliminação de tais injustiças, opressões e exclusões, mas como mecanismos de captura de nossas capacidades de luta pelo acesso generalizado e igualitário aos bens exigidos para se poder levar adiante uma vida digna de ser vivida.

Tendo em vista que os direitos humanos defendem o direito a uma vida digna, igualitária e livre, podemos mencionar algumas características presentes na Declaração Universal dos Direitos Humanos de 1948 que fogem de certos padrões, como:

- A declaração não é fruto de um consenso religioso, filosófico ou político. Evidentemente, chegar a um consenso em qualquer um desses sistemas é quase impossível, mas fruto de um desejo de emancipação da racionalidade humana que tem como objetivo conferir direitos iguais a todas as pessoas.
- Em razão da abrangência universal que os direitos humanos defendem, podem ser feitas críticas tanto positivas como negativas, mas o fato de dar origem a críticas já mostra a urgência e a necessidade de se estabelecer princípios que garantam os direitos humanos.

- Por ser um desafio comum a todo o planeta, isto é, tornar a vida de todos os seres humanos digna, os direitos humanos são uma oportunidade de aproximação entre os países do mundo inteiro. Por meio deles e da ação conjunta que mobilizam a fim de garantir os direitos a todos, pode-se eximir a tensão entre países em conflito, fato este que possibilitará uma convivência harmônica entre diferentes povos.
- Em virtude das transformações que ocorrem no mundo, ou seja, a globalização e a interconexão entre os povos, os direitos humanos devem acompanhar as mudanças provocadas pela tecnologia. Portanto, por mais que sejam direitos básicos, devem estar em consonância com as transformações do mundo.

Na declaração da ONU de 1948, são assegurados quatro tipos de direitos: o individual, o civil, o político e o social. Em outras palavras, todas as pessoas têm direito à vida e os governos devem defendê-la (direito individual); todo cidadão tem direitos iguais perante a lei e seu julgamento não pode ocorrer de forma arbitrária (direito civil); todo cidadão pode manifestar sua posição política e escolher a forma de governo e o partido político que desejar (direito político); o cidadão terá direito ao trabalho e às condições que garantam sua sobrevivência (direito social). Esses direitos, após a declaração de 1948, deixaram de ser uma utopia e passaram a afetar a vida social das pessoas diretamente, a ponto de tornarem-se uma condição indispensável para a edificação de qualquer Estado e governo.

Devemos lembrar que todos os direitos conquistados ao longo de séculos foram trabalhos árduos que envolveram o esforço de muitas pessoas e, portanto, cabe a cada cidadão defendê-los. Não é à toa que muitos governos ainda oprimem seus cidadãos, manipula-os e reduzem-nos a objetos por meio de seus sistemas políticos e econômicos cruéis e corruptos.

Nesse contexto, a vida torna-se algo que deve ser garantida e buscada a todo custo. Viver dignamente deve ser o anseio essencial do ser humano. Existir leva ao encontro do outro e viver com o outro permite superar a exploração e a opressão que assolam a sociedade contemporânea.

Apresentamos, a seguir, a íntegra da Declaração Universal dos Direitos Humanos* proclamada em 1948 pela ONU. Nela, podemos observar todas as características que discutimos até aqui. Leia-a atenta e criticamente:

> *Declaração Universal dos Direitos Humanos*
>
> *Adotada e proclamada* pela resolução 217 A (III) da Assembleia Geral das Nações Unidas em 10 de dezembro de 1948
>
> *Preâmbulo*
> Considerando que o reconhecimento da dignidade inerente a todos os membros da família humana e de seus direitos iguais e inalienáveis é o fundamento da liberdade, da justiça e da paz no mundo,
>
> Considerando que o desprezo e o desrespeito pelos direitos humanos resultaram em atos bárbaros que ultrajaram a consciência da humanidade e que o advento de um mundo em que todos gozem de liberdade de palavra, de crença e da liberdade de viverem a salvo do temor e da necessidade foi proclamado como a mais alta aspiração do homem comum,
>
> Considerando ser essencial que os direitos humanos sejam protegidos pelo império da lei, para que o ser humano não seja compelido, como último recurso, à rebelião contra tirania e a opressão,

---

* UNESCO. **Declaração Universal dos Direitos Humanos**, 1948. Disponível em: <http://unesdoc.unesco.org/images/0013/001394/139423por.pdf>. Acesso em: 27 set. 2018.

Considerando ser essencial promover o desenvolvimento de relações amistosas entre as nações,

Considerando que os povos das Nações Unidas reafirmaram, na Carta da ONU, sua fé nos direitos humanos fundamentais, na dignidade e no valor do ser humano e na igualdade de direitos entre homens e mulheres, e que decidiram promover o progresso social e melhores condições de vida em uma liberdade mais ampla,

Considerando que os Estados-membros se comprometeram a promover, em cooperação com as Nações Unidas, o respeito universal aos direitos humanos e liberdades fundamentais e a observância desses direitos e liberdades,

Considerando que uma compreensão comum desses direitos e liberdades é da mais alta importância para o pleno cumprimento desse compromisso,

A ASSEMBLEIA GERAL proclama a presente DECLARAÇÃO UNIVERSAL DOS DIRETOS HUMANOS como o ideal comum a ser atingido por todos os povos e todas as nações, com o objetivo de que cada indivíduo e cada órgão da sociedade, tendo sempre em mente esta Declaração, se esforce, através do ensino e da educação, por promover o respeito a esses direitos e liberdades, e, pela adoção de medidas progressivas de caráter nacional e internacional, por assegurar o seu reconhecimento e a sua observância universal e efetiva, tanto entre os povos dos próprios Estados-membros quanto entre os povos dos territórios sob sua jurisdição.

Art. 1º. Todos os seres humanos nascem livres e iguais em dignidade e direitos. São dotados de razão e consciência e devem agir em relação uns aos outros com espírito de fraternidade.

Art. 2º

1 – Todo ser humano tem capacidade para gozar os direitos e as liberdades estabelecidos nesta Declaração, sem distinção de qualquer espécie, seja de raça, cor, sexo, idioma, religião, opinião política ou de outra natureza, origem nacional ou social, riqueza, nascimento, ou qualquer outra condição.

2 – Não será também feita nenhuma distinção fundada na condição política, jurídica ou internacional do país ou território a que pertença uma pessoa, quer se trate de um território independente, sob tutela, sem governo próprio, quer sujeito a qualquer outra limitação de soberania.

Art. 3º. Todo ser humano tem direito à vida, à liberdade e à segurança pessoal.

Art. 4º. Ninguém será mantido em escravidão ou servidão; a escravidão e o tráfico de escravos serão proibidos em todas as suas formas.

Art. 5º. Ninguém será submetido à tortura nem a tratamento ou castigo cruel, desumano ou degradante.

Art. 6º. Todo ser humano tem o direito de ser, em todos os lugares, reconhecido como pessoa perante a lei.

Art. 7º. Todos são iguais perante a lei e têm direito, sem qualquer distinção, a igual proteção da lei. Todos têm direito a igual proteção contra qualquer discriminação que viole a presente Declaração e contra qualquer incitamento a tal discriminação.

Art. 8º. Todo ser humano tem direito a receber dos tribunais nacionais competentes remédio efetivo para os atos que violem os direitos fundamentais que lhe sejam reconhecidos pela Constituição ou pela lei.

Art. 9º. Ninguém será arbitrariamente preso, detido ou exilado.

Art. 10. Todo ser humano tem direito, em plena igualdade, a uma audiência justa e pública por parte de um tribunal independente e imparcial, para decidir sobre seus direitos e deveres ou do fundamento de qualquer acusação criminal contra ele.

Art. 11.

1 – Todo ser humano acusado de um ato delituoso tem o direito de ser presumido inocente até que a sua culpabilidade tenha sido provada de acordo com a lei, em julgamento público no qual lhe tenham sido asseguradas todas as garantias necessárias à sua defesa.

2 – Ninguém poderá ser culpado por qualquer ação ou omissão que, no momento, não constituíam delito perante o direito nacional ou internacional. Também não será imposta pena mais forte do que aquela que, no momento da prática, era aplicável ao ato delituoso.

Art. 12. Ninguém será sujeito a interferências em sua vida privada, em sua família, em seu lar ou em sua correspondência, nem a ataques à sua honra e reputação. Todo ser humano tem direito à proteção da lei contra tais interferências ou ataques.

Art. 13.

1 – Todo ser humano tem direito à liberdade de locomoção e residência dentro das fronteiras de cada Estado.

2 – Todo ser humano tem o direito de deixar qualquer país, inclusive o próprio, e a este regressar.

Art. 14.

1 – Toda pessoa, vítima de perseguição, tem o direito de procurar e de gozar asilo em outros países.

2 – Este direito não pode ser invocado em caso de perseguição legitimamente motivada por crimes de direito comum ou por atos contrários aos objetivos e princípios das Nações Unidas.

Art. 15.

1 – Todo ser humano tem direito a uma nacionalidade.

2 – Ninguém será arbitrariamente privado de sua nacionalidade, nem do direito de mudar de nacionalidade.

Art. 16.

1 – Os homens e mulheres de maior idade, sem qualquer restrição de raça, nacionalidade ou religião, têm o direito de contrair matrimônio e fundar uma família. Gozam de iguais direitos em relação ao casamento, sua duração e sua dissolução.

2 – O casamento não será válido senão com o livre e pleno consentimento dos nubentes.

3 – A família é o núcleo natural e fundamental da sociedade e tem direito à proteção da sociedade e do Estado.

Art. 17.

1 – Todo ser humano tem direito à propriedade, só ou em sociedade com outros.

2 – Ninguém será arbitrariamente privado de sua propriedade.

Art. 18. Todo ser humano tem direito à liberdade de pensamento, consciência e religião; este direito inclui a liberdade de mudar de religião ou crença e a liberdade de manifestar essa religião ou crença, pelo ensino, pela prática, pelo culto e pela observância, isolada ou coletivamente, em público ou em particular.

Art. 19. Todo ser humano tem direito à liberdade de opinião e expressão; este direito inclui a liberdade de, sem interferência, ter opiniões e de procurar, receber e transmitir informações e ideias por quaisquer meios e independentemente de fronteiras.

Art. 20.

1 – Todo ser humano tem direito à liberdade de reunião e associação pacífica.

2 – Ninguém pode ser obrigado a fazer parte de uma associação.

Art. 21.

1 – Todo ser humano tem o direito de tomar parte no governo de seu país diretamente ou por intermédio de representantes livremente escolhidos.

2 – Todo ser humano tem igual direito de acesso ao serviço público do seu país.

3 – A vontade do povo será a base da autoridade do governo; esta vontade será expressa em eleições periódicas e legítimas, por sufrágio universal, por voto secreto ou processo equivalente que assegure a liberdade de voto.

Art. 22. Todo ser humano, como membro da sociedade, tem direito à segurança social e à realização, pelo esforço nacional, pela cooperação internacional e de acordo com a organização e recursos de cada Estado, dos direitos econômicos, sociais e culturais indispensáveis à sua dignidade e ao livre desenvolvimento da sua personalidade.

Art. 23.

1 – Todo ser humano tem direito ao trabalho, à livre escolha de emprego, a condições justas e favoráveis de trabalho e à proteção contra o desemprego.

2 – Todo ser humano, sem qualquer distinção, tem direito a igual remuneração por igual trabalho.

3 – Todo ser humano que trabalhe tem direito a uma remuneração justa e satisfatória, que lhe assegure, assim como à sua família, uma existência compatível com a dignidade humana, e a que se acrescentarão, se necessário, outros meios de proteção social.

4 – Todo ser humano tem direito a organizar sindicatos e neles ingressar para proteção de seus interesses.

Art. 24. Todo ser humano tem direito a repouso e lazer, inclusive à limitação razoável das horas de trabalho e férias periódicas remuneradas.

Art. 25.

1 – Todo ser humano tem direito a um padrão de vida capaz de assegurar a si e a sua família saúde e bem-estar, inclusive alimentação, vestuário, habitação, cuidados médicos e os serviços sociais indispensáveis, e direito à segurança em caso de desemprego, doença, invalidez, viuvez, velhice ou outros casos de perda dos meios de subsistência fora de seu controle.

2 – A maternidade e a infância têm direito a cuidados e assistência especiais. Todas as crianças nascidas dentro ou fora do matrimônio gozarão da mesma proteção social.

Art. 26.

1 – Todo ser humano tem direito à instrução. A instrução será gratuita, pelo menos nos graus elementares e fundamentais. A instrução elementar será obrigatória. A instrução técnico-profissional será acessível a todos, bem como a instrução superior, esta baseada no mérito.

2 – A instrução será orientada no sentido do pleno desenvolvimento da personalidade humana e do fortalecimento do respeito pelos direitos humanos e pelas liberdades fundamentais. A instrução promoverá a compreensão, a tolerância e a amizade entre todas as nações e grupos raciais ou religiosos, e coadjuvará as atividades das Nações Unidas em prol da manutenção da paz.

3 – Os pais têm prioridade de direito na escolha do gênero de instrução que será ministrada a seus filhos.

Art. 27.

1 – Todo ser humano tem o direito de participar livremente da vida cultural da comunidade, de fruir as artes e de participar do processo científico e de seus benefícios.

2 – Todo ser humano tem direito à proteção dos interesses morais e materiais decorrentes de qualquer produção científica, literária ou artística da qual seja autor.

Art. 28. Todo ser humano tem direito a uma ordem social e internacional em que os direitos e liberdades estabelecidos na presente Declaração possam ser plenamente realizados.

Art. 29.

1 – Todo ser humano tem deveres para com a comunidade, em que o livre e pleno desenvolvimento de sua personalidade é possível.

2 – No exercício de seus direitos e liberdades, todo ser humano estará sujeito apenas às limitações determinadas pela lei, exclusivamente com o fim de assegurar o devido reconhecimento e respeito dos direitos e liberdades de outrem e de satisfazer as justas exigências da moral, da ordem pública e do bem-estar de uma sociedade democrática.

3 – Esses direitos e liberdades não podem, em hipótese alguma, ser exercidos contrariamente aos propósitos e princípios das Nações Unidas.

Art. 30. Nenhuma disposição da presente Declaração pode ser interpretada como o reconhecimento a qualquer Estado, grupo ou pessoa, do direito de exercer qualquer atividade ou praticar qualquer ato destinado à destruição de quaisquer dos direitos e liberdades aqui estabelecidos.

Fonte: Unesco, 1948.

2.4
Os direitos humanos como valores multiculturais

Após as duas grandes guerras mundiais, ocorridas no século XX, os direitos humanos passaram a ser considerados um movimento político de esquerda. É fato que, com essas guerras, o projeto emancipatório do ser humano foi ficando cada vez mais distante à medida que os direitos foram sacrificados em nome do progresso. Em muitos países, o socialismo e o comunismo tornaram-se a política preferível para a emancipação. Contudo, com a crise desses sistemas e sua decadência, retornou-se, após a Guerra Fria, o discurso dos direitos humanos enquanto linguagem emancipatória que confere direitos aos indivíduos. Fato é que os direitos humanos, após o socialismo, tiveram de preencher um vazio que apoderou-se da sociedade: o niilismo provocado pelas guerras acentuou o esgotamento e o esvaziamento dos valores.

O processo de globalização contribuiu para tornar os direitos humanos uma política de reconhecimento global, mas também uma política de caráter cultural. Portanto, aqui nos propomos a pensar os direitos humanos tanto no nível global como no nível cultural, isto é, próprio de cada sociedade. Em uma perspectiva social e cultural, podemos entender a globalização como um "processo pelo qual determinada condição ou entidade local estende a sua influência a todo o globo" (Santos, 1997, p. 14). Com base nessa definição, podemos considerar que o termo mais apropriado é *globalizações*, pois a expressão *globalização* refere-se a uma ação que foi disseminada em um local específico.

A dificuldade que os direitos humanos enfrentam reside no fato de eles serem vistos como uma forma de globalização que acontece de cima para baixo, ou seja, quando determinado fenômeno de uma sociedade é globalizado com certo sucesso e difundido a nível global, como a língua inglesa como idioma mundial ou uma marca que torna-se multinacional, temos o que Santos (1997) chama de *localismo globalizado*. De acordo com o autor, "enquanto forem concebidos como direitos humanos universais, os direitos humanos tenderão a operar como localismo globalizado" (Santos, 1997, p. 18). O impasse disso reside no fato de uma concepção local transformar-se em algo hegemônico, assim como nos direitos humanos há uma tendência de os valores do Ocidente tornarem-se uma concepção cosmopolita.

Para que os direitos humanos tornem-se algo contra-hegemônico, ou seja, um tipo de globalização que atenda aos interesses de baixo para cima, desde as camadas mais pobres e mais necessitadas da população mundial, precisamos recontextualizá-los em uma visão multicultural. De acordo com Santos (1997, p. 19), "o multiculturalismo, tal como eu o entendo, é pré-condição de uma relação equilibrada e mutuamente potenciadora entre a competência global e a legitimidade local, que constituem dois atributos de uma política contra-hegemônica de direitos humanos no nosso tempo".

O conceito de universalidade, como vimos nas seções anteriores, foi algo fundamental para a legitimação dos direitos humanos enquanto direitos inalienáveis e autoevidentes a todos os seres humanos. O problema é que a universalidade dos direitos não acontece na prática, uma vez que cada cultura possui uma gama de valores que considera legítimos. Então, podemos dizer que o conceito de universalidade como proposto, principalmente nas declarações de 1776 dos Estados Unidos e de 1789 da França, é uma formulação muito mais ocidental e europeia do que um conceito mundial, aceito por todos os povos e países.

Se observarmos algumas das expressões presentes na própria Declaração Universal dos Direitos Humanos da ONU, de 1948, perceberemos a quantidade de conceitos e pressupostos implícitos tipicamente ocidentais e que de fato não são uma hegemonia, por exemplo: a racionalidade como pressuposto universal da natureza humana; o ser humano como único ser vivo dotado de privilégios e que possui uma dignidade absoluta, a qual deve ser protegida e garantida pelo Estado; o ser humano entendido como ser autônomo; entre outros.

Após as grandes guerras mundiais, os direitos humanos tornaram-se um discurso essencialmente de países capitalistas. Por meio de discursos hegemônicos acerca dos direitos humanos, justificaram-se atrocidades como genocídios e ditaduras. A falta de integrantes de todas as sociedades na elaboração da Declaração Universal dos Direitos Humanos de 1948 contribuiu para o problema do princípio hegemônico do documento.

Em diferentes culturas, o conceito de **dignidade humana** pode variar e nem todas a concebem como direitos humanos. Dessa forma, faz-se necessário identificar quais são os reais interesses de certos povos e países que não partilham do mesmo conceito, uma vez que existem culturas diferentes, sendo preciso criar uma concepção multicultural dos direitos humanos. Para Santos (1997, p. 22):

> *Estas são as premissas de um diálogo intercultural sobre a dignidade humana que pode levar, eventualmente, a uma concepção mestiça dos direitos humanos, uma concepção que, em vez de recorrer a falsos universalismos, se organiza como uma constelação de sentidos locais, mutuamente inteligíveis, e se constitui em redes de referências normativas capacitantes.*

Para que esse diálogo intercultural seja possível, é necessário elencar alguns pressupostos:
- Precisamos acreditar que outras culturas têm algo de diferente a oferecer para a construção de nossa cultura, pois, a partir do momento que transformarmos nossa consciência em consciência autorreflexiva, poderemos estabelecer o diálogo com maior respeito.

- Ter consciência de que a variedade cultural que existe no mundo possibilita o crescimento pessoal e o diálogo.
- Cada comunidade cultural deve estar disposta ao diálogo com outros povos no momento oportuno, ou seja, quando os membros daquele povo tiverem consciência da diversidade de outras culturas. Além disso, a prudência e o estabelecimento de objetivos no diálogo são essenciais para se chegar a um acordo.
- A necessidade de que tanto os parceiros como os temas do diálogo resultem de acordos mútuos.
- O multiculturalismo pressupõe que, além do princípio de igualdade entre todos os seres humanos, seja respeitado na mesma proporção o princípio de diferença, isto é, as diferenças de culturas devem ser respeitadas e levadas em consideração caso a igualdade anule a diversidade cultural do mundo.

Ainda sobre os problemas que os direitos humanos enfrentam hoje, devemos lembrar dos conflitos que esses direitos universais sofrem em relação a práticas de grupos extremistas, os quais apoiam-se em crenças religiosas que reivindicam seus direitos. Existe um grupo que pensa os direitos humanos como princípios hegemônicos, que representam o norte do Ocidente e, também, existem os contra-hegemônicos presentes no sul ocidental. Com a emergência desses grupos extremistas, aparece um novo grupo que reivindica seus direitos e que representa os interesses de um território do Oriente Médio.

Esses grupos extremistas reivindicam muitas vezes direitos que foram impostos por uma colonização ocidental europeia há alguns séculos. Para esses grupos, o processo de emancipação da modernidade fundamentado pelo uso da razão tornou seus povos reféns de uma identidade que não lhes pertence, portanto, ou esses grupos aceitam a cultura moderna ocidental e perdem sua identidade enquanto "povo escolhido" por uma entidade suprema (Deus), ou opõem-se radicalmente a essa "colonização" ocidental. Parece-nos que, atualmente, essa segunda opção impera de modo absoluto, tanto que criou-se uma turbulência mundial e um confronto incomensurável até então.

Podemos identificar alguns elementos que contribuíram com a fragilidade dos direitos humanos e que permitem entender por que eles tornaram-se insuficientes para dar respostas seguras e claras a todos os povos: a primeira dificuldade está no fato de os direitos humanos enquanto princípios universais não distinguirem diferentes tipos de saberes. Em outras palavras, o processo de colonização ocidental moderno não reconheceu saberes, interpretações, universos simbólicos, crenças e princípios éticos diversos. De acordo com Santos (2007, p. 38), "a fragilidade dos direitos humanos, no domínio da injustiça cognitiva global, decorre do fato de as concepções e práticas dominantes dos direitos humanos serem, elas próprias, produtoras de injustiça cognitiva". Ora, por mais que se tenha tentado criar uma declaração universal dos direitos humanos, muitas civilizações não foram consultadas e os princípios ali estabelecidos foram baseados apenas em uma cultura: a europeia ocidental.

Outra dificuldade que mostra a fragilidade dos direitos humanos e representa um tipo de injustiça é histórica. Os direitos humanos foram descritos como *a-históricos* por não privilegiarem um grupo específico. Em seus discursos, os direitos humanos mascaram as dificuldades que muitos povos sofreram, isto é, todas as formas de violência e opressão histórica pelas quais muitas civilizações passaram tanto nos processos de independência como no período de colônia. Por isso, encontra-se muita dificuldade ao tentar estreitar relações entre o Ocidente e o Oriente. Infelizmente, os direitos humanos não consideram a história dos grupos menos favorecidos.

Por fim, a última dificuldade que mencionaremos refere-se à dimensão religiosa e profana. Sem dúvida, essa é a dificuldade mais complexa e delicada, uma vez que grupos extremistas orientais apoiam-se justamente na dimensão religiosa para reivindicar direitos. Nesse sentido, podemos dizer que os direitos humanos tornaram-se frágeis porque admitiram a secula-

> Por mais que se tenha tentado criar uma declaração universal dos direitos humanos, muitas civilizações não foram consultadas e os princípios ali estabelecidos foram baseados apenas em uma cultura: a europeia ocidental.

rização sem consultar a dimensão cognitiva e histórica de muitas civilizações. Apesar de proporem a secularização, tornaram-se contraditórios pelo fato de terem se apegado a princípios cristãos e a conceitos tipicamente ocidentais e, por reduzir a religião a uma liberdade religiosa, tornou a própria religião um discurso privado, uma espécie de objeto de consumo.

Todas essas questões que apresentamos são uma possível interpretação dos direitos humanos e de sua fragilidade e insuficiência ao se questionar o princípio de universalização. Ainda precisamos discutir como esses direitos, enquanto discursos, concretizam-se em um cenário de desigualdade. Em outras palavras: Como pensar os direitos humanos em um cenário de desigualdade?

2.5
Os direitos humanos em um cenário de desigualdade

Até aqui, analisamos os direitos humanos em uma perspectiva histórica e apontamos as limitações e vulnerabilidades que eles enfrentam em uma sociedade globalizada. Mas não é porque existem essas limitações que eles deixaram de ser legítimos; pelo contrário, eles ainda representam a melhor arma contra as desigualdades que imperam no mundo contemporâneo. Nesta seção, discutiremos a importância dos direitos humanos nas situações em que há maior urgência e necessidade de direitos, ou seja, em um cenário global de desigualdade.

Em uma perspectiva histórica, os direitos humanos representam uma luta a favor daqueles indivíduos que sofrem perseguições e são constantemente explorados, excluídos e dominados por sistemas políticos e pela própria sociedade. Por isso, os direitos humanos têm caráter emancipatório, pois tendem a construir um mundo mais igualitário. É justamente na desigualdade que os direitos humanos enfrentam sua maior dificuldade.

A desigualdade econômica é uma das principais ameaças que a sociedade atual enfrenta. Não é à toa que a maior concentração de riqueza no mundo está nas mãos de uma pequena parcela da população. Da desigualdade econômica deriva uma série de problemas sociais, como subnutrição, falta de educação, de saneamento básico, de acesso à saúde, de água, de segurança, entre tantos outros. Além de desequilíbrio, essas faltas provocam uma separação abrupta entre os membros da sociedade. A crise financeira de 2008, por exemplo, deu origem a uma maior concentração de riquezas nas mãos de poucas pessoas, acirrando a desigualdade mundial.

As crises econômicas acentuam a desigualdade pelo fato de tornarem os ricos mais ricos e os pobres mais pobres. Na crise financeira e política do Brasil, iniciada em 2015, houve um alto número de desempregados, chegando à marca de 14 milhões de pessoas. Nesse cenário, a diminuição da renda familiar e o próprio desemprego contribuem decisivamente para a desigualdade.

A desigualdade mundial não é provocada apenas pela economia. A falta de acesso à saúde também contribui decisivamente para essa disparidade entre diferentes povos, e a falta de recursos necessários à saúde é responsável por um alto número de mortos em todo o mundo. A expectativa de vida é um bom exemplo dessa desigualdade mundial. Enquanto em países desenvolvidos ela chega facilmente aos 80 anos, em países africanos há casos de ser de apenas 60 anos ou menos. O alto índice de crianças que não sobrevivem até os 5 anos também é reflexo de uma má-distribuição de renda e da falta de recursos na saúde.

Em 2005, a Organização das Nações Unidas para Educação, Ciência e Cultura (Unesco) aprovou uma declaração voltada aos panoramas atuais de desigualdade. Porém, assim como a declaração de 1948, pouco divulgada e pouco comentada, trata-se da Declaração Universal sobre Bioética e Direitos Humanos (DUBDH). Esse documento possui 28 artigos e seus princípios são legitimados tanto pela ética como pelo direito. Apesar de ser marcado fortemente por assuntos da bioética, o documento aborda aspectos sobre a desigualdade mundial. Pelo fato de a globalização atingir níveis universais, surgiu a necessidade de um documento que abordasse temas que ferem os direitos humanos e propusesse princípios para o combate à desigualdade, além de estabelecer normas mundiais sobre a bioética. Conforme Carvalho e Albuquerque (2015, p. 233):

> A desigualdade mundial não é provocada apenas pela economia. A falta de acesso à saúde também contribui decisivamente para essa disparidade entre diferentes povos, e a falta de recursos necessários à saúde é responsável por um alto número de mortos em todo o mundo.

> A DUBDH – notadamente por meio do princípio da justiça, constante de seu artigo 10, e da cooperação internacional, prevista no artigo 13 – também se constitui em instrumento de governança global capaz de concorrer para impulsionar os atores da comunidade internacional na direção de políticas públicas endereçadas ao combate à desigualdade como fenômeno complexo e abrangente, transmitido de geração para geração. Nesse sentido, a desigualdade exige o enfrentamento de um conjunto de

questões, como o preconceito relativo a cor, gênero e etnia, entre outros, as quais se imbricam com a pobreza e a distribuição da renda.

Podemos observar a preocupação global de pensadores (no Brasil, destacam-se Leonardo Boff e Léo Pessini; na América Latina, Enrique Dussel; e, em outros países, Boaventura de Souza Santos, entre outros) com a desigualdade, pois ela não gera apenas divergências econômicas, mas dela derivam outras formas de preconceito que comprometem o princípio da dignidade humana, ferindo os direitos necessários à sobrevivência e ao convívio social harmonioso. Cabe ao Estado aplicar as normas regulamentadoras expressas no documento de 2005 a fim de garantir o direito à vida individual de seus cidadãos. Esse documento tem como função quebrar a lógica de mercado que favorece os mais ricos e aniquila e sucumbe a vida dos mais necessitados.

Dessa forma, considerando os problemas que a desigualdade acarreta, devemos transformá-la em princípio moral, fazendo a distribuição de renda algo mais justo a todas as pessoas. Assim, poderemos aplicar com mais efetividade os princípios que garantem os direitos humanos. A DUBDH considera sobretudo os menos privilegiados e, graças ao princípio da justiça e da cooperação descritos no documento, existe a possibilidade de ajuda dos países mais ricos aos mais pobres. Evidentemente, essa ajuda não deve ser apenas financeira, mas científica, social, política, tecnológica e militar para, assim, eliminar os regalismos de pequenos grupos e o desfavorecimento de grande parte da população.

> Todos lutam por uma vida digna, um trabalho justo e humanitário e um mundo melhor, agindo em prol de um futuro menos desigual, contra as guerras, os sistemas opressores e os regimes violentos. Enfim, todos exigem apenas o direito de viver.

A partir do século XVIII, as tensões entre governos e sistemas políticos que ameaçam a vida da humanidade intensificaram-se a ponto de os direitos humanos surgirem como uma forma de combater os que pretendem acabar e aprisionar a vida das pessoas. Se, antes, a luta era contra a escravidão, a tortura e os castigos cruéis, agora a desigualdade impera como o maior dos desafios a ser enfrentado pelos direitos humanos. De acordo com Hunt (2009, p. 214), "os direitos humanos são o único baluarte que partilhamos comumente contra esses males". Por isso, eles devem sempre estar atualizados de acordo com as exigências da sociedade mundial.

No cenário atual, as lutas pelos direitos humanos intensificaram-se a ponto de o debate sobre quem deve ter direitos tornar-se mais efervescente: A mulher que foi violentada sexualmente ou o feto que também é vítima? O cidadão que foi expulso de sua terra natal por extremistas ou o que não quer ser incomodado pelo estrangeiro sem um lugar para ficar? O homossexual deve ter os mesmos direitos de todos? Assim como os refugiados, os pobres e as mulheres, diversos outros grupos clamam por igualdade de direitos. Todos lutam por uma vida digna, um trabalho justo e humanitário e um mundo melhor, agindo em prol de um futuro menos desigual, contra as guerras, os sistemas opressores e os regimes violentos. Enfim, todos exigem apenas o direito de viver.

A Constituição Federal de 1988* também apresenta capítulos e artigos que defendem os direitos básicos dos cidadãos brasileiros e dos estrangeiros que residem no país. Divididos em cinco capítulos, os artigos e incisos ali expressos garantem princípios e direitos básicos aos

---

*   A Constituição da República Federativa do Brasil pode ser consultada em: BRASIL. Constituição (1988). **Diário Oficial da União**, Brasília, DF, 5 out. 1988. Disponível em: <www.planalto.gov.br/ccivil_03/Constituicao/Constituicao.htm>. Acesso em: 28 set. 2018.

indivíduos que pertencem à República do Brasil. Os capítulos defendem direitos e deveres individuais e coletivos; direitos sociais; direitos da nacionalidade; direitos políticos e direitos dos partidos políticos. De forma especial, o art. 5º, em nossa concepção, faz uma espécie de síntese dos demais artigos e incisos ao afirmar: "Todos são iguais perante a lei, sem distinção de qualquer natureza, garantindo-se aos brasileiros e aos estrangeiros residentes no país a inviolabilidade do direito à vida, à liberdade, à igualdade, à segurança e à propriedade" (Brasil, 1988).

Em uma democracia, como no Brasil, apesar de o povo ser responsável pela escolha de seus governantes, o poder destes é limitado graças aos direitos humanos e às garantias individuais e coletivas previstas pela Constituição. Isto é, apesar de serem nossos representantes, nenhum governo ou político pode ferir esses direitos.

Os direitos humanos podem ser classificados como de primeira, segunda e terceira geração*. Podemos dizer que eles fazem referência ao lema da Revolução Francesa, que prega a liberdade, a igualdade e a fraternidade:

> *Enquanto os* **direitos de primeira geração** *(direitos civis e políticos) – que compreendem as liberdades clássicas, negativas ou formais – realçam o princípio da liberdade e os* **direitos de segunda geração** *(direitos econômicos, sociais e culturais) – que se identificam com as liberdades positivas, reais ou concretas – acentuam o princípio da igualdade, os* **direitos de terceira geração**, *que materializam poderes de titularidade coletiva atribuídos genericamente a todas as formações sociais, consagram o princípio da solidariedade e constituem um momento importante no processo de desenvolvimento, expansão e reconhecimento dos direitos*

---

* Também existem direitos de quarta e quinta geração. Os de quarta, de maneira geral, garantem o direito à democracia, à informação e ao pluralismo. Os de quinta geração consideram a paz um direito indiscutível da humanidade e, de certa forma, estão ligados aos direitos de terceira geração.

humanos, caracterizados enquanto valores fundamentais indisponíveis, pela nota de uma essencial inexauribilidade. (Melo, citado por Moraes, 2017, p. 44, grifo do original)

Em uma perspectiva histórica, os direitos de **primeira geração** surgiram por volta dos séculos XVII e XVIII e devem garantir o direito à liberdade, à justiça e à segurança, entre outros. Os direitos de **segunda geração** surgiram após a Segunda Guerra Mundial e levam em consideração interesses econômicos, sociais e culturais e, por isso, garantem direito à educação, ao trabalho, à habitação, ao saneamento etc. Por fim, os direitos de **terceira geração** estão voltados a atender os interesses da humanidade. São direitos garantidos por essa geração a paz, o direito à comunicação e ao meio ambiente, entre outros.

No Brasil, todos esses direitos estão previstos pela Constituição Federal de 1988 e não podem ser violados ou estar ligados a práticas ilícitas. Por isso, são inegociáveis, intransferíveis e imprescritíveis, de modo que nenhum cidadão brasileiro ou residente no país pode renunciar a eles. Assim, deve-se assegurar que os direitos humanos sejam respeitados e reconhecidos por todos.

Síntese

Neste capítulo, discutimos a dificuldade em estabelecer princípios sobre os direitos humanos que atendam de fato aos interesses de todas as sociedades. Por isso, o trabalho que os direitos humanos desempenham é essencial para superar a desigualdade no mundo, apesar de muitas vezes sermos capazes de visualizar a fragilidade que declarações e documentos apresentam em suas entrelinhas.

O século XXI é marcado por um cenário no qual fazemos muitas perguntas sobre o futuro da humanidade, porém não somos capazes de dar respostas satisfatórias a essas indagações. Os direitos humanos apresentam-se, a princípio, como uma resposta a algumas questões. No entanto, são fracas e superficiais quando pretendem aplicar o mesmo critério a todas as sociedades do mundo. Não queremos dizer que devemos descartá-los; ao contrário, é necessário reconhecer suas fragilidades e, com base nelas, construir e fortificar novas ideias e práticas que de fato sejam uma resposta aos dramas existenciais da humanidade.

Torna-se dever da humanidade não silenciar diante das atrocidades que acontecem no mundo e ameaçam os direitos básicos das pessoas. É por meio do gesto de denúncia e vigilância que os princípios expressos em documentos e declarações tornam-se mais eficazes.

Ressaltamos que a forma como abordamos os temas ao longo do capítulo, as escolhas em relação ao autores e textos citados e o modo como tratamos alguns temas são apenas uma parte ínfima do debate sobre os direitos humanos, pois jamais conseguiremos abordar todas as implicações, consequências e conquistas dos direitos humanos ao longo da história. A proposta aqui foi levá-lo a entrar em contato com perspectivas, concepções e teorias críticas e declarações nacionais e internacionais a respeito dos direitos humanos.

Na Seção 2.1, apresentamos uma contextualização do processo histórico que, a partir do século XVIII, propiciou o surgimento das primeiras declarações sobre os direitos humanos. Vimos que a Declaração de Independência dos Estados Unidos (1776) influenciou decisivamente a França a elaborar sua declaração em 1789 usando princípios universais que fossem capazes de garantir direitos a todas as pessoas.

Na Seção 2.2, observamos que o princípio de universalização mostrava-se muito teórico e abstrato, pois faltava a dimensão ética enquanto agente prático que efetivasse os artigos ali expressos.

Na Seção 2.3, apresentamos, de forma clara e explícita, a Declaração Universal dos Direitos Humanos de 1948, aprovada pela ONU. Fizemos isso com o propósito de permitir que você tivesse acesso a uma declaração em sua íntegra, para que possa conhecer e se posicionar em relação ao documento original.

Na Seção 2.4, discutimos as limitações, as fragilidades e a insuficiência das declarações, principalmente a de 1948, em abordar aspectos regionais. Vimos que o princípio de universalização é incapaz de responder aos interesses de todas as sociedades e, por isso, a saída é transformar os direitos humanos universais em direitos humanos multiculturais.

Na Seção 2.5, procuramos mostrar que, mesmo diante de todas as possíveis críticas dirigidas aos direitos humanos, eles são urgentes e legítimos, pois têm a função de diminuir a desigualdade que assola todo o mundo. Quando a desigualdade mundial for diminuída, os direitos humanos florescerão com maior vigor e práticas discriminatórias de gênero, raça, cor, orientação sexual, cultura etc. serão combatidas, de modo que o mundo se tornará um lugar melhor para se viver, uma vez que os direitos básicos para a sobrevivência humana estarão assegurados.

Indicações culturais

As indicações culturais aqui propostas, na forma de filmes, livros ou *sites*, têm como objetivo complementar e ampliar as discussões trazidas ao longo do capítulo e servem como incentivo para que sejam buscadas novas fontes e interpretações diferentes das apresentadas neste capítulo. Procure diversificar as fontes apresentadas para que possa aprofundar e compreender melhor e sob diferentes perspectivas o tema que acabamos de estudar.

Filmes

12 ANOS de escravidão. Direção: Steve McQueen. EUA: Walt Disney Pictures, 2013. 133 min.

AMOR por direito. Direção: Peter Sollett. EUA: Paris Filmes, 2015. 104 min.

BATISMO de sangue. Direção: Helvécio Ratton. Brasil: Downtown Filmes, 2006. 110 min.

CARANDIRU. Direção: Héctor Babenco. Brasil: Globo Filmes, 2003. 146 min.

INCÊNDIOS. Direção: Denis Villeneuve. Canadá: Imovision, 2010. 130 min.

QUANTO vale ou é por quilo? Direção: Sergio Bianchi. Brasil: RioFilme, 2015. 104 min.

Livros

BOGDANDY, A. V.; PIOVESAN, F.; ANTONIAZZI, M. M. (Org.). **Estudos avançados de direitos humanos**: democracia e integração jurídica – emergência de um novo direito público. Rio de Janeiro: Elsevier, 2013.

DOUZINAS, C. **O fim dos direitos humanos**. Tradução de Luzia Araújo. São Leopoldo: Unisinos, 2009.

FLORES, J. H. **Teoria crítica dos direitos humanos**: os direitos humanos como produtos culturais. Rio de Janeiro: Lumen Juris, 2009.

HUNT, L. **A invenção dos direitos humanos**: uma história. Tradução de Rosaura Eichenberg. São Paulo: Companhia das Letras, 2009.

LUCAS, D. C. **Direitos humanos e interculturalidade**: um diálogo entre a igualdade e a diferença. Ijuí: Ed. da Unijuí, 2010.

NODARI, P. C.; CALGARO, C.; SÍVERES, L. (Org.). **Ética, direitos humanos e meio ambiente**: reflexões e pistas para uma educação cidadã responsável e pacífica. Caxias do Sul: Educs, 2017.

SANTOS, B. de S. **A difícil democracia**: reinventar as esquerdas. São Paulo: Boitempo, 2016.

_____. **O direito dos oprimidos**. São Paulo: Cortez, 2014.

_____. **Se Deus fosse um ativista dos direitos humanos**. 2. ed. São Paulo: Cortez, 2014.

ZAMBON, R. E.; SANCHES, W.; TESTA, J. C. S. V. (Org.). **Direitos humanos e cidadania**. Londrina: Editora e Distribuidora Educacional, 2015.

Site

Sugerimos o site DHNET, no qual é possível encontrar uma série de documentos e artigos sobre a questão dos direitos humanos:

DHNET. Disponível em: <www.dhnet.org.br/>. Acesso em: 28 set. 2018.

Atividades de autoavaliação

1. Thomas Jefferson, enquanto preparava o documento para a proclamação de independência dos Estados Unidos, afirmava que "todos os homens são criados iguais, dotados pelo seu criador de certos direitos inalienáveis, que entre estes estão a vida, a liberdade e a busca da felicidade" (Hunt, 2009, p. 13). Assim surge um dos primeiros e mais importantes documentos que trabalham a questão dos direitos humanos. Considerando o que estudamos neste capítulo, a principal ideia que podemos extrair do trecho anterior é que:
    a) apesar de os direitos humanos serem entendidos como universais, não podemos atribuir os mesmos direitos a todos, pois nem todas as sociedades comungam dos mesmos princípios.
    b) os direitos humanos são universais, pois aplicam-se a todos os seres humanos sem qualquer tipo de distinção e, portanto, podemos dizer que são direitos da humanidade.
    c) os direitos humanos não podem ser aplicados a todos os grupos sociais, somente a homens livres.
    d) todos os direitos humanos são suspensos a partir do momento que alguém é acusado de algum crime.
    e) a Declaração de Independência dos EUA (1776) não levava em conta os direitos de mulheres e crianças, pois, de acordo com o trecho da questão, apenas os homens são iguais e, portanto, têm direitos.

2. Neste capítulo, vimos que, para que os direitos sejam direitos humanos, todas as pessoas, em todas as regiões do mundo, devem possuí-los igualmente e apenas por causa de seu *status* como seres humanos. Nesse sentido, podemos elencar, como características indispensáveis dos direitos humanos:

a) a sensibilidade, a identidade e o amor ao próximo.
   b) a pessoalidade.
   c) a naturalidade, a igualdade e a universalidade.
   d) a individualidade e a crítica.
   e) Nenhuma das alternativas anteriores está correta.

3. Sobre a Declaração Universal dos Direitos Humanos da ONU, de 1948, é **incorreto** afirmar:
   a) Os direitos humanos devem ser protegidos e respeitados pelas leis de cada nação, de modo que os seres humanos não sejam obrigados a lutar contra Estados opressores e tirânicos a fim de garantir seus direitos básicos, como saúde, educação e moradia.
   b) Toda e qualquer família é digna e deve ter seus direitos fundamentais preservados a fim de promover a liberdade e a justiça entre todos os cidadãos.
   c) Toda e qualquer ação de violação dos direitos humanos é considerada um ato contra a humanidade e sua violação não será admitida em circunstância alguma.
   d) É essencial promover relações amistosas entre as nações a fim de garantir a paz.
   e) É fundamental que os direitos humanos promovam um distanciamento entre as pessoas a fim de manter a desigualdade mundial e garantir os privilégios dos mais ricos.

4. Indique se as afirmações a seguir são verdadeiras (V) ou falsas (F) no que se refere à Declaração Universal dos Direitos Humanos de 1948:
   (   ) Todos os cidadãos têm o direito assegurado de ir e vir, bem como o direito à moradia, e pode deixar seu país de origem e retornar quando desejar.

( ) Todas as pessoas são livres e têm o direito de expressar sua opinião. Além disso, têm o direito de transmiti-las e são livres para procurar as fontes de informações e ideias que quiserem.

( ) Todos os cidadãos têm o direito à qualidade de vida, o que inclui alimentação saudável, habitação, saúde, educação e segurança, isso aplicando-se também às crianças recém-nascidas.

Agora, assinale a alternativa que apresenta à sequência correta:
a) V, V, V.
b) F, V, V.
c) F, F, V.
d) V, F, V.
e) V, F, F.

5. De acordo com Boaventura de Sousa Santos (1997, p. 19): "O multiculturalismo [...] é pré-condição de uma relação equilibrada e mutuamente potenciadora entre a competência global e a legitimidade local, que constituem os dois atributos de uma política contra-hegemônica de direitos humanos no nosso tempo". A multiplicidade de culturas em nosso tempo descaracteriza um importante conceito expresso na maioria das declarações sobre os direitos humanos, pois precisa-se atender às necessidades de cada região. O conceito criticado por Santos (1997) e que trabalhamos neste capítulo é o de:
a) ética.
b) pragmatismo.
c) política.
d) universalidade.
e) direito.

Atividades de aprendizagem

Questões para reflexão

1. A Declaração Universal dos Direitos Humanos promulgada em 1948 pela ONU trata de princípios universais que devem ser garantidos a todas as pessoas. Releia a declaração na Seção 2.3 e elabore um texto argumentativo indicando quais artigos são de fato aplicáveis no mundo contemporâneo e quais não foram possíveis de ser concretizados.

   Para construir o texto, você deverá:
   - apresentar sua opinião, confrontando-a com a realidade atual;
   - expor seus argumentos quando achar que os artigos foram efetivados e quando não foram;
   - sustentar sua opinião com exemplos.

2. Uma das críticas de alguns autores à Declaração Universal dos Direitos Humanos refere-se ao princípio de universalidade, ou seja, propor que todos os direitos humanos devem ser aplicados a todas as culturas e civilizações. Boaventura de Sousa Santos (1997) propõe que os direitos humanos devem atender a uma exigência multicultural, favorecendo uma visão contra-hegemônica dos direitos humanos. Apresente um texto dissertativo sobre a concepção contra-hegemônica que esse autor defende em seus textos.

   Para construir o texto, você deverá:
   - apresentar a definição de contra-hegemonia proposta pelo autor;
   - dar exemplos que justifiquem a posição do autor;

- apresentar sua opinião e dizer se você concorda ou não com o autor, justificando seu posicionamento.

Caso prefira, você poderá mencionar outro autor que critique a universalidade dos direitos humanos como princípio hegemônico.

Atividades aplicadas: prática

1. Podemos contar a história dos direitos humanos sob diferentes perspectivas. Já na Grécia Antiga havia elementos éticos que garantiam os direitos aos cidadãos. Entretanto, como sabemos, nem todas as pessoas eram consideradas cidadãs da *pólis*, pois mulheres, escravos e estrangeiros eram alguns dos grupos que não tinham direitos. Neste capítulo, procuramos evidenciar o surgimento dos direitos humanos enquanto princípios universais a partir da modernidade, mais precisamente após o século XVII. Elabore um texto dissertativo sobre possíveis elementos que podemos encontrar na filosofia grega e que possam contribuir para a formação dos direitos humanos.

   Para construir o texto, você deverá:
   - fazer uma pesquisa sobre textos antigos (você poderá usar a obra Ética a Nicômaco, de Aristóteles, como referência);
   - apresentar elementos e procedimentos que garantiam direitos aos cidadãos da *pólis*;
   - expor sua opinião sobre esses direitos e discutir se de fato eram direitos que garantiam a sobrevivência das pessoas e se eles puderam ajudar na elaboração das declarações mais recentes sobre os direitos humanos.

2. Faça uma leitura do capítulo "Ossos dos meus ossos: abolindo a tortura", da obra a seguir:

HUNT, L. **A invenção dos direitos humanos**: uma história. Tradução de Rosaura Eichenberg. São Paulo: Companhia das Letras, 2009.

No capítulo, você encontrará elementos históricos de torturas e crueldades que ocorriam nos séculos XVII e XVIII. Após a leitura, elabore um texto dissertativo expondo sua opinião sobre a necessidade de criar uma declaração sobre os direitos humanos cujo principal objetivo seja abolir as torturas e a violência contra as pessoas. Lembre-se de que um dos objetivos das declarações dos Estados Unidos (1776) e da França (1789) era justamente combater esses horrores.

Para construir o texto, você deverá:
- apresentar elementos que deem legitimidade ao seu argumento;
- discutir elementos históricos que comprovem que os direitos humanos em algum momento da história serviram para evitar horrores contra a dignidade da pessoa humana;
- posicionar-se contra a efetividade dos direitos humanos, mostrando que eles não conseguiram combater as torturas e as punições cruéis contra as pessoas;
- deixar explícita sua opinião e, se possível, debatê-la com os colegas de turma.

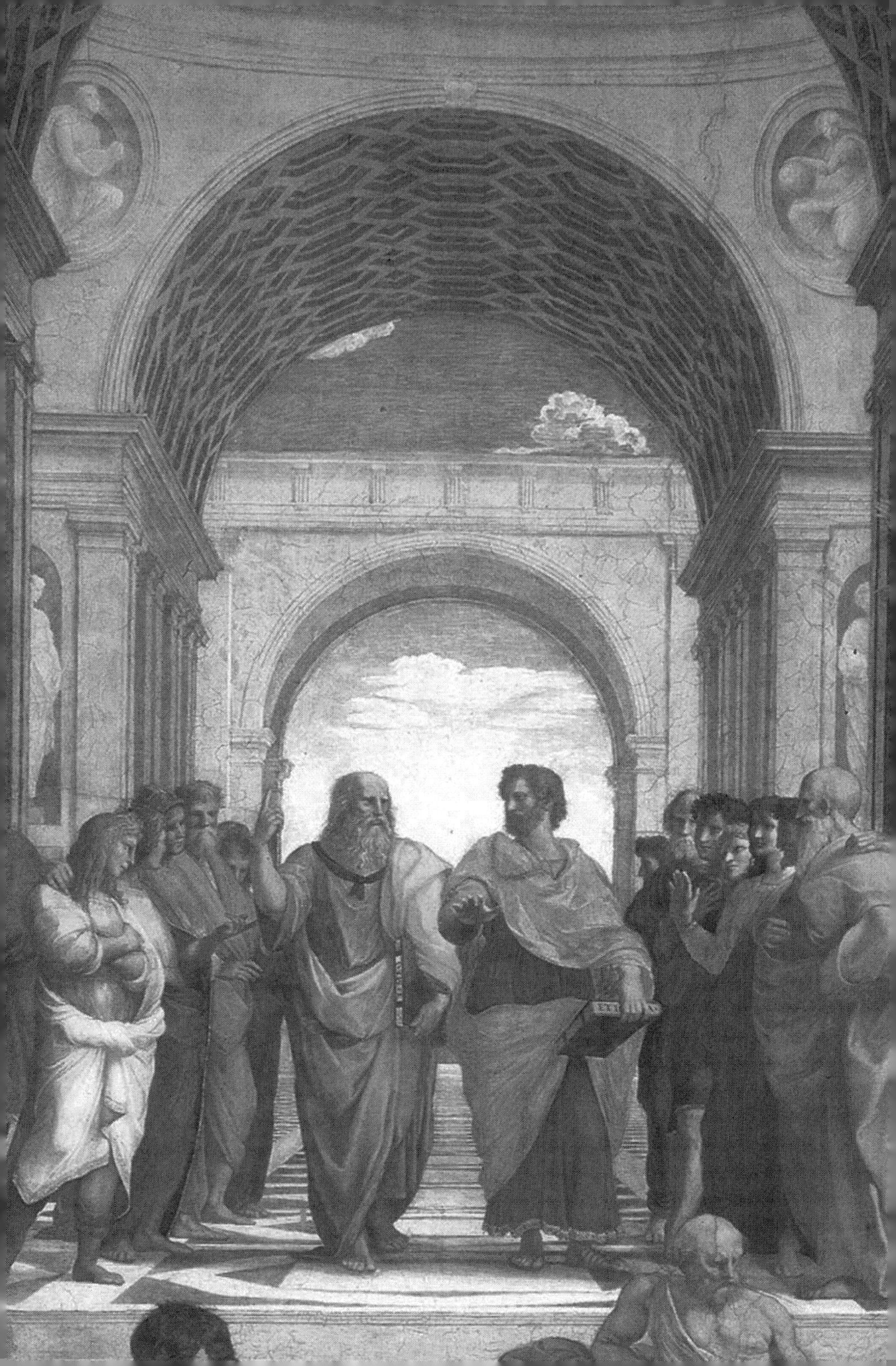

3

A urgência de uma ética para o meio ambiente

O aceleramento das mudanças climáticas que ocorrem no planeta tem afetado nossa forma de pensar e perceber o mundo e o modo como entendemos o meio ambiente. É urgente pensar em uma saída ética que altere a relação do homem com a natureza, ou seja, criar meios sustentáveis que possibilitem uma relação harmoniosa entre ser humano e meio ambiente. Mas, para isso, primeiro precisamos superar nossas visões antropocêntricas, ou seja, aquelas que só pensam no bem-estar do ser humano e não levam em consideração a vida dos outros seres vivos, pois centrar a existência apenas no homem pode representar sua aniquilação. Diante disso, perguntamos: É possível uma ética para o meio ambiente?

3.1
Pressupostos conceituais para a formulação de uma ética ambiental

Para que possamos pensar como iniciou-se a crise ambiental que vivemos hoje, é necessário retornar à passagem dos séculos XIX e XX. No entanto, devemos considerar que, na modernidade, o método cartesiano mecanicista foi, sem dúvida, responsável pelos avanços científicos e tecnológicos que ocorreram a partir do século XIX e propiciaram a crise ambiental do planeta. O século XIX foi o período histórico das mudanças e rupturas em todas as áreas do conhecimento. Nesse período, os avanços da ciência propiciaram que a humanidade pensasse em um futuro tecnológico promissor. Graças à ideia de progresso, a vida passou a ser entendida como algo que pode ser mensurado, medido, pesado, objetificado e coisificado, enfim, um ente mecanizado. Com base nessa ideia, a natureza também passou a ser entendida como algo que o ser humano tem à disposição para explorar e manipular.

Na década de 1970, houve um aumento significativo de mercadorias da indústria de consumo que afetaram diretamente a vida das pessoas. A mudança de hábitos na vida humana alterou a relação homem-natureza e, consequentemente, esta última tornou-se vulnerável e ameaçada. Em virtude das mudanças da vida humana em relação à natureza, surgiu a necessidade de se pensar em uma ética ambiental. Assim, tornou-se tarefa da filosofia considerar o meio ambiente em suas reflexões. Mas, para que a natureza seja de fato entendida como um ser que possui valor em si, precisamos superar tanto a visão mecanicista cartesiana como o antropocentrismo. Essas duas correntes foram determinantes para a intensificação da crise ambiental que vivemos.

O homem é o ser vivo que mais altera o meio em que vive. A própria capacidade de gerar cultura já é por si mesma uma alteração da natureza, isto é, o ser humano cria linguagem e símbolos e produz instrumentos, ferramentas e técnicas. No entanto, essas características são apenas aspectos biológicos próprios do homem. Se pensarmos no início da civilização, os seres humanos que habitavam a Terra concebiam a natureza como algo infinitamente grande. Os recursos naturais disponíveis não tinham limites e o homem, mesmo com sua capacidade de criar ferramentas, não poderia jamais alterar a ordem natural das coisas. A ação humana sobre a natureza era insignificante perante sua grandeza. Portanto, nesse cenário, a ética não era necessária.

Graças ao desenvolvimento do conhecimento tecnológico e científico adquiridos após o século XVII, a ação do homem sobre a natureza deixou de ser neutra e passou a afetar diretamente a vida de todos os seres vivos. Para suprir suas necessidades, o ser humano passou a extrair da natureza recursos que garantissem sua sobrevivência, como os alimentos, e também começou a utilizá-los para suprir demandas das indústrias, como os combustíveis fósseis no início do século XIX. A partir do momento que as mudanças na esfera ambiental passaram a modificar e alterar o meio ambiente, a vida passou a ser ameaçada e percebeu-se a necessidade da ética.

O projeto de Francis Bacon no período moderno, amparado na máxima "saber é poder", retirou da natureza a dignidade e o respeito que se tinha em relação a ela, tornando-a um objeto de dominação e exploração a serviço do homem. De acordo com Hans Jonas (2006, p. 235), a intenção desse projeto era "colocar o saber a serviço da dominação da natureza e utilizá-la para melhorar a sorte da humanidade". Portanto, tratava-se de um programa que visava o melhoramento da vida humana. Se, para Bacon, saber é poder, o homem, por ser detentor do conhecimento tanto técnico como científico, não deve encontrar obstáculos para manipular o meio natural.

Nesse sentido, a racionalidade científica é uma das causas da crise que vivemos na atualidade, pois impede o surgimento de outras racionalidades, de modo que qualquer tipo de conhecimento fora da ciência é deficiente. Quando a ciência retira todos os valores de sua atividade, acentua-se a crise ecológica que vivemos a ponto de a ameaça voltar-se contra a natureza exterior do homem e a própria imagem de ser humano.

A pretensão do projeto baconiano de dominar a natureza por meio da técnica tornou-se uma ameaça e um risco à humanidade, tanto do ponto de vista econômico como biológico. Isto é, com o aumento da produção de bens de consumo, ao mesmo tempo em que se multiplicou a produção em quantidade e variedade, houve uma redução no tempo de dispêndio de trabalho humano e uma elevação de bem-estar social, o que causou um aumento de consumo no interior do sistema. Essa elevação levou a um esgotamento mais acelerado das reservas naturais. Sob o aspecto biológico, esse processo de esgotamento de recursos graças ao aumento da população e ao crescimento da demanda por mais e novos produtos leva à extinção de várias espécies e ao desaparecimento de vários biomas do planeta.

> Quando a ciência retira todos os valores de sua atividade, acentua-se a crise ecológica que vivemos a ponto de a ameaça voltar-se contra a natureza exterior do homem e a própria imagem de ser humano.

Segundo Jonas (2006, p. 236), o projeto baconiano carrega consigo um "descontrole sobre si mesmo", isto é, há uma ameaça apocalíptica em seu interior, pois seu desejo utópico de melhorar o mundo e adquirir sempre mais conhecimento não protege a natureza e leva ao risco de extinção a própria espécie humana. O poder técnico, ao tornar-se autônomo, transformou-se em ameaça e risco à civilização. Portanto, uma das principais causas da crise ambiental são os avanços tecnológicos sem controle e rigor ético.

Hans Jonas é importante em uma abordagem ambiental porque, ao postular sua ética da responsabilidade, inclui todos os seres vivos, ou seja, todas as formas de vida, e não apenas o ser humano. A responsabilidade que o autor postula vai além da crise anunciada por diversos ambientalistas em meados do século XX. Ela tem um caráter **temporal**, pois extrapola os limites do tempo, isto é, trata-se da relação do homem com as gerações futuras. Além disso, também têm um caráter **espacial**, no sentido de que a responsabilidade estende-se a todos os seres vivos do planeta, incluindo, assim, a natureza como um todo. Para Jonas, a crise ambiental que vivemos é consequência da aceleração que os avanços na modernidade propiciaram como forma de exploração e dominação da natureza. Isso, sem dúvida, propiciou a perturbação do equilíbrio natural, a extinção de muitas espécies e um aumento populacional desenfreado.

Nesse contexto, a técnica foi responsável por essas mudanças no âmbito natural, pois ela "nos fez passar do estado de sujeitos dominados pela natureza a mestres da natureza [...] ele se pergunta se não é necessário então assumirmos nossa responsabilidade em relação às gerações futuras e ao estado da natureza sobre a terra" (Jonas, citado por Fonseca, 2012, p. 471).

Diante do que foi apresentado aqui, consideramos que o problema ambiental somente será levado a sério quando formos capazes de compreender a dimensão ética dessa crise ambiental que vivemos. Dessa maneira, poderemos influenciar o comportamento das pessoas para que preservem o meio ambiente.

Para despertar essa dimensão ética no ser humano, este precisa, primeiro, compreender que faz parte do meio ambiente e reconhecer que é um ser da natureza, capaz de provocar mudanças positivas e negativas, no sentido de que, por um lado, pode salvar espécies e, por outro, provocar o esgotamento de recursos naturais e a degradação de ecossistemas inteiros. Sob uma perspectiva natural, o homem é um ser, assim como qualquer outra espécie, que mantém uma inter-relação e uma interdependência com os recursos naturais. Essas duas características são essenciais para a manutenção e a preservação da vida.

A partir do momento que o ser humano, com a tecnologia, realizou ações como a modificação na produção de trabalho, a mecanização da agricultura, o uso de agrotóxicos, o desmatamento para a produção de madeira e para o uso agropecuário e a produção de monoculturas, a natureza passou a ter um valor apenas utilitário e mecanicista.

No século XIX, a crescente exploração de recursos naturais para as indústrias foi decisiva para se construir um mercado mundial. Por mais que, a partir do século XVII, tivéssemos uma série de autores que propunham a exploração e a dominação da natureza, como vimos no caso de Bacon, devemos lembrar que esse tipo de exploração e dominação era no campo do saber, ou seja, o cientista, por meio da observação, era capaz de compreender fenômenos químicos e físicos da natureza sem precisar intervir. A natureza passou a ser compreendida e estudada, porém sem ser necessariamente violada.

> A partir do momento que o ser humano, com a tecnologia, realizou ações como a modificação na produção de trabalho, a mecanização da agricultura, o uso de agrotóxicos, o desmatamento para a produção de madeira e para o uso agropecuário e a produção de monoculturas, a natureza passou a ter um valor apenas utilitário e mecanicista.

A partir do século XIX, porém, isso mudou completamente, e o homem passou a forçar os resultados, manipular a natureza e explorá-la no sentido mais cruel e devastador. Se, no início da modernidade, tínhamos um homem que observava a natureza e a compreendia, agora temos um homem que a manipula, a explora e a domina até que esta revele seus segredos.

A destruição da natureza, amparada pelo desenvolvimento técnico-científico, tornou-se frequente. A natureza vem sofrendo com a ambição e o uso desenfreado de recursos naturais pelo ser humano. Alterações climáticas, diminuição do número de espécies, uso de agrotóxicos, desmatamentos e queimadas são alguns exemplos que nos colocam diante de um cenário que ameaça a vida. Precisamos de uma nova ética, que não leve em consideração apenas os interesses humanos, mas de toda a vida e de toda a natureza.

3.2
Uma preocupação ética global com o meio ambiente

Podemos considerar que existem duas formas de se pensar em uma ética ambiental: uma superficial e outra profunda.

Uma ética ambiental **superficial** apoia-se na máxima de que devemos preservar o meio ambiente em favor do ser humano, ou seja, estamos tratando de um princípio que leva em consideração o ser humano, portanto, uma ética antropocêntrica, voltada aos interesses humanos. Nesse tipo de ética, a natureza não é o elemento principal a ser considerado – ela é apenas secundária, pois responde aos interesses do homem. Não existe preocupação quanto aos impactos que uma produção pode causar e buscam-se apenas técnicas que minimizem as consequências que os impactos de um tipo de produção pode provocar. A preocupação dessa ética não reside em preservar o valor da natureza, mas apenas atender interesses humanos. A natureza é compreendida como uma mercadoria à disposição do homem, um produto de consumo. Os que defendem esse tipo de ética não consideram uma mudança na forma de produção e exploração da natureza e procuram apenas reduzir os impactos que suas ações causam no meio ambiente. Não se prevê, portanto, uma mudança de postura e de atitude.

A outra forma de se pensar a ética ambiental é a do tipo **profunda**. Esse tipo de ética reconhece que a natureza tem valores intrínsecos. Todos os seres vivos, humanos ou não, tem um valor absoluto em si, ao contrário do que considera a ética ambiental superficial, que confere apenas valor de troca na natureza e nos seres vivos.

Um conceito defendido por muitos pensadores, como Leonardo Boff, é o de **biocentrismo**, segundo o qual todas as formas de vida têm valor em si mesmas. Nessa perspectiva, a própria morte, de certa forma, também tem um valor, pois faz parte do processo natural da vida. Nesse sentido, devemos proteger a natureza porque ela tem valor, e não porque é bom para o homem. Segundo Kässmayer (2008, p. 140), "dado à naturalidade um valor em si, a natureza é passível de valoração própria, independente de interesses econômicos, estéticos ou científicos".

O biocentrismo fundamenta-se em quatro premissas básicas:

1. todos os seres vivos, humanos ou não, pertencem a uma mesma comunidade terrestre, isto é, partilham de um mesmo princípio que é a vida;
2. todos os seres vivos vivem de forma integrada e são interdependentes, de forma que, para que cada ser vivo sobreviva na natureza, além da sua capacidade física e dos nutrientes disponíveis no meio ambiente, é essencial a capacidade de relacionar-se com outras espécies;
3. todos os organismos vivos são seres que têm um fim em si mesmos;
4. não existe uma espécie superior em relação a outras, pois todas pertencem a uma comunidade e têm valor e importância para a natureza.

Precisamos entender que o ser humano não é o centro da natureza: ele é apenas uma parte que a integra. Nesse sentido, é necessário uma ética ambiental que seja capaz de resgatar a sacralidade da natureza, devolvendo sua dignidade retraída pela modernidade. Para que o ser humano viva em um ambiente saudável e com uma boa qualidade de vida, é preciso criar um ambiente harmonioso e equilibrado, e a preservação do meio ambiente é um dos caminhos para alcançar esse objetivo. Para chegar a um equilíbrio no meio ambiente, precisamos compreender as tensões e contradições que a natureza apresenta e, assim, poderemos contemplar a vida como um sistema inter-relacionado e interconectado. Para ampliar nossa discussão sobre como entender o meio ambiente como um sistema inter-relacionado, precisamos analisar o conceito de **ecologia**, pois "**a ética como sensibilidade não é apenas uma disciplina**, ela é o coração de todas as disciplinas; em ecologia e na vida fica evidente que a visão de interdependência (teia) é crucial. É preciso despertar para ver" (Pelizzoli, 2013, p. 32, grifo do original).

O termo *ecologia* foi utilizado pela primeira vez por Ernst Haeckel*, em 1866. De acordo com Leonardo Boff (1993, p. 15, grifo nosso):

> *Ecologia é relação, inter-ação e dialogação de todas as coisas existentes (viventes ou não) entre si e com tudo o que existe, real ou potencial. A ecologia não tem a ver apenas com a natureza (ecologia natural), mas principalmente com a sociedade e a cultura (ecologia humana, social etc.). Numa visão ecológica,* **tudo o que existe coexiste**. *Tudo o que coexiste preexiste. E tudo o que coexiste e preexiste subsiste através de uma teia infinita de relações omnicompreensivas. Nada existe fora da relação.*

Podemos considerar, ainda, que ecologia é a interdependência e a interação que todos os seres vivos têm com seu ambiente natural. Assim,

---

* Ernest Haeckel foi um biólogo, médico e zoólogo alemão. Nasceu em 1834, na cidade de Potsdam, e morreu em 1919. Foi um teórico do darwinismo, elaborou novas noções acerca da evolução e da descendência humana e é um dos grandes expoentes do cientificismo positivista. Publicou diversas obras, entre elas *Os enigmas do Universo* (1876).

a interdependência torna-se um elemento indispensável para uma ética ambiental na qual todos os seres vivos devem ser levados em conta. O termo *ecologia* relaciona-se com *éthos*, palavra de origem grega que significa "habitar" ou "morada" e remete a um equilíbrio da vida no ambiente. Pelizzoli (2013) utiliza o termo *homeostase* para referir-se ao equilíbrio e à harmonia que se deve ter com o meio ambiente. Segundo o autor, "homeostase é um termo biológico para falar de sistemas naturais, ecossistemas, em dinâmica de **equilíbrio**. Homeostase é estar em **harmonia** (cosmos) dentro de um sistema, dentro de um ***habitat***." (Pelizzoli, 2013, p. 33, grifos do original).

O conceito de ecologia contribuiu para o estabelecimento da concepção sistêmica, motivo pelo qual foi estendido para além da relação entre seres vivos. A natureza, desde os seres mais primitivos até os mais evoluídos, é compreendida como algo dinâmico. Todos os organismos passaram a ser observados sob uma ótica de conjunto, na qual uns dependem dos outros e juntos formam um todo que funciona em perfeita harmonia. A noção ecológica nessa perspectiva sistêmica considera que cada ser vivo é importante e necessário para o equilíbrio da vida, e daí surge o conceito de **rede**. Segundo Capra (2010, p. 44):

> *A nova ciência da ecologia enriqueceu a emergente maneira sistêmica de pensar introduzindo duas novas concepções – comunidade e rede. [...] Sabemos hoje que, em sua maior parte, os organismos não são apenas membros de comunidades ecológicas, mas também são, eles mesmos, complexos ecossistemas contendo uma multidão de organismos menores, dotados de uma considerável autonomia, e que, não obstante, estão harmoniosamente integrados no funcionamento do todo.*

Em virtude da dinamicidade da natureza e da interdependência entre os seres vivos, a ecologia não pode ser entendida apenas em sua dimensão natural, pois envolve também a cultura e a sociedade. Contudo, não se trata de afirmar que a ecologia é antropocêntrica ao tratar de temas relativamente humanos, como os conceitos de **sociedade** e **cultura**. O termo *rede* procura enfatizar que todos os seres naturais têm particularidades e, juntos, formam uma **totalidade ecológica** (Boff, 1993).

Outra característica importante para se pensar a ecologia é a interdisciplinaridade. A partir do momento que compreendermos que a vida não pode ser entendida apenas em uma dimensão, mas faz parte de um conjunto de relações, poderemos entender melhor a crise ambiental e ética que disseminou-se na contemporaneidade. Ver o mundo em sua totalidade representa a superação do pensamento mecanicista moderno que privilegiava o pensamento analítico e sintético.

> "A questão ecológica nos remete para um novo patamar da consciência mundial: a importância da Terra como um todo, o destino comum da natureza e do ser humano, a interdependência reinante entre todos, o risco apocalíptico que pesa sobre o criado. Os seres humanos podem ser homicidas e genocidas como a história tem mostrado, e podem também ser biocidas, ecocidas e genocidas." (Boff, 1993, p. 22).

Diante do exposto até aqui, podemos nos perguntar: Como a ecologia pode ajudar, na prática, a superar a crise ambiental da contemporaneidade e, assim, contribuir para uma ética global voltada a garantir os valores da natureza? Para responder a essa questão, precisamos superar alguns preconceitos em relação ao termo *ecologia*. Boff (1993) aponta três objeções comuns ao termo:

- A ecologia é um luxo das pessoas ricas e dos países desenvolvidos. De certa forma, a preocupação ambiental surgiu nos países do hemisfério norte, mas não em virtude de uma preocupação ambiental global, e sim pelo fato de buscar-se melhores condições de vida. Tanto que esses países tidos como desenvolvidos não estão preocupados em modificar sua forma de produção e consumo, querem apenas aumentar seus ganhos e, assim, melhorar sua qualidade de vida. Não se preocupam com a fome e a pobreza que suas ações causam e não são capazes de perceber que tanto o homem como a natureza fazem parte de uma mesma cadeia produtiva.

• A ecologia e os problemas ambientais que enfrentamos não podem ser entregues a grupos específicos, como os ambientalistas. Como vimos, ecologia não se refere apenas ao meio ambiente, mas também à sociedade e à cultura. Dessa forma, todos os grupos da sociedade devem estar comprometidos com a causa da luta por melhores condições de vida. Devemos lembrar que a ecologia envolve as relações possíveis entre o ser humano e a natureza, pois "a verdadeira concepção ecológica é sempre holística e supõe uma aliança de solidariedade para com a natureza" (Boff, 1993, p. 21).

• A ecologia não pode restringir-se a uma luta política de um grupo de partidos, os chamados *partidos verdes*. Novamente, a ecologia não deve se preocupar apenas com questões ambientais, pois sua luta também é a favor de melhores condições de vida e trabalho e da promoção do bem-estar social global.

Uma das saídas práticas para superar a crise ecológica é entender que somos parte de um todo orgânico. Esse é o primeiro passo: tomar consciência de que somos seres vivos na natureza. Nas últimas décadas, vários autores, como Hans Jonas, Leonardo Boff, Fritjof Capra, Francisco Varela, entre outros, dedicaram-se a buscar soluções no campo da técnica, da política, da própria ética e da sociedade como um todo a fim de tentar frear as ameaças contra a natureza. Apesar de cada autor propor um caminho para superar a crise, de certa forma, podemos dizer que existe um fio condutor que permeia o pensamento de todos eles: trata-se da crítica estabelecida ao atual modelo econômico da sociedade, que leva a um esgotamento dos recursos naturais e ameaça a integridade da vida futura, tanto humana como dos demais seres vivos. Por isso, a seção a seguir apresenta uma perspectiva holística (sistêmica) de abordagem da natureza e de preservação da vida.

3.3
Ecologia profunda: a ética para além do antropocentrismo

A *pergunta que* deixamos em aberto na seção anterior, sobre como a ecologia pode ajudar, na prática, a superar a crise ambiental, será facilmente respondida nas próximas páginas. A procura por um novo modelo de sociedade sustentável e ecologicamente equilibrada passa por uma mudança de paradigmas. Como já mencionamos, a crítica inicial de vários autores dirige-se "ao modelo civilizatório baseado na noção de **progresso material** ilimitado e desenvolvimento econômico nos moldes da modernidade científica e industrial" (Pelizzoli, 2013, p. 55, grifo do original).

A proposta para muitos pensadores, como Capra, é a emergência de um novo paradigma e de uma nova percepção da realidade que precisa ser instaurada na sociedade, isto é, um pensamento sistêmico, capaz de entender que, quando se busca o progresso ilimitado e o desenvolvimento insustentável, cria-se um desequilíbrio e a ligação entre homem e natureza se rompe. Por isso, uma visão holística e sistêmica ajudará a reconstruir o elo entre o homem e a natureza e a salvaguardar as espécies do planeta. Conforme Capra (2007, p. 260):

> *A concepção sistêmica vê o mundo em termos de relações e de integração. Os sistemas são totalidades integradas, cujas propriedades não podem ser reduzidas às de unidades menores. Em vez de se concentrar nos elementos ou substâncias básicas, a abordagem*

sistêmica enfatiza princípios básicos de organização. Os exemplos de sistemas são abundantes na natureza. Todo e qualquer organismo – desde a menor bactéria até os seres humanos, passando pela imensa variedade de plantas e animais – é uma totalidade integrada e, portanto, um sistema vivo.

Em *A teia da vida*, de 1996, Capra apresenta duas novas concepções ao pensamento sistêmico ecológico: as noções de **comunidade** e de **rede**. Para isso, considera que "os organismos não são apenas membros de comunidades ecológicas, mas também são, eles mesmos, complexos ecossistemas contendo uma multidão de organismos menores, dotados de uma considerável autonomia, e que, não obstante, estão harmoniosamente integrados no funcionamento do todo" (Capra, 2010, p. 44).

Sobre a crise ambiental e o problema ético que temos de enfrentar, Capra (2010) considera que um dos equívocos de estudiosos e pesquisadores é tentar entender a crise que vivemos de forma isolada. Para o autor, as crises ambiental, econômica, política e religiosa, entre outras, são problemas interligados e interdependentes, ou seja, sistêmicos, motivo pelo qual ele as chama de *crise de percepção* (Capra, 2010, p. 23). Por isso, chamamos a emergência desse novo paradigma de *pensamento sistêmico ecológico*.

Essa crise é consequência do fato de o mundo ter se tornado superglobalizado e interconectado. Para superar essa crise, precisamos mudar nossa forma de pensar o mundo e os valores e as crenças atuais precisam ser substituídos por novos princípios. De certa forma, é aquilo que Jonas (1979) propôs quando afirma que nossos valores tradicionais, como compaixão, benevolência e caridade, entre outros, tornaram-se obsoletos, ou seja, insuficientes para atender às demandas tecnológicas que a sociedade contemporânea impõe.

> "As células são organismos vivos, assim como os vários tecidos e órgãos do corpo, sendo o cérebro humano o exemplo mais complexo. Mas os sistemas não são limitados a organismos individuais e suas partes. Os mesmos aspectos de totalidade são exibidos por sistemas sociais – como o formigueiro, a colmeia ou uma família humana – e por ecossistemas que consistem numa variedade de organismos e matéria inanimada em interação mútua. O que se preserva numa região selvagem não são as árvores ou organismos individuais, mas a teia complexa de relações entre eles." (Capra, 2007, p. 260).

Umas das expressões que mais ganhou notoriedade nas últimas décadas após o início dos movimentos ambientalistas é *sustentabilidade*. Grandes e pequenas corporações, empresas e até governos passaram a usar o termo indiscriminadamente como forma de dar legitimidade a suas ações. No entanto, muitas delas não estão interessadas no que o vocábulo realmente significa: criar comunidades sustentáveis que atendam às necessidades imediatas, porém sem diminuir as expectativas e as chances de as gerações futuras viverem em um mundo equilibrado.

Uma das propostas desse novo paradigma, que também podemos chamar de *holístico*, é a consideração de que o ser humano é composto tanto pela entidade material como espiritual e, nesse sentido, religar o homem à natureza. Contudo, devemos lembrar que a natureza também apresenta, em graus diferentes do homem, a entidade espiritual. Assim, quebra-se uma pretensão antropocêntrica de creditar apenas ao homem o espírito. Portanto, a crise que vivemos é moral e espiritual. Essa entidade espiritual de que estamos tratando aqui não se refere ao aspecto religioso, e sim a uma dimensão que dá certo sentido à matéria, a qual também podemos chamar de *liberdade*.

Essa visão holística vê o mundo como um sistema no qual todas as partes estão interligadas, ao contrário da visão mecanicista moderna, que tende a considerar o mundo de forma fragmentada. Por isso, a ecologia profunda vê todos os seres vivos em constante contato com a natureza, isto é, enquanto indivíduos interdependentes.

Capra faz uma distinção entre os termos *ecológico* e *holístico*. Para tanto, cita o exemplo de que, em uma visão holística, vemos uma bicicleta como um todo e somos capazes de perceber suas partes enquanto objetos interdependentes; já em uma visão ecológica, vemos a bicicleta da mesma forma, mas incluímos em seu campo de percepção o contexto social, cultural e natural no qual ela está inserida (Capra, 2010, p. 25). Com essa distinção conceitual, procura-se mostrar que os dois termos representam uma mudança de paradigma.

> Essa visão holística vê o mundo como um sistema no qual todas as partes estão interligadas, ao contrário da visão mecanicista moderna, que tende a considerar o mundo de forma fragmentada. Por isso, a ecologia profunda vê todos os seres vivos em constante contato com a natureza, isto é, enquanto indivíduos interdependentes.

A expressão *ecologia profunda* foi introduzida na década de 1970 pelo filósofo norueguês Arne Naess (1912-2009) em oposição à expressão *ecologia rasa* ou *superficial*.

A **ecologia superficial** tem como principal característica ser antropocêntrica, isto é, entende o ser humano como um ser vivo fora e acima da natureza, a qual, por sua vez, tem apenas um valor instrumental a serviço dos interesses humanos. Já a **ecologia profunda** vê a natureza, incluindo-se todos os seres vivos, "como uma rede de fenômenos que estão fundamentalmente interconectados e são interdependentes. A ecologia profunda reconhece o valor intrínseco de todos os seres vivos e concebe os seres humanos apenas como **um fio particular na teia da vida**" (Capra, 2010, p. 26, grifo nosso).

Devemos lembrar que o pensamento sistêmico ecológico é uma resposta aos pressupostos da ciência moderna e às consequências de suas proposições no mundo ocidental. A seguir, apresentaremos algumas de suas características, tendo em vista que elas complementam a noção de ecologia profunda.

A primeira característica é a inversão das partes para o todo, ou seja, em um mundo globalizado não se deve analisar determinados aspectos da sociedade decompondo-a em partes menores, e sim considerando seu contexto. No pensamento cartesiano newtoniano, acreditava-se que todo problema complexo poderia ser decomposto em partes, tornando mais fácil sua compreensão, pois julgava-se que essa compartimentalização não interferia no todo. O pensamento sistêmico ecológico vê os seres vivos e suas atividades como totalidades integradas que não podem ser reduzidas, dado que todos os seres vivos são organismos em relação e têm a mesma importância.

Outra característica do pensamento sistêmico ecológico é o fato de que o tipo de organização social dos seres humanos, desde o início da civilização ocidental, na Grécia Antiga, foi estabelecido na forma de hierarquia, isto é, parte-se da ideia de que sempre há alguém que domina e o dominado, como na relação senhor/escravo na Grécia Antiga; senhor/servo no período medieval; e patrão/empregado a partir da modernidade. Essa forma de dominação imperou em toda a história ocidental e evidencia as injustiças sociais e a discriminação a certos grupos, como mulheres, crianças, pessoas de baixa renda, entre outros. No pensamento sistêmico ecológico, essa visão é substituída pelas ideias de rede e comunidade terrestre, como vimos. A dificuldade que o paradigma emergente enfrenta é fazer com que os grupos sociais injustiçados aceitem as ideias propostas pelo pensamento sistêmico. Por isso, temos claro que, apesar da emergência dessa nova postura de pensamento ser do fim do século XX, sua aceitação ainda está em processo de reconhecimento, razão pela qual temos um processo lento e gradativo. De acordo com Moraes (1997, p. 75):

> *De uma base sólida do conhecimento estruturada em blocos rígidos, constituída por leis fundamentais, passamos para a metáfora do conhecimento como uma rede, significando uma teia onde tudo está interligado [...] isso significa que não existe ciência, ou uma disciplina, que esteja acima e outra abaixo, que não há conceitos em hierarquia ou algo que seja mais fundamental do que qualquer outra coisa.*

A mudança de paradigma não remete apenas a aspectos sociais, pois a mudança também ocorreu na ciência, isto é, os princípios da simplicidade, estabilidade e objetividade foram substituídos pela complexidade, instabilidade e intersubjetividade A seguir, apresentaremos a diferenciação entre esses princípios. Primeiro, vejamos os **pressupostos da ciência moderna**:

- **Simplicidade:** Acredita-se que a decomposição de um corpo complexo em partes permite ao cientista analisar o todo de maneira mais completa. Segundo Vasconcellos (2002, p. 75, grifo do original), "é dessa atitude simplificadora, analítica, fragmentadora, disjuntiva, reducionista, que resultam a **compartimentação do saber**, a fragmentação do conhecimento científico do universo em áreas ou disciplinas científicas".
- **Estabilidade:** Acredita-se que o mundo é algo estável e que o cientista pode prever os fenômenos naturais e controlá-los. O pensamento moderno entende a natureza como uma entidade complexa que segue leis próprias de funcionamento, e a função do ser humano seria prever, descrever e controlar os fenômenos do meio ambiente.

- **Objetividade:** O cientista deve entender a realidade do mundo como algo objetivo, eliminando sua subjetividade. Assim, "se existe uma realidade única deverá existir uma única descrição, uma melhor ou única visão, um **uni-verso**, que corresponda à **verdade** sobre essa realidade" (Vasconcellos, 2002, p. 90, grifo do original).

Os princípios que tendem a substituir a concepção da ciência moderna, isto é, os **pressupostos do pensamento sistêmico ecológico** em relação à ciência e ao modo de produzir conhecimento, são os seguintes:

- **Complexidade:** Acredita-se que a compartimentalização e a simplificação dos objetos analisados limitam a percepção das possíveis inter-relações que o objeto pode vir a apresentar. Dessa forma, apesar de conhecermos a complexidade do mundo e a dificuldade de estabelecer todas as relações possíveis, é indispensável para a ciência entender os fenômenos com base no contexto no qual eles estão inseridos. Nessa perspectiva, "contextualizar é reintegrar o objeto no contexto, ou seja, é vê-lo existindo no sistema. E ampliando ainda mais o foco, colocando o **foco nas interligações**, veremos esse sistema interagindo com outros sistemas, veremos **uma rede de padrões interconectados, veremos conexões ecossistêmicas**" (Vasconcellos, 2002, p. 112, grifo do original).
- **Instabilidade:** O mundo é um processo em constante movimento, tudo é fluxo e processo e caminha para uma mudança constante. O mundo nem sempre segue determinações e já não se pode mais prever nem controlar certos fenômenos com tanta precisão. Um exemplo disso são as mudanças climáticas que ocorrem em todo o planeta. Neste pressuposto estão contidas as ideias de **desordem, evolução, incontrolabilidade** e **imprevisibilidade**.

- **Intersubjetividade:** este pressuposto baseia-se na ideia de que não existe uma realidade que independe do observador. O cientista "trabalha admitindo autenticamente o **multi-versa**: múltiplas versões da realidade, em diferentes domínios linguísticos de explicações" (Vasconcellos, 2002, p. 102, grifo do original).

Nesse novo contexto científico, tanto a autoafirmação como a integração são essenciais para o sucesso do paradigma ecológico emergente. A cultura ocidental privilegiou as tendências autoafirmativas e descartou pressupostos integrativos. Expressões como *racional, análise, expansão, competição, quantidade* e *dominação* são comuns nas sociedades tipicamente tecnológicas e industriais; já termos como *síntese, holístico, conservação, cooperação* e *qualidade* são integrativos e devem ser comuns no novo paradigma ecológico.

Pensando a ecologia profunda no contexto do pensamento sistêmico, temos o fato de ela fundamentar-se em valores biocêntricos ou ecocêntricos, reconhecer o valor de toda forma de vida sobre a Terra e considerar que todos os seres vivos são parte de uma rede de relações e, portanto, merecem respeito e cuidado. De acordo com Capra (2010, p. 28-29):

> *Dentro do contexto da ecologia profunda, a visão segundo a qual esses valores são inerentes a toda a natureza viva está alicerçada na experiência profunda, ecológica ou espiritual, de que a natureza e o eu são um só. Essa expansão do eu até a identificação com a natureza é a instrução básica da ecologia profunda.*

Outra diretriz importante no paradigma sistêmico ecológico é o reconhecimento de que o ser humano e a natureza são um só. Por sermos partes integrantes de um mesmo sistema, devemos cuidar da natureza não por uma imposição jurídica, mas por ser um dever moral para com a vida. Nesse sentido, outra característica da ecologia profunda é a busca por um reencantamento do mundo, por meio do qual recuperar-se-á a harmonia da natureza e a autenticidade humana.

Na perspectiva da ecologia profunda, os seres humanos são vistos como um fio particular de uma grande teia de relações, que chamamos de *teia da vida*. Essa teia que alimenta e sustenta a vida é a natureza, da qual provêm todos os recursos necessários à sobrevivência humana e dos demais seres vivos, garantindo-se o equilíbrio da vida. De acordo com esse ponto de vista, o homem é dependente da natureza. O problema que os defensores da ecologia profunda enfrentam é: Como convencer o ser humano a abandonar sua concepção antropocêntrica da realidade? Essa tarefa é similar ao que ocorreu na passagem da Idade Média para a Idade Moderna, quando a Igreja teve de substituir suas concepções pelas teorias científicas, uma vez que estas eram capazes de explicar melhor a realidade.

> O caminho que nos conduzirá a adotar uma nova postura ambiental é sem dúvida o da ética. Esta pode ser entendida como uma ciência normativa que visa regular os atos humanos por meio da razão.

O caminho que nos conduzirá a adotar uma nova postura ambiental é sem dúvida o da ética. Esta pode ser entendida como uma ciência normativa que visa regular os atos humanos por meio da razão. No entanto, não podemos entendê-la apenas como um conjunto de normas que prescreve como os seres humanos devem agir e se comportar, pois ela "traça imperativos para que o homem possa realizar-se na sua humanidade" (Campos, 2008, p. 39). Para Campos (2008, p. 39), "a ecologia e a ética encontram-se diante de um mesmo e gigantesco desafio: o que fazer para possibilitar a continuidade da vida sobre o planeta?". Uma ética voltada apenas aos interesses humanos não deixa de ser antropocêntrica e, nesse sentido, propor uma mudança no pensamento e nas atitudes dos seres humanos em vista de uma melhor qualidade de vida não resolve o problema ambiental. É necessário, portanto, uma ética que leve em consideração os interesses da vida de todos os seres vivos. Precisamos da responsabilidade.

3.4
Responsabilidade e cuidado com o meio ambiente

Nas seções anteriores, vimos que a crise ambiental instaurada no fim do século XX atingiu todos os âmbitos da sociedade e ameaça tanto a vida presente como as gerações futuras. Mencionamos vários aspectos da crise e algumas saídas possíveis, porém não discutimos o papel da Igreja nesse contexto ambiental. Portanto, a seguir, lançaremos algumas reflexões sobre a posição da Igreja Católica em relação ao cuidado com o meio ambiente.

A encíclica papal intitulada *Laudato Si: sobre o cuidado da casa comum* (Francisco, 2015) inicia-se com a afirmação de que nossa casa comum – a natureza – pode ser comparada como nossa irmã, ou seja, alguém com quem partilhamos nossa existência. No entanto, sua existência passa a ser ameaçada a partir do momento que o homem faz um uso irresponsável e atenta contra sua dignidade.

Podemos considerar a crise ecológica que vivemos uma consequência das atividades econômicas que o ser humano passou a exercer e da exploração desenfreada e irresponsável dos recursos naturais. Por isso, faz-se necessário uma mudança no comportamento ético da sociedade, pois "os progressos científicos mais extraordinários, as invenções técnicas mais assombrosas, o desenvolvimento ecológico mais prodigioso, se não estiverem unidos a um progresso social e moral, voltam-se necessariamente contra o homem" (Francisco, 2015, p. 10).

Uma vez que a criação da natureza e de tudo o que nela existe é obra de um Deus amável e bondoso, cabe ao ser humano, portador de maior racionalidade, o dever de cuidar da casa comum. Mesmo que nossas atitudes causem o menor impacto possível sobre a natureza, nosso dever é cuidar e zelar por aquilo que é parte de nossa vida, pois é algo indispensável à nossa existência.

Um dos principais problemas da crise ecológica que enfrentamos é a cultura do descarte que instalou-se na sociedade. As indústrias não têm um ciclo de produção no qual, ao fim do processo, devolve-se à natureza e/ou recompõem-se os materiais utilizados, o que tornará a cadeia industrial algo insustentável daqui a algumas décadas. As mudanças climáticas são outro problema decisivo, pois afetam principalmente as populações mais pobres e que necessitam da natureza para desenvolver atividades como pesca e agricultura para manter-se vivas. Além dos impactos socias, há que se considerar as consequências da devastação ambiental na vida animal.

Podemos citar vários problemas ambientais que ameaçam a vida de todos os seres vivos, como a crise da água e sua escassez já vivida em muitos países; a perda da biodiversidade, expressa no alto índice de extinção de diversas espécies e que ocasiona um desequilíbrio ambiental profundo; e a má qualidade de vida que essas crises provocam, entre tantos outros. O que precisamos ressaltar, no entanto, é o fato de que a crise ambiental é um problema de conjunto, isto é, tanto o ser humano como a natureza sucumbirão se a degradação não parar. Apesar de atingir todos os seres vivos, as populações mais pobres são as que primeiro sofrem com os impactos da crise ambiental. Por isso, "é preciso revigorar a consciência de que somos uma única família humana. Não há fronteiras nem barreiras políticas ou sociais que permitam isolar-nos e, por isso mesmo, também não há espaço para a globalização da indiferença" (Francisco, 2015, p. 37).

Na tradição cristã, encontramos várias referências de pensadores que proclamam as maravilhas da natureza. Por exemplo, São Francisco de Assis, protetor do meio ambiente, que exalta a alegria e o amor a Deus por ter feito todas as criaturas que habitam a natureza. Ao mencionar os elementos da natureza, ele os chama de *irmãos* e *irmãs*. Talvez seja esse o gesto que nos falte nos dias de hoje para superar a crise ecológica, ou seja, entender que somos uma grande rede, uma comunidade na qual existem diversas relações que nos unem enquanto seres da natureza.

Uma das principais causas dos problemas ambientais apontados no documento da Igreja Católica refere-se à ação do homem sobre a natureza. A partir do momento que o ser humano passou a avançar tanto técnica como cientificamente sobre o meio ambiente e passou a controlá-lo, a degradação e as crises só aumentaram. Aliado ao poder tecnológico, a economia transformou o meio social e o meio ambiente em instrumentos de dominação e exploração. Os progressos tecnológicos foram e ainda são essenciais para o desenvolvimento do ser humano enquanto espécie, mas o problema surge quando se credita uma enorme esperança ao progresso técnico para acabar com as crises, principalmente a ambiental. Muitas pessoas depositam total confiança nas intervenções tecnológicas no que diz respeito a erradicar os problemas ambientais que enfrentamos. No entanto, as respostas tecnológicas são fracas e parciais em relação às soluções urgentes e complexas que a sociedade precisar dar à degradação ambiental. Segundo o Papa Francisco (2015, p. 71), "Deveria ser um olhar diferente, um pensamento, uma política, um programa educativo, um estilo de vida e uma espiritualidade que oponham resistência ao avanço do paradigma tecnocrático".

Percebemos, dessa maneira, que o problema ambiental que enfrentamos é sistêmico, pois tem relações com outras áreas da sociedade. A resolução dessa questão de forma isolada e por meio de técnicas específicas não solucionará o problema mundial da fome, dos refugiados, da miséria e da água, enfim, da humanidade. Entender a crise enquanto um feixe de relações passa pela superação da visão antropocêntrica, o que significa que o homem deve se enxergar como um colaborador da obra de Deus, e não como um ser superior ao próprio Deus. Escutar o grito dos excluídos e dos mais fracos é o primeiro passo para superar esse tipo de visão exploradora e dominadora da natureza, pois, se o ser humano não for capaz de escutar e ver a imagem de seu semelhante que sofre e clama por vida, jamais conseguirá ouvir os clamores da natureza. Nesse sentido, precisamos de um novo ser humano, capaz de se relacionar com a natureza e reconhecer sua dependência em relação a ela.

Podemos considerar que o reconhecimento do outro é o segundo passo para superar a visão antropocêntrica da sociedade. Antes de dar uma resposta forte e eficaz à causa da natureza, precisamos restabelecer os laços que unem as pessoas enquanto humanidade. Ver e considerar o outro é uma forma de reconhecer o divino. Reconhecer no outro a figura do divino supera aquilo que pode ser entendido como uma patologia, na qual alguns homens tendem a tratar seus semelhantes como objetos que, após o uso, podem ser descartados.

O trabalho digno é outra dimensão que supera o antropocentrismo. Ele auxilia no desenvolvimento pessoal e habilidades como criatividade, capacidade de comunicação e interação social oferecem ao ser humano condições de ter uma vida digna. Por isso, a superação do trabalho humano por máquinas, sob a alegação de que a qualidade de vida das pessoas melhorará, torna-se um problema, porque nem todas as pessoas

> A economia, o meio ambiente e a sociedade são os alicerces da crise. As soluções que devemos propor precisam ser pensadas nesses três âmbitos e não podemos pensar em superar apenas uma crise, pois seria apenas uma solução temporária. Se a vida como um todo está interligada, a crise também está.

serão beneficiadas; pelo contrário, somente serão contemplados os detentores desses instrumentos, que poderão levar uma vida digna e confortável, enquanto a maior parte da população não terá condições de sobreviver.

A Igreja Católica, por meio do documento papal, propõe uma ecologia integral como forma de superação da crise mundial, a qual também é ambiental, política, econômica e social, enfim, uma crise que afeta tudo e todos. O documento da Igreja, que nos serve de referência nesta seção, não foge da concepção de ecologia que analisamos anteriormente, por isso, apenas reforçaremos alguns pontos decisivos na análise.

A crise que vivemos é sistêmica e, por isso, podemos chamá-la de *socioambiental*. A economia, o meio ambiente e a sociedade são os alicerces da crise. As soluções que devemos propor precisam ser pensadas nesses três âmbitos e não podemos pensar em superar apenas uma crise, pois seria apenas uma solução temporária. Se a vida como um todo está interligada, a crise também está. O que há de novidade no documento é uma preocupação no âmbito cultural, e considera-se que "é preciso integrar a história, a cultura e a arquitetura de um lugar, salvaguardando a sua identidade original" (Francisco, 2015, p. 90).

A cultura permite repensar a relação do ser humano com o meio ambiente. O que ameaça a variedade cultural do planeta são os modelos de vida consumistas que tendem a padronizar o comportamento das pessoas. Resolver problemas culturais utilizando o mesmo método para diferentes populações tende a tornar a crise ainda mais complexa. A resposta mais eficaz a esse tipo de padronização está em não aceitar soluções exteriores daquele local, mas tentar fazer emergir de dentro dela mesma as respostas a seus desafios.

Assim, temos que "o desenvolvimento de um grupo social supõe um processo histórico no âmbito de um contexto cultural e requer constantemente o protagonismo dos atores sociais locais **a partir da sua própria cultura**" (Francisco, 2015, p. 91, grifo do original). Verifica-se não apenas o desaparecimento e a extinção de biomas e espécies, mas também de muitos grupos locais, como várias comunidades indígenas. O modo como esses grupos relacionam-se com a natureza devia nos ensinar como devemos tratar o meio ambiente, pois, para eles, a natureza não é vista como um valor econômico, mas como um espaço sagrado que mantém sua identidade e suas crenças.

Sem dúvida, é mais fácil apontar os problemas que enfrentamos em relação à crise socioambiental que vivemos do que as soluções. A proposta de um diálogo internacional sobre o meio ambiente, a adoção de políticas públicas tanto nacionais como internacionais que favoreçam a preservação ambiental, a implantação de uma economia que leve em consideração os menos favorecidos, a aproximação entre a religião e a ciência são medidas que precisam ser tomadas com urgência, e a questão deve ser levada a sério e conduzida de forma responsável. Conforme o Papa Francisco (2015, p. 121):

> *Muitas coisas devem reajustar o próprio rumo, mas antes de tudo é a humanidade que precisa mudar. Falta a consciência de uma origem comum, de uma recíproca pertença e de um futuro partilhado por todos. Esta consciência basilar permitiria o desenvolvimento de novas convicções, atitudes e estilos de vida. Surge, assim, um grande desafio cultural, espiritual e educativo que implicará longos processos de regeneração.*

Novos hábitos precisam ser adquiridos para a superação da crise mundial que nos atinge. Mudar nosso estilo de vida consumista e nos reeducarmos ambientalmente é o início para uma transformação ecológica mundial.

3.5
A tecnologia e o capital como agentes responsáveis pela crise ambiental

Em várias passagens deste capítulo, mencionamos o papel da tecnologia e do capital (capitalismo) como um dos fatores responsáveis pela crise que vivemos. Já sabemos que a crise não é apenas de um único setor da sociedade, isto é, não é apenas ambiental, e sim sistêmica e inter-relacional, pois atinge a todos. Esses dois elementos que contribuem para o alastramento da crise não podem ser analisados separadamente, pois a tecnologia, sem investimento de capital, não progride; e o capital, sem avanços tecnológicos, tende a deixar a economia de um país estática.

O capital, aliado à tecnologia, tem sido fundamental para a produção de conhecimento científico. Hoje, não conseguimos pensar no progresso da ciência e da tecnologia sem o investimento de dinheiro, de tal maneira que é inviável sustentar uma pesquisa científica sem recursos financeiros. A importância do capital, porém, não se resume apenas a essas duas áreas. Quase todas as atividades humana envolvem o uso do dinheiro e, dessa forma, a dependência que se criou em relação a ele é surpreendente. A questão que Yuval Harari (2015, p. 270) coloca é: "o dinheiro é o objetivo final desses empreendimentos, ou apenas uma necessidade perigosa?".

O capital que fez surgir diversos impérios e cidades também foi capaz de destruí-los. Por um lado, impulsionou a ciência e a tecnologia; por outro, levou várias espécies à extinção e ameaça todas as formas de vida do planeta em pleno século XXI. De acordo com Harari (2015), o que fez o dinheiro ser tão bem aceito mundialmente foi o desejo de expansão econômica. Aliada ao desejo de poder do ser humano, a economia cresce de forma tão rápida que não conseguimos acompanhar seus avanços. Assim, precisamos de cada vez mais recursos naturais para suprir as demandas das indústrias, porém a natureza não consegue acompanhar o ritmo de tal desejo.

A expansão demográfica e geográfica que o mundo sofreu a partir do século XIX levou ao crescimento acelerado da economia. Mas o que permitiu que o crescimento econômico alavancasse de tal forma que hoje as pessoas são tão dependentes do dinheiro? Até o início da Idade Moderna, os investimentos econômicos eram feito de acordo com os objetos e instrumentos que já existiam no presente, isto é, alguém que quisesse abrir um novo empreendimento deveria ter todos os objetos e instrumentos necessários para o negócio, pois não bastava apresentar um projeto que daria lucro. Portanto, o que garantiu o crescimento econômico e o investimento de capital foi a ideia de futuro. A maior parte dos empreendimentos que existem hoje foi incentivada financeiramente porque apresentou uma possibilidade de ganho que satisfazia a todas as partes envolvidas, portanto, tanto o empreendedor como a agência que financiou seu projeto identificaram que havia possibilidades concretas de ganhos financeiros no futuro.

O crescimento econômico advindo dos avanços técnico-científicos ocorridos a partir da modernidade, mas principalmente após o século XIX, intensificou a emancipação do ser humano em relação à natureza e, consequentemente, o modelo econômico capitalista adotado acentuou a destruição do meio ambiente. Isso pode ser observado facilmente nas relações de consumo que as indústrias proporcionam. O avanço tecnológico esteve associado à ideia de que a natureza tinha recursos ilimitados e o homem deveria preocupar-se em apenas retirar, mudar, explorar e dominar seus elementos.

> Aliada ao desejo de poder do ser humano, a economia cresce de forma tão rápida que não conseguimos acompanhar seus avanços. Assim, precisamos de cada vez mais recursos naturais para suprir as demandas das indústrias, porém a natureza não consegue acompanhar o ritmo de tal desejo.

As relações de consumo podem ser entendidas sob três perspectivas:

1. o consumo é uma parte fundamental do sistema capitalista e o ser humano apenas contribui para esse sistema;
2. as pessoas deveriam escolher racionalmente as mercadorias que gostariam de utilizar;
3. o ideal capitalista sugere que, quanto mais uma pessoa é capaz de consumir, maior será seu *status* social.

Essa última perspectiva está associada ao problema ambiental que vivenciamos, pois está baseada na ideia de que, quanto mais a pessoa consome, mais ela é importante. Por essa razão, há uma tendência de as pessoas consumirem certas mercadorias de forma desenfreada e sem qualquer preocupação com os recursos naturais.

O consumo, que deveria atender às necessidades básicas do ser humano, torna-se, na perspectiva capitalista, sinônimo de felicidade e bem-estar social a partir do momento que a pessoa que deveria consumir apenas para sobreviver, ou seja, comprar somente o necessário (alimentos, medicamentos e roupas), investe massivamente em objetos e mercadorias por luxo, diversão e para manter seu *status* de consumidora e investidora social. Graças a essas pessoas, "o consumo da economia humana excede a capacidade de produção natural e a assimilação de dejetos da ecosfera, sendo feito uso das riquezas produzidas de forma socialmente desigual e economicamente injusta" (Costa; Ignácio, 2011).

Diante desse cenário, no qual existe um pequeno grupo de pessoas que consumem mais do que a maioria da população mundial, as cúpulas e conferências sobre o meio ambiente que ocorreram desde Estocolmo, em 1972, passando pela ECO 92 e pela Agenda 21, entre outras, têm como propósito promover formas alternativas que levem em consideração o consumo sustentável. Para isso, é necessário o comprometimento e a responsabilidade de empresas e consumidores visando dar condições básicas que sustentem as próximas gerações. Em outras palavras, é necessário mudar os padrões de produção e consumo.

O problema de promover um consumo consciente é que ele vai contra as leis de mercado, pois, uma vez que se produzam mercadorias mais duráveis e sustentáveis, por mais que os ganhos ecológicos sejam louváveis, o retorno econômico não será capaz de satisfazer os desejos de empresários e governos que visam apenas o lucro.

A crise do capitalismo anunciada por Marx em relação ao modo de produção necessário para sua manutenção também reflete na crise ambiental. O capitalismo leva em conta os custos de produção, ou seja, como o lucro é um fator decisivo para a manutenção do sistema capitalista e tal sistema utiliza os recursos naturais demasiadamente, haverá um momento em que a alta demanda de produção encontrará impedimentos ecológicos, o que afetará diretamente as atividades econômicas. Quando os recursos naturais ficarem escassos, a produção tenderá a encarecer, de modo que "o limite do desenvolvimento não estaria na escassez dos recursos naturais, e sim no alto custo dos mesmos, levando a uma compressão do lucro privado" (Quintana; Hacon, 2011, p. 439).

> É necessário o comprometimento e a responsabilidade de empresas e consumidores visando dar condições básicas que sustentem as próximas gerações. Em outras palavras, é necessário mudar os padrões de produção e consumo.

O modo como as indústrias utilizam os recursos naturais não permite que a natureza se regenere de suas perdas e, desse modo, o modo de produção capitalista tende a findar, levando consigo a natureza e a própria espécie humana. Se, no passado, o ser humano adaptava-se às leis da natureza, com a emergência do capitalismo é o meio natural que deve ajustar-se aos interesses humanos.

Dessa forma, a produção de mercadorias para atender às necessidades e aos padrões do mercado, tendo como objetivo o lucro, resulta em uma elevada quantidade de resíduos produzidos pelas indústrias, os quais provocam efeitos nocivos à biodiversidade, uma vez que não são descartados corretamente. Isso afeta primeiro as comunidades mais pobres, nas quais as condições de vida são precárias. No entanto, hoje percebemos que os efeitos climáticos provocados pelo uso desenfreado dos recursos naturais e sua exploração têm afetado não somente as pessoas mais pobres, mas toda a população. Tempestades, *tsunamis*, longos períodos de seca, desmatamento e escassez de certos alimentos são alguns exemplos.

Assim, o capital tornou-se altamente perigoso para a saúde do planeta, pois a lucratividade almejada pelo sistema capitalista não leva em consideração a possibilidade de desenvolvimento sustentável. Como dissemos, esse sistema coloca em risco a vida de todo o planeta e ameaça não apenas a extinção da espécie humana, mas de todas as formas de vida. A possibilidade de uma vida digna para as gerações futuras fica cada vez mais distante à medida que não são tomadas as devidas iniciativas quanto à relação entre capital e natureza. Nesse sentido, podemos afirmar que os problemas ambientais que enfrentamos talvez sejam os únicos que comprometem todas as nações, pois deles derivam a possibilidade de existência ou não da humanidade.

Na Constituição Federal do Brasil, seção III, "Do desporto", capítulo VI, "Do meio ambiente", podemos observar, no art. 225, a preocupação que devemos ter com o meio ambiente, bem como a necessidade de protegê-lo e preservá-lo: "Todos têm direito ao meio ambiente ecologicamente equilibrado, bem de uso comum do povo e essencial à sadia qualidade de vida, impondo-se ao poder público e à coletividade o dever de defendê-lo e preservá-lo para as presentes e futuras gerações" (Brasil, 1988). Uma das formas de assegurar o compromisso com o meio ambiente é por meio de políticas educacionais, tanto que o §1º, inciso VI, impele à promoção da educação ambiental nas escolas, incentivando e alertando acerca da necessidade de preservação do meio ambiente. Essa preocupação com a educação ambiental também pode ser encontrada na Lei n. 9.795, de 27 de abril de 1999 (Brasil, 1999). Nela, você poderá conhecer melhor a proposta da Política Nacional de Educação Ambiental.

Síntese

Neste capítulo, analisamos algumas implicações da crise ambiental que instalou-se a partir do século XIX e intensificou-se no século XX. Vimos que não podemos falar da crise ambiental de forma isolada, pois a crise global que teve origem no século passado é sistêmica, isto é, está interligada a vários fatores. Dessa forma, há que se enfrentar os problemas de maneira holística, pensando em soluções que envolvam diversas áreas, como a política, a economia, a religião e o meio ambiente, entre outras. Relembramos a seguir alguns pontos fundamentais que trabalhamos.

Na Seção 3.1, vimos que a relação do homem com a natureza antes do período moderno não afetava a dinamicidade do meio ambiente e as alterações que o ser humano provocava neste eram consideradas eticamente neutras. A partir do período moderno, amparado na máxima de que "saber é poder", o homem passou a manipular e explorar a natureza de tal maneira que suas intervenções modificaram a vida das pessoas e surgiu a necessidade da ética para salvaguardar a natureza.

Na Seção 3.2, vimos que tanto o biocentrismo como a ecologia propõem uma inter-relação do homem com a natureza. Considerando-se que tudo o que existe partilha de uma existência comum com os demais seres vivos, para que o mundo torne-se um ambiente confortável e possível de se viver, é necessário um equilíbrio entre a ação do homem e o meio ambiente. Para tanto, o homem precisa tomar consciência de que é um ser vivo que mantém uma interdependência com a natureza e com todos os seres que nela habitam.

Na Seção 3.3, propusemos uma perspectiva que supere a visão antropocêntrica moderna. Para isso, vimos que é necessário um novo paradigma, uma visão sistêmica que se fundamenta na ecologia. A concepção sistêmica, assim como a ecologia, considera que o mundo está inter-relacionado e integrado. A expressão que deu sustentação à proposta de mudança de paradigmas é *ecologia profunda*, que, além de reconhecer a interconectividade do mundo, admite o valor intrínseco da natureza.

Na Seção 3.4, refletimos como a Igreja Católica reconhece a importância da ética para o meio ambiente e, para discutir essa questão, analisamos trechos da encíclica *Laudato Si*. De acordo com esse documento, o cuidado da casa comum é de responsabilidade do ser humano, uma vez que o criador confiou a este a racionalidade. A primeira atitude do ser humano deve ser o reconhecimento de que essa crise foi provocada pelo uso irresponsável dos recursos naturais. Assim, após uma mudança de hábitos, o ser humano poderá cuidar da vida de todos os seres vivos.

Na Seção 3.5, analisamos a influência do capital e da tecnologia na crise sistêmica que vivemos. Sabemos que a tecnologia possibilitou avanços significativos na ciência e melhoras na qualidade de vida das pessoas, porém, aliada ao capital, tornou-se a principal causa da degradação ambiental. Dessa forma, precisamos de uma reflexão ética que altere o modo de consumo da sociedade atual, de forma que as gerações futuras possam ter condições de sobreviver dignamente.

Indicações culturais

As indicações culturais a seguir têm como propósito intensificar os estudos sobre a relação entre meio ambiente e ética. Por isso, procuramos diversificar os filmes e as obras a fim de mostrar a amplitude do tema, fazendo com que você se posicione em relação às inúmeras teorias e críticas acerca do tema.

Documentários

A HISTÓRIA das coisas. Direção: Louis Fox. EUA: 2007. 21 min.

A LEI da água. Direção: Andre D'Elia. Brasil: 2015. 78 min.

A ÚLTIMA hora. Direção: Nadia Conners e Leila Conners Petersen. EUA: Warner Bros., 2007. 91 min.

ILHA das flores. Direção: Jorge Furtado. Brasil: 1989. 13 min.

UMA VERDADE inconveniente. Direção: Davis Guggenheim. EUA: Paramount Pictures, 2006. 98 min.

Filme

A ERA da estupidez. Direção: Franny Armstrong. Reino Unido: Moviemobz, 2009. 89 min.

Livros

BOFF, L. **Ecologia**: grito da Terra, grito dos pobres. Petrópolis: Vozes, 2015.

_____. **Sustentabilidade**: o que é, o que não é. Petrópolis: Vozes, 2012.

_____. **Ecologia, mundialização, espiritualidade**: a emergência de um novo paradigma. São Paulo: Ática, 1993.

BRAUNER, M. C. C.; DURANTE, V. (Org.). **Ética ambiental e bioética**: proteção jurídica da biodiversidade. Caxias do Sul: Educs, 2012.

CAPRA, F. **A teia da vida**. Tradução de Newton Roberval Eichemberg. 16. ed. São Paulo: Cultrix, 2010.

_____. **O ponto de mutação**. Tradução de Álvaro Cabral. 28. ed. São Paulo: Cultrix, 2007.

DALAI-LAMA. **Ética para o novo milênio**. Rio de Janeiro: Sextante, 2000.

FRANCISCO, Papa. **Encíclica Apostólica Laudato Si'**: sobre o cuidado da casa comum. São Paulo: Loyola/Paulus, 2015.

GRUN, M. **Ética e educação ambiental**: a conexão necessária. São Paulo: Papirus, 1996.

HOBSBAWM, E. **Era dos extremos**: o breve século XX – 1914-1991. Tradução de Marcos Santarrita. São Paulo: Companhia das Letras, 2008.

JUNGES, J. R. **(Bio)ética ambiental**. 2. ed. São Leopoldo: Unisinos, 2004.

_____. **Ecologia e criação**: resposta cristã à crise ambiental. São Paulo: Loyola, 2001.

LEIS, H. R. **A modernidade insustentável**. Petrópolis: Vozes, 1999.

PELIZZOLI, M. L. **Ética e meio ambiente**: para uma sociedade sustentável. Petrópolis: Vozes, 2013.

_____. **A emergência do paradigma ecológico**. Petrópolis: Vozes, 1999.

RICKLEFS, R. E. **A economia da natureza**. 5. ed. Rio de Janeiro: Guanabara Koogan, 2003.

VASCONCELLOS, M. J. E. **Pensamento sistêmico**: o novo paradigma da ciência. Campinas: Papirus, 2002.

Atividades de autoavaliação

1. Ao contrário daquilo que podemos chamar de *ética ambiental superficial*, existe um tipo de ética ambiental que reconhece que a natureza possui valores intrínsecos, ou seja, todos os seres vivos, humanos ou não, possuem um valor absoluto em si. De acordo com o que estudamos, esse tipo de ética ambiental é a:
    a) antropocêntrica, pois reconhece apenas os valores próprios do ser humano.
    b) materialista, pois vê nos aspectos materiais as condições suficientes para se entender a natureza.

c) instrumentalista, pois o homem vê a natureza apenas como algo disponível para sua utilização.
d) mecanicista, pois a natureza é uma entidade mecânica que o ser humano pode dominar e explorar.
e) profunda, pois nela o homem é capaz de perceber a importância da natureza e sua relação intrínseca com ela.

2. Uma das causas da crise do capitalismo está associada aos custos de produção, ou seja, como o lucro é um fator indispensável para a manutenção do sistema capitalista e esse sistema utiliza os recursos naturais em excesso, haverá um momento que a alta demanda de produção encontrará impedimentos ecológicos, o que afetará diretamente as atividades econômicas. De acordo com o que estudamos, assinale a alternativa que descreve a principal consequência do esgotamento de recursos ecológicos:

a) Com o esgotamento dos recursos naturais, as pessoas estarão mais conscientes quando forem consumir.
b) O limite do desenvolvimento não estaria na escassez dos recursos naturais, e sim no alto custo destes, levando a uma compressão do lucro privado.
c) Não haverá esgotamento de recursos naturais, pois os cientistas criarão novas fontes sintéticas de matéria-prima e, assim, não precisaremos mais da natureza.
d) Mesmo com toda a intervenção humana no meio ambiente, não faltaram recursos, pois a natureza sempre consegue se regenerar.
e) Fazendo uma projeção mundial, temos recursos naturais suficientes para os próximos dois séculos e, portanto, tudo isso não passa de especulações.

3. O biocentrismo é uma corrente teórica que defende que todos os seres vivos possuem um valor intrínseco em si.

Indique se as afirmações a seguir são verdadeiras (V) ou falsas (F) no que se refere ao biocentrismo:

( ) Todo ser vivo, seja humano ou não, pertence a uma mesma comunidade terrestre, isto é, partilha de um mesmo princípio que é a vida.

( ) Todos os seres vivos vivem de forma integrada e são interdependentes, de forma que, para que cada ser vivo sobreviva na natureza, além de sua capacidade física e dos nutrientes disponíveis no meio ambiente, é essencial sua capacidade de relacionar-se com outras espécies.

( ) Todos os organismos vivos são seres que possuem um fim em si mesmos.

( ) Não existe uma espécie superior em relação a outras, pois todas pertencem a uma mesma comunidade e possuem valor e importância para a natureza.

Agora, assinale a alternativa que apresenta a sequência correta:
a) V, F, F, V.
b) F, V, V, F.
c) V, F, V, F.
d) V, V, V, V.
e) F, F, F, F.

4. Segundo Frijot Capra (2010), um dos equívocos de estudiosos e pesquisadores é tentar entender a crise que vivemos de forma isolada. Para o autor, as crises ambiental, econômica, política e religiosa, entre outras, são problemas interligados e interdependentes, ou seja, sistêmicos, motivo pelo qual ele as chama de crise:
   a) de percepção.
   b) da educação.
   c) do meio ambiente.
   d) da modernidade.
   e) antropocêntrica.

5. As mudanças que o pensamento sistêmico propõe não se restringem à economia, à política e à religião, mas devem afetar todas as áreas do conhecimento. Portanto, a ciência também precisa mudar seus princípios. Entre os pressupostos que fazem parte do paradigma ecológico emergente para a ciência, podem ser citados:
   a) a complexidade e a simplicidade.
   b) a simplicidade, a objetividade e a estabilidade.
   c) a intersubjetividade, a simplicidade e a objetividade.
   d) a instabilidade, a complexidade e a intersubjetividade.
   e) a objetividade, a responsabilidade e a subjetividade.

Atividades de aprendizagem

Questões para reflexão

1. A crise que se instalou a partir do século XX não pode ser entendida como uma crise isolada, mas interdependente e sistêmica, portanto, uma crise de percepção e ética. De acordo com o que estudamos neste capítulo, elabore um texto dissertativo procurando responder à seguinte questão: É possível uma ética para o meio ambiente?

Para construir o texto, você deverá:

- apresentar seus argumentos e/ou críticas de forma que fique clara sua posição;
- fundamentar sua opinião em conceitos e teorias filosóficas;
- discutir como você entende a ética.

2. A ecologia profunda é uma das principais expressões que caracterizam a mudança de paradigma que se faz urgente na sociedade atual, pois reconhece a natureza, incluindo todos os seres vivos, "como uma rede de fenômenos que estão fundamentalmente interconectados e são interdependentes. A ecologia profunda reconhece o valor intrínseco de todos os seres vivos e concebe os seres humanos apenas como um fio particular na teia da vida" (Capra, 2010, p. 26).

Elabore um texto dissertativo e apresente as principais características da ecologia profunda com base no que estudamos neste capítulo.

Para construir o texto, você deverá:

- apresentar a definição do termo *ecologia*;
- discutir a diferença entre ecologia superficial e ecologia profunda;
- abordar as principais características da ecologia profunda;
- mencionar as principais contribuições da ecologia para o meio ambiente.

Atividades aplicadas: prática

1. Assista ao documentário:

    A HISTÓRIA das coisas. Direção: Louis Fox. EUA: 2007. 21 min. Disponível em: <www.youtube.com/watch?v=7qFiGMSnNjw>. Acesso em: 30 set. 2018.

Produza uma dissertação evidenciando aspectos históricos do documentário e confrontando-os com os tópicos que trabalhamos neste capítulo.

Em seu texto, procure responder às questões a seguir:
- Qual é a mensagem do documentário para a sociedade atual?
- É possível extrair do documentário elementos que permitam ao ser humano superar a crise ambiental?

2. Faça uma leitura da obra:
CAPRA, F. **A teia da vida**. Tradução de Newton Roberval Eichemberg. 16. ed. São Paulo: Cultrix, 2010.

Elabore um artigo sobre a obra. Nele, procure discutir os principais pontos que sugerem uma mudança de paradigma.

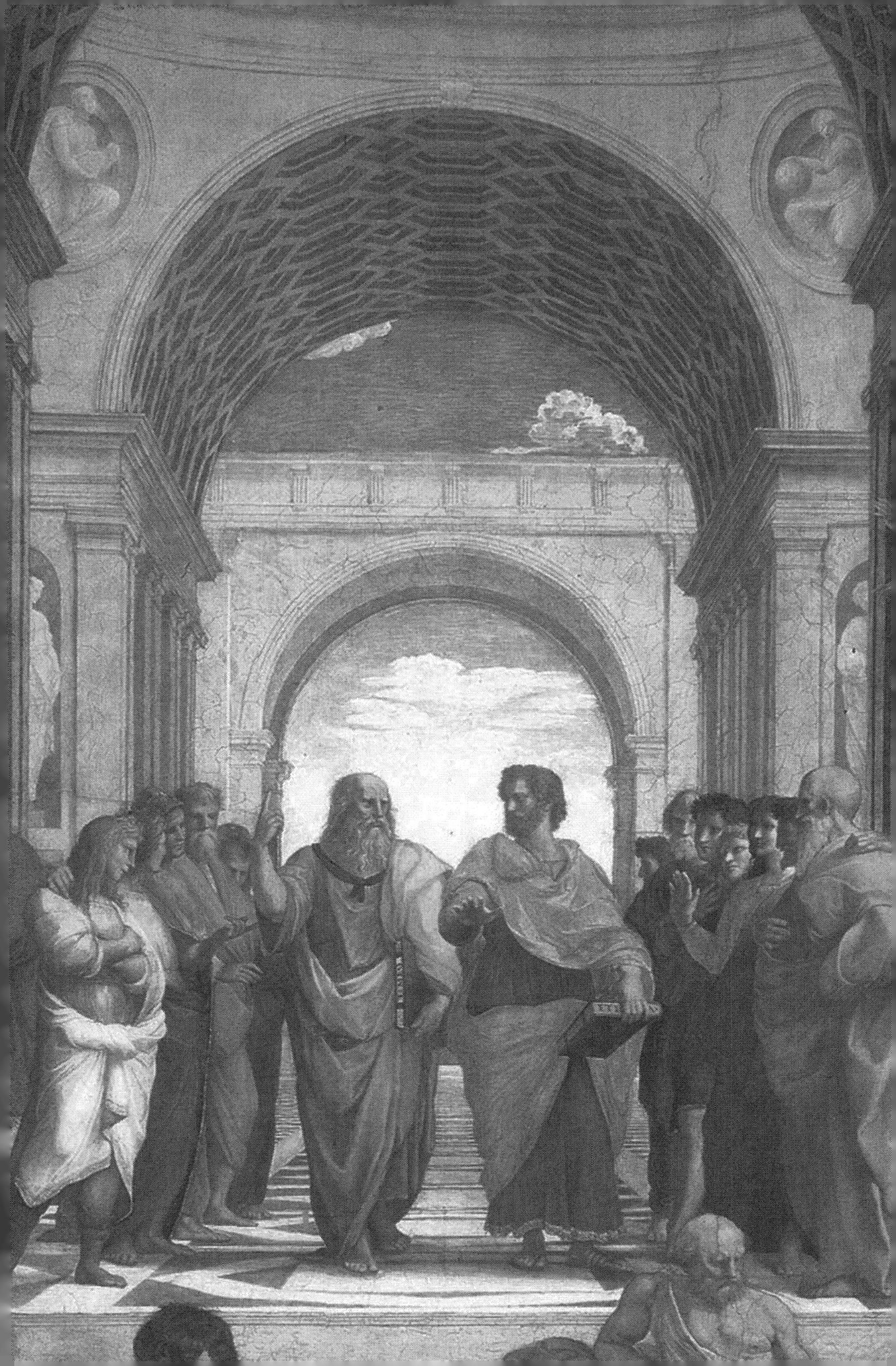

4

Ética e bioética:
um novo olhar
para a vida

Nos últimos anos, as questões sobre o tema da bioética têm suscitado o interesse de diversos pensadores, em várias áreas do conhecimento. Quando nos propomos a discutir sobre a bioética, estamos tratando de temas ligados à vida, pois questionar a vida e a morte tornou-se tarefa dessa área do conhecimento. Os avanços da biotecnologia, da indústria farmacológica, da nanotecnologia e das ciências da informação têm provocado inúmeros debates sobre a reconfiguração genética da espécie humana. A possibilidade de melhorar o ser humano por meio da tecnologia tornou-se um assunto urgente e necessário no campo da ética. Neste capítulo, discutiremos alguns desafios que a bioética precisa enfrentar na sociedade atual.

4.1
Bioética: princípios e tendências

O *termo bioética* foi utilizado pela primeira vez em 1971 por Van Rensselaer Potter em sua obra *Bioética: ponte para o futuro*, na qual o autor propunha estabelecer princípios éticos para as atividades da medicina e da ciência. Potter era médico oncologista e sua atividade profissional provavelmente influenciou em suas abordagens teóricas. Devemos lembrar, porém, que após a Segunda Guerra Mundial, o avanço técnico-científico alavancou inúmeras pesquisas e foi responsável por diversos avanços na medicina. As experiências com cobaias humanas durante a guerra e o uso de armas, como a bomba atômica, contribuíram decisivamente para o surgimento da bioética como uma tentativa de dar uma resposta ética aos avanços da biociência e às relações entre médico e paciente.

As pesquisas não autorizadas com seres humanos e a manipulação genética também foram responsáveis pelo nascimento da bioética. Em meados do século XX, diversos pacientes em várias situações foram usados para pesquisa médica. As cobaias humanas eram submetidas a processos de experimentação constante, como injeção de doenças cancerígenas, suspensão de tratamento, entre outros, com o objetivo de descobrir como o organismo reagia a essas práticas. A manipulação genética também influenciou a emergência do paradigma bioético. Até o século XX, a medicina e a ciência acreditavam que apenas seres vivos da mesma espécie poderiam se reproduzir. No entanto, a partir do momento que nasceu a possibilidade de recombinar o DNA, essa concepção desapareceu. Casos de seres vivos ou vegetais que surgiram da combinação de DNA de espécies diferentes são muito comuns na agricultura e na agropecuária.

Nesse cenário de pesquisas médicas e manipulação genética, podemos nos perguntar: Combinar espécies diferentes é algo desejável para o equilíbrio ecológico? Podemos confiar nos produtos transgênicos, como a soja? Para conhecer certas doenças, precisamos usar forçadamente pessoas em situação de risco e mais vulneráveis? Isso é ético?

Infelizmente, não temos uma resposta a essas questões, e também não devemos procurá-las em apenas uma área do conhecimento, e sim de modo interdisciplinar. Os temas de bioética não se restringem à medicina e à tecnologia, pois envolvem dizer o que é a vida e buscar meios de preservá-la. Por isso, de acordo com Sanches (2011), a bioética* possui três dimensões: a avaliação, a ação e a vida em si. Conforme o autor, "o específico da bioética é o tipo da ação que é avaliada: a que é possibilitada e efetivada pelas técnicas desenvolvidas no universo das biociências" (Sanches, 2011, p. 254).

Apesar de ser uma das características da bioética, a interdisciplinaridade esbarra na complexidade ética, isto é, em razão da multiplicidade cultural, religiosa e moral do mundo, avaliar uma prática médica eticamente pode suscitar opiniões diferentes, como na eutanásia. Apesar de estar ligada à medicina, a bioética não trabalha com situações empíricas, pois "a finalidade da discussão bioética é fixar as conclusões em leis e *guidelines* específicas que ajudem os profissionais de saúde a lidar com os diversos problemas" (Gouveia; Sol, 2018, p. 17).

---

*   Conforme Sanches (2011, p. 252), "a bioética surge da necessidade de avaliar o avanço do conhecimento nas biociências". Ante os avanços da biologia, da ciência e da tecnologia, após o século XX, a bioética surge como uma disciplina capaz de enfrentar e discutir os mais variados temas que envolvem a ética e as biociências. Sem dúvida, as áreas que discutem a vida são as mais impactadas pelos discursos bioéticos e que merecem atenção especial dessa nova disciplina.

Por não ser uma disciplina pertencente a uma área específica do conhecimento, podemos dizer que a bioética tem uma identidade instável, pois sempre está na "confluência do saber tecnocientífico [...] com as ciências humanas" (Pegoraro, 2002, p. 75). Dizemos que a bioética apresenta uma identidade instável porque precisa transitar e dialogar com diversas perspectivas na sociedade contemporânea. Mesmo diante da dinamicidade e da multiplicidade de temas que a bioética deve enfrentar, ela é essencial para repensar os avanços e pressupostos da tecnociência.

Além da discussão acerca das descobertas tecnológicas oriundas do fim do século XIX, que contribuíram para o nascimento da bioética, existe um debate que envolve a relação entre ecologia e ética e a preocupação com a manipulação genética de plantas, animais e seres humanos. A função da bioética não é banir ou acabar com os avanços da tecnologia e da ciência, mas alertar para a ambivalência que a técnica e a ciência representam. A preocupação da bioética com a ecologia refere-se à urgência de essas duas correntes unirem-se em defesa da preservação do meio ambiente e contra a ameaça de extinção de espécies, gerando assim ecossistemas saudáveis. Por fim, no que tange à preocupação com a manipulação genética e ao risco de desequilíbrio que a recombinação de DNAs pode causar à natureza, a bioética deve pensar na vida de todas as espécies e propor meios de preservá-la.

> A função da bioética não é banir ou acabar com os avanços da tecnologia e da ciência, mas alertar para a ambivalência que a técnica e a ciência representam.

Com base nessas três preocupações, podemos perceber que as questões técnico-científicas voltadas à arte médica não são temas exclusivos da bioética e, apesar de importantes, são apenas um aspecto da amplitude teórica e metodológica que ela abarca. Desde a manipulação genética até a preservação de espécies, vegetais, animais ou humanas, todas essas são questões relativas à bioética. Nesse sentido, tudo aquilo que faz parte da biosfera é preocupação da bioética. De acordo com Hottois (1991, p. 170, tradução nossa),

> a bioética cobre um campo que vai desde a deontologia e a ética médica, centrado em problemas frequentemente próximos à filosofia dos direitos humanos; à ecoética ou ética ambiental, centrada na solidariedade antropocósmica e próxima da filosofia da natureza atenta as dimensões evolucionistas.

Até meados do século XX, a arte médica teve como horizonte teórico e prático a intervenção com o propósito de recuperar a saúde do paciente. No entanto, com os avanços tecnológicos e científicos, surgiram questões mais preocupantes, como a capacidade da medicina de alterar a condição do ser humano. Para a medicina, isso justifica-se na máxima de que precisamos melhorar a espécie humana e avançar rumo à evolução da espécie. Essa promessa de desenvolvimento da espécie humana, porém, não envolve apenas a medicina, mas várias ciências e diversos saberes, motivo pelo qual a bioética não pode restringir-se a análises da arte médica anterior a esses avanços, e sim preocupar-se com todas as possibilidades de reconfiguração da imagem do ser humano e dos demais seres vivos.

A definição que Hottois (1991, p. 170-171, tradução nossa) propõe para o termo *bioética* permite compreender o aspecto da interdisciplinaridade que acabamos de analisar:

> Esta designa um conjunto de questões com uma dimensão ética (quer dizer, que os valores e questões que se põem em jogo podem se resolver mediante atos de escolhas) criadas pelo, cada vez maior, poder de intervenção tecnocientífica no âmbito da vida orgânica (especialmente, mas não exclusivamente, sobre o homem). Nisto se centra a bioética. Por outro lado, a bioética designa, se não uma verdadeira metodologia, ao menos uma forma de aproximação a estes tipos de problemas. Um espírito que, geralmente, aparece como multi ou interdisciplinar e como pluralista.

Daqui resulta a interdisciplinaridade que subjaz à bioética. Desde as ciências biológicas até as ciências humanas e sociais, a bioética é a disciplina que tem a função de estabelecer um diálogo comum entre as diferentes ciências, crenças e culturas. Ela deve ser a língua mundial comum que pretende curar as doenças do mundo e, ainda, a dimensão ética que contempla os interesses de todos os seres vivos.

> Hottois (1991) pensa a tecnociência como o entrelaçamento entre ciência e técnica na contemporaneidade. Ao contrário da perspectiva grega, que via a ciência como contemplação e a técnica como habilidade do ser humano, na contemporaneidade ciência e técnica, aliadas, são capazes de criar e transformar a natureza. "O correlato da tecnociência contemporânea é a **plasticidade do objeto a manipular** (seja da matéria física, viva ou pensante). O possível e capaz é correlato do fazer. Em todos os âmbitos, cada vez mais, as tecnociências **criam** o objeto que exploram" (Hottois, 1991, p. 27, grifo do original). Nesse sentido, a tecnociência também aplica-se à possibilidade de manipulação genética, uma vez que esta é sua principal atividade.

Analisaremos brevemente quatro pontos fundamentais que Hottois discute em sua obra *El paradigma bioético: una ética para la tecnociencia* (1990), os quais permitem legitimar a bioética enquanto paradigma emergente, na qual podemos pensar em uma ética que preserve o *bios*:

1. **A relação entre bioética e tecnociência:** O saber tecnocientífico, em virtude da união da investigação com o desenvolvimento, tornou-se perigoso a partir do momento que os cientistas e médicos passaram a manipular os seres vivos e a fazer intervenções, acreditando que a pesquisa biomédica deve ter total liberdade. A relação entre pesquisa e pesquisador modifica-se no momento

em que o observador passa a ser também o observado. Assim, a promessa de melhora da espécie humana torna-se uma benção para muitos pensadores, de modo que "reforçar as capacidades e o prazer, no futuro estará, muito provavelmente mais do que era no passado, associada a uma melhora das transformações e ao bem-estar dos indivíduos" (Engelhardt, 1986, p. 379). Esse cenário de possibilidade de modificação das condições externas e internas de existência do ser humano, inspirada em desejos e ambições, leva a bioética a posicionar-se eticamente em relação ao desenvolvimento prático que as ciências biológicas e a tecnologia propõem. O saber ocidental contemporâneo, portanto, abandonou seu sentido contemplativo e teórico e passou a exercê-lo na prática.

2. **A bioética e a interação do simbólico com a tecnociência:** As pressões simbólicas (representadas principalmente pelas religiões) acreditam que a bioética pode retomar a dimensão simbólica da vida e controlar o desenvolvimento das tecnociências que ameaçam a vida no planeta. A dimensão simbólica é importante para a vida, pois é por meio dela que se efetiva o exercício da liberdade. Dessa forma, como a bioética possui o caráter da interdisciplinaridade, o diálogo entre a tecnociência e os interesses simbólicos torna-se possível graças a ela.

3. **Bioética e solidariedade antropocósmica:** Duas questões nos interessam aqui. A primeira é que as ciências biológicas passaram a analisar o ser humano apenas sob os pontos de vista biológico, biofísico e bioquímico, nos quais não podemos encontrar qualquer *status* ontológico, espiritual ou transcendente. Por isso, os debates bioéticos que acusam a medicina e a biologia de ter desumanizado a medicina como uma ciência capaz de curar, dar assistência, ajudar e socorrer quem sofre são de grande importância.

A segunda questão refere-se à relação entre homem e natureza. Nesse âmbito, a bioética tem como característica salvaguardar a biosfera de possíveis desequilíbrios provocados pelas ações humanas, garantindo direitos de vida a todas as espécies.

4. **A relação entre a bioética e a busca por uma nova posição da ética:** Na bioética, existem vários temas considerados graves e complexos, uma vez que há diferentes concepções de mundo e da vida em si. A bioética tem a função de propor o debate ético sob diferentes perspectivas e para diferentes grupos sociais. Assim, é necessário que ela abandone fundamentos teológicos e metafísicos. Aqui, podemos estabelecer dois princípios básicos sobre a bioética. O primeiro é o princípio da autonomia, segundo o qual deve-se garantir que não haja uso de força e repressão contra o indivíduo dotado de consciência, razão e liberdade. Na arte médica, isso significa que o médico não pode intervir sem o consentimento do paciente. O segundo princípio refere-se ao fazer o bem e está fundamentado na máxima de que devemos fazer o bem aos outros e evitar o mal. Assim, por mais que seja difícil estabelecer um consenso sobre o que é o bem, devemos agir de acordo com os princípios morais de nossa cultura.

Esses quatro pontos que discutimos são algumas das características da bioética e temas que ela precisa trabalhar. No entanto, existem diversas perspectivas que abordam o tema da bioética, a saber: confessional, principialista, secular e fenomenológica. Cada uma delas trata de um aspecto distinto do paradigma bioético. A **confessional** está associada a uma visão metafísica, definitiva e inalterada do indivíduo; a **principialista** baseia-se em três definições: a autonomia, a beneficência e a justiça; a **secular** apoia-se nos princípios da autonomia e da beneficência; já a **fenomenológica** está fundamentada na análise de dados históricos e pessoais, na qual estão presentes "a liberdade, a criatividade, a consciência do mundo presente, a memória viva do passado e o desejo da realização futura. [...] A prioridade é do plano temporal, relacional e potencial do ser que nós somos com o mundo, com os outros e com os fatos históricos" (Pegoraro, 2002, p. 119).

Nesta seção, apresentamos as principais características e correntes da bioética. A seguir, analisaremos alguns casos pontuais e complexos que a bioética deve enfrentar.

4.2
A bioética em defesa do ser vivo

Nos últimos anos, a questão da morte tem dado origem a diversas reflexões no campo da bioética. Os avanços tecnocientíficos possibilitaram pensar a morte não como algo natural, mas como uma falha orgânica que pode ser evitada e vencida. O mercado capitalista contribui para combater a ideia de morte e de envelhecimento. Isso pode ser identificado, por exemplo, na indústria de medicamentos, que a todo momento lança produtos para retardar o processo de envelhecimento e melhorar a saúde do corpo. Assim, evitamos constantemente falar da morte, pois "não fomos preparados para conviver com a morte" (Silva, 2009a, p. 113). A morte, que deveria acontecer como um processo natural, torna-se uma decisão que está nas mãos dos médicos, os quais poderão decidir o momento da morte do paciente. Por isso, a eutanásia é um dos temas que constitui nosso objeto de estudo.

O tema da eutanásia envolve questões jurídicas, filosóficas, teológicas e médicas, entre outras áreas do saber. Em 2002, a Holanda deu o primeiro passo para a regularização da eutanásia, seguida pela Bélgica no mesmo ano. Hoje, no mundo todo, existem organizações que defendem o direito de morrer sob o ponto de vista ético, amparadas em máximas como "A pessoa que sofre de alguma enfermidade tem o direito a não sofrer", "O paciente tem o direito de recusar tratamentos que prolonguem sua vida" e "O paciente tem o direito de solicitar a eutanásia voluntária". Até meados do século XX, porém, a eutanásia era vista pela população como um desrespeito pela vida.

Um dos fatores que tornam o debate sobre a eutanásia um tema tão complexo é o fato de o desenvolvimento técnico-científico na medicina ter criado meios que permitem o prolongamento da vida na expectativa de que o paciente possa recuperar a saúde, o que torna o processo de morte algo sofrido e doloroso. Esse processo de prolongar a vida utilizando-se aparelhos tecnológicos é conhecido como *distanásia*, pois nela a morte, como processo natural, é negada. Leo Pessini (2004, p. 29) sugere uma série de questões éticas pertinentes:

> *Estamos ampliando a vida ou simplesmente adiando a morte? Deve a vida humana, independentemente de sua qualidade, ser preservada sempre? É dever do médico sustentar indefinidamente a vida de uma pessoa com o encéfalo irreversivelmente lesado? Até que ponto é lícito sedar a dor, ainda que isso signifique abreviar a própria vida? Deve-se empregar todos os aparelhos disponíveis para acrescentar um pouco mais de vida a um paciente terminal ou deve-se interromper o tratamento? Deve um tratamento ativo ser utilizado em crianças nascidas com sérios defeitos congênitos, cujo futuro será um contínuo sofrimento ou uma mera vida vegetativa? Sendo possível manter a vida nessas circunstâncias, devem tais vidas ser mantidas? Senão, por quê? A medicina pode fazer, a qualquer custo, tudo o que lhe permite seu arsenal terapêutico?*

O termo *eutanásia* pode ser definido como uma ação deliberada e indolor que subtrai a vida de uma pessoa que sofre com uma doença incurável, a qual indubitavelmente a levará à morte. Para isso, é necessário que seu pedido seja feito de forma orientada e bem refletida. É direito do indivíduo morrer de forma suave, sem sofrimento e dor. Mas e quando a morte acontece de forma prematura em virtude da miséria, da violência e da falta de infraestrutura adequada para atender às populações mais pobres? Também devemos refletir sobre um tipo de eutanásia, a não consentida, que leva muitas pessoas a uma morte infeliz.

Existem diversas definições e características para a eutanásia: podemos classificá-la como voluntária, involuntária e não voluntária. A **voluntária** ocorre quando o desejo do paciente é explícito e atendido, levando-o a uma boa morte. A **involuntária** acontece quando, apesar da manifestação clara do paciente em viver ou na ausência de um pedido sobre sua vontade, ela é efetuada. A **não voluntária** configura-se quando não há um pedido explícito do paciente para morrer. Nesses dois últimos casos, podemos dizer que, juridicamente, trata-se de um homicídio.

> A *ortotanásia* também é uma forma de caracterizar um tipo de morte. Ela tende a priorizar a qualidade de vida que resta à pessoa em fase terminal. Os cuidados paliativos tendem a oferecer o maior conforto possível ao restante de vida do paciente. Entende-se a morte como um processo natural, deixando que a vida cesse naturalmente.

Existem dois tipos de eutanásia no que se refere à relação do médico com a morte do paciente: a ativa e a passiva. Segundo Mendonça, a "**eutanásia ativa** corresponde ao ato de eutanásia *per se*; consiste num ato deliberado que tem como resultado a morte. Nos trâmites legais, a relação entre a conduta do agente e o resultado que aquela determina é definida como relação causal" (Mendonça, 2018, p. 341, grifo do original). Nesse caso, o médico age diretamente para que o paciente morra, por exemplo, ao aplicar uma injeção letal no indivíduo. Já a **eutanásia passiva** ocorre quando há suspensão do uso de medicamentos e de tratamentos que mantêm a vida do paciente, ou seja, o médico age indiretamente no processo de morte do paciente, por exemplo, quando desliga um aparelho respiratório que mantém o indivíduo vivo. Em ambas as situações, os médicos não respondem criminalmente pelos atos que levaram à morte da pessoa.

Nesses dois casos de eutanásia, podemos dizer que uma é melhor que a outra? Aquela na qual o médico deve agir diretamente para matar é mais difícil de aceitar do que aquela em que o médico age indiretamente? Por que temos a tendência de acreditar que a eutanásia passiva é moralmente aceitável, ao contrário da ativa? Vamos tentar clarificar essas questões.

Eticamente, quando a morte de um paciente acontece por meio de uma prática deliberada e da ação de um médico ou de um enfermeiro, tende a sofrer críticas, ao contrário da morte natural. Para discutir essa questão, vamos analisar o caso de Karen Ann Quinlan.

Karen Ann Quinlan faleceu em 1975, por razões ainda não muito claras, mas acredita-se que possa ter sido em virtude de uma overdose provocada pela mistura de álcool e drogas. Ela entrou em estado vegetativo e seu quadro clínico foi considerado irreversível. No entanto, conseguia viver graças ao uso de aparelhos respiratórios que prolongavam sua vida. Os pais, sabendo da irreversibilidade do estado da filha, conseguiram autorização judicial para abrir mão do tratamento médico, o qual era responsável por mantê-la viva. Apesar de não ser o primeiro caso em que familiares abriram mão do tratamento para deixar a pessoa morrer, o episódio teve grande repercussão e até hoje suscita debates e discussões. O juiz do caso, Richard Hughes, concedeu ao pai a autorização para tomar a decisão em nome da filha, desde que o diagnóstico e o prognóstico de Karen fossem confirmados por um comitê de ética do hospital. Nessa época, começam a ser criados os comitês de ética dos hospitais, cuja principal função é aconselhar e tomar decisões sobre o tratamento para pacientes que estão em situações terminais. Em 1976, decidiu-se pela retirada dos aparelhos. No entanto, Karen continuou respirando de maneira espontânea e viveu mais nove anos sem a ajuda dos aparelhos, tendo sua morte decretada em 1985.

Apesar de podermos introduzir outros temas no caso de Karen Ann Quinlan, como o nascimento dos comitês de ética e sua importância, voltemos às questões sobre as práticas da eutanásia passiva e ativa. Considerando que, nesse caso, não foi o paciente que solicitou a interrupção do tratamento, mas seus familiares, os quais responderam por ela em virtude do estado de coma profundo, podemos lançar algumas hipóteses. Façamos um pequeno exercício e imaginemos possíveis consequências da interrupção ou não do tratamento. Apesar de sabermos da veracidade do caso de Karen, nossas postulações serão hipotéticas, apenas um exercício de reflexão.

Imaginemos que Karen acordasse do coma e passasse a sentir dores insuportáveis, a tal ponto de nenhum tratamento ou medicação surtir efeito e sua morte ser decretada como algo inegável nos próximos meses. A paciente, por um ato deliberado e explícito, decide não continuar com o tratamento, a fim de evitar dores e prolongar sua vida. Assim, com o apoio da família, decide pôr um fim em sua vida. O médico, após analisar todas as possibilidades de vida da paciente, decide atender seu pedido usando o método da eutanásia passiva, isto é, retirando os aparelhos e as medicações que mantinham a paciente viva. Para muitos, o ato não é algo condenável nem imoral, porque o médico apenas atendeu ao desejo da paciente de não ter sua vida prolongada, situação que lhe causava dor e sofrimento. O que poderia ocorrer é que, após a suspensão do tratamento e da medicação, a paciente não morresse de imediato, o que lhe causaria mais dor e sofrimento, uma vez que nenhuma medicação poderia aliviar suas dores. Assim, o sofrimento seria prolongado. E se a paciente tivesse optado por uma eutanásia ativa? O ato seria menosprezado pelas pessoas e considerado imoral?

> *Esta situação parece mostrar-nos o seguinte: a partir do momento em que justificamos a eutanásia passiva e o "deixar morrer" do paciente por causa da sua situação terminal e do seu sofrimento severo, parece estarmos também justificados a que este encontre o fim da sua vida o mais rapidamente possível, de modo a não prolongar futilmente a sua dor e existência tenebrosa. Neste primeiro caso, uma ação ativa seria preferível a uma ação passiva: matar seria moralmente mais obrigatório do que deixar morrer.*
> (Gouveia, 2018, p. 376)

Nesse caso específico, o deixar morrer (eutanásia passiva) é mais nefasto do que o "matar" (eutanásia ativa), pois, se considerarmos que a eutanásia tem como pressuposto o alívio da dor e do sofrimento, se desligarmos aparelhos e suspendermos os medicamentos a fim de evitar o sofrimento e a morte não acontecer, apenas serão prolongadas as situações de dor e de sofrimento para o paciente.

Outra análise que merece destaque refere-se a iniciar ou não um tratamento. Quando inicia-se um tratamento com um paciente, mesmo que este esteja em fase terminal, sua suspensão pode ser considerada moralmente incorreta. O mesmo não se aplica, porém, quando não se inicia o tratamento. Novamente, voltamos à questão sobre o que é preferível. Não iniciar o tratamento pode ser considerado um ato de omissão para as pessoas próximas ao paciente, mas, por outro lado, iniciar o tratamento pode prolongar o sofrimento do indivíduo. Assim, o não início do tratamento pode ser entendido como uma eutanásia passiva, isto é, deixar o paciente morrer, uma vez que seu quadro é irreversível. Iniciar o tratamento e ter de suspendê-lo depois, porém, pode ser considerado uma eutanásia ativa, uma vez que o médico deverá agir para que o paciente venha a morrer.

Fato é que a eutanásia sempre suscita discussões sobre o matar e o deixar morrer e acerca do que é preferível e moralmente correto. Mas, como vimos em alguns casos, apesar de o deixar morrer ser mais doloroso e causar mais sofrimento, acredita-se que matar é pior que deixar morrer. Vejamos outro exemplo para demonstrar que essa diferença entre matar e deixar morrer é apenas aparente em alguns casos e que ambas podem ser moralmente incorretas e inaceitáveis.

Uma pessoa decide matar uma criança, herdeira de uma fortuna, para apoderar-se de seu patrimônio. Para tanto, planeja o assassinato e a afoga em uma banheira, levando-a a óbito. Em outro caso, outra pessoa também deseja matar uma criança, herdeira de uma fortuna, para fazer uso de seu dinheiro. A pessoa planeja o assassinato, no entanto, quando vai executar o crime, a criança se assusta, bate a cabeça na banheira, desmaia e fica com a cabeça submersa. Então, aquele que iria executar o crime apenas cuida para que a vítima não acorde e não se levante. Porém, isso não acontece e a criança morre. No primeiro caso, temos alguém que mata uma criança e, no segundo, a deixa morrer (Gouveia, 2018). Então, deixar morrer, como aconteceu no segundo caso, é moralmente melhor que matar? Não existe o mesmo peso de culpa para aquele que age diretamente para matar e aquele que não faz nada para evitar a morte de uma criança? Perceba que, dependendo da situação, matar e deixar morrer pode ser tão desprezível como qualquer tipo de assassinato. Então, na arte médica, alguém que pratica a eutanásia passiva pode ser moral e juridicamente culpado da mesma forma que aquele que pratica a eutanásia ativa.

A pergunta é: O que pode ser preferível? A eutanásia preserva o direito de morrer da pessoa, no entanto, quando praticada de forma incorreta, também não cria problemas? Esse tema sempre dará origem a discussões polêmicas e saber enfrentá-los é um desafio de diversas áreas do conhecimento, como a filosofia, a medicina, a teologia, o direito e a biologia, entre outras, que devem estar abertas ao diálogo e dispostas a refletir sobre o tema.

4.3
O problema bioético nas pesquisas com seres humanos

Os aspectos bioéticos que envolvem as pesquisas científicas com seres humanos têm suscitado inúmeros debates nos últimos anos, sobretudo quando se trata de possíveis abusos de cientistas. Devemos lembrar que um experimento, em sua forma clássica, principalmente no início da modernidade, utilizava objetos inanimados e, portanto, não podíamos fazer críticas morais e éticas quanto a esses procedimentos. No entanto, quando passamos a usar os próprios seres humanos como objetos de experimentação, ameaçamos a sacralidade ou a integridade da vida humana.

Enquanto trabalhamos com objetos artificialmente produzidos, os resultados são apenas para o conhecimento da natureza e podem ser facilmente reproduzidos em laboratório. O mesmo não ocorre com os seres humanos, uma vez que, nesse caso, usamos o ser em si e não podemos substituí-lo por outro objeto. Por isso, segundo Jonas (2013, p. 120) "nem o mais nobre dos fins desvincula esse ato da responsabilidade que há nele", ou, nas palavras de Bazzano (2009, p. 153), "o progresso científico não justifica nenhum tipo de experimentação. Todo o avanço científico que é feito pisoteando a dignidade humana leva consigo uma carga negativa e deve ser repensado".

O que torna a pesquisa científica com seres humanos repugnante é quando são cometidos abusos e as pessoas são usadas apenas para uma experiência e consideradas um objeto que será descartado em breve.

Antes de avançarmos no debate acerca dos direitos sobre o corpo e quem pode se tornar voluntário, vamos procurar entender quais são as fases da pesquisa clínica, isto é, o tipo de pesquisa que tem como objeto a investigação o ser humano. Assim, podemos entender que a pesquisa clínica compreende:

> *Qualquer investigação em seres humanos, envolvendo intervenção terapêutica e diagnóstica com produtos registrados ou passíveis de registro, que tem como objetivo descobrir ou verificar os efeitos farmacodinâmicos, farmacocinéticos, farmacológicos, clínicos e/ou outros efeitos do(s) produto(s) investigado(s). Também busca identificar eventos adversos ao(s) produto(s) em investigação, averiguando sua segurança e/ou eficácia.* (Cassimiro; Silva; Falcão, 2018, p. 73)

A primeira fase da pesquisa clínica é chamada **pré-clínica**, na qual são realizados testes em laboratórios e podem ser criadas situações artificiais ou ser utilizados animais nos processos de experimentação. Essa fase pode durar anos.

A segunda fase, chamada *fase I*, envolve os estudos da farmacologia humana. Ocorre após a fase pré-clínica e, havendo liberação pelas agências reguladoras, como a Agência Nacional de Vigilância Sanitária (Anvisa), no Brasil, iniciam-se os testes em seres humanos. Nessa etapa, são utilizados voluntários, nos quais são testados os medicamentos, verificando-se a quantidade a ser usada, a segurança do medicamento, a melhor forma de dosagem e os efeitos colaterais, entre outros aspectos.

Na terceira fase, chamada *fase II*, os estudos concentram-se em voluntários que apresentam a doença que o medicamento irá tratar. Nessa fase, buscam-se informações mais detalhadas sobre o medicamento e a respeito de sua segurança e eficácia.

Na quarta fase, chamada *fase III*, o medicamento testado passa a ser comparado com outros tratamentos já existentes e necessita-se de aproximadamente oitocentos voluntários. Nessa etapa, a pesquisa torna-se de conhecimento internacional e pode envolver diferentes centros de pesquisa.

A quinta fase é chamada *fase IV*. Nessa etapa, após comprovada a eficácia do medicamento na fase III, os novos medicamentos serão comercializados e realizam-se estudos sobre a aplicação do medicamento à população que tem a doença. Portanto, essa fase também é conhecida como *ensaio pós-comercialização*, pois há uma vigilância constante a fim de identificar reações adversas, eficácia, valor terapêutico etc. Todo esse processo que descrevemos brevemente, além de envolver vários voluntários, pode durar muitos anos, desde a fase pré-clínica até a fase IV.

Esse tipo de pesquisa clínica que envolve os seres humanos é fundamental para o tratamento de doenças e para o conhecimento científico sobre como agem determinadas bactérias e vírus. Mas, para isso, diversos procedimentos éticos devem ser levados em consideração a fim de que não haja abusos e seja preservada a dignidade da pessoa.

Jonas (2013, p. 131) afirma que existem situações na vida que pertencem ao âmbito natural, como nascer e morrer, e que não se deve admitir como bem para a sociedade o "prolongamento marginal da vida por meios tão extraordinários como o transplante de órgãos".

Como lidar, porém, com certas situações nas quais o interesse coletivo é mais urgente e necessário que o individual? Desde a modernidade, quando estabeleceu-se o contrato social, isto é, quando as pessoas abriram mão de seus direitos individuais com o objetivo de viver em sociedade e, para isso, tinham direitos coletivos garantidos, acredita-se que os interesses coletivos são sempre superiores aos individuais. Mas e no campo da saúde, mais especificamente na pesquisa com seres humanos? Podemos permitir que o interesse da sociedade sobressaia em relação ao direito do indivíduo quanto ao próprio corpo? Jonas (2013, p. 131) coloca a seguinte questão: "pode-se permitir que a sociedade 'descarte' os tecidos e órgãos de um paciente que perdeu de forma irreversível a consciência quando poderiam ser utilizados para restabelecer a um indivíduo enfermo sem esperança, mais ainda, resgatável?".

Jonas (2013, p. 131) afirma que existem situações na vida que pertencem ao âmbito natural, como nascer e morrer, e que não se deve admitir como bem para a sociedade o "prolongamento marginal da vida por meios tão extraordinários como o transplante de órgãos".

Para o autor, há situações que a sociedade precisa manter sob controle, pois envolvem o bem comum, como uma epidemia, um desacordo entre a taxa de mortalidade e a de natalidade, uma expectativa de vida baixa ou um alto índice de idosos, o que comprometeria o nascimento de novas gerações. Entretanto, existem situações que a sociedade não pode permitir de forma alguma, como a violação dos direitos humanos, pois isso comprometeria toda a base moral da sociedade.

Voltando à pergunta: Quando a medicina pode usar sujeitos humanos em suas experiências? Quando falamos de *experimentos*, vemos que a sociedade busca uma constante melhoria, seja nos aspectos físicos, psíquicos e emocionais, seja nas diversas relações sociais que envolvem os indivíduos. Segundo Jonas (2013, p. 135), o progresso tem suas implicações na própria investigação médica:

> *o progresso é, em nossa vontade, um interesse reconhecido da sociedade, em cujos benefícios os indivíduos participam em distintos graus: a investigação é instrumento necessário do progresso; na medicina, a experimentação em sujeitos humanos é um instrumento necessário da investigação: ergo a investigação humana se converteu em interesse social.*

Quando a experiência científica com seres humanos torna-se algo de interesse social e não são levados em conta os interesses do indivíduo, conseguimos responder à pergunta anterior. De acordo com Jonas (2013, p. 135), o contrato social que selamos tem implicações apenas em "atos visíveis e públicos", e não no nosso ser interior, por isso:

ninguém, nem o Estado nem o próximo necessitado têm direito a um de meus rins; os órgãos de um paciente em coma irreversível não podem ser requisitados legalmente para a salvação de outros, tampouco o interesse público ou o bem comum tem direito a meu metabolismo, minha circulação, minhas secreções internas, minha atividade neuronal ou qualquer de minhas ocorrências internas. (Jonas, 2013, p. 135-136)

No entanto, a função do médico é cuidar das pessoas, e um de seus deveres profissionais é melhorar sua capacidade de cura. Contudo, essa busca pela melhora não confere ao pesquisador o direito de selecionar seus pacientes pela via do contrato social. Pelo contrário, o indivíduo que se dispõe a esse sacrifício deve agir por razões pessoais, independentemente de qualquer imposição ou em vista de alguma reciprocidade.

Posso me oferecer para experimentos médicos? Segundo Jonas (2013), caso eu sofresse uma enfermidade, desejaria que alguém tivesse se sacrificado no passado para que minha doença fosse curável hoje. Mas, segundo o autor, somente "a forma negativa da regra de ouro, expressa pela máxima "Não faças ao outro o que não queres que façam a ti" tem força prescritiva (Jonas, 2013, p. 139). Dessa forma, quando determinado sujeito não doa sua vida em favor do outro, nem este nem a sociedade podem exigir explicações quanto à sua ação. Daí a necessidade de diferenciar obrigação moral de valor moral. Para Jonas (2013, p. 139), "os valores supremos encontram-se em uma região situada além da obrigação e da exigência. A dimensão ética vai muito além da lei moral e chega até [...] à esfera do sagrado".

Na concepção de Jonas (2013), há dois pontos que devem ser garantidos na pesquisa médica: autenticidade e a espontaneidade por parte dos sujeitos. Quem deve convocar os indivíduos à pesquisa? Segundo o autor, são os próprios pesquisadores, por serem as pessoas mais capacitadas para esse exercício. Contudo, Jonas (2013) alerta para o risco que tal poder pode trazer, uma vez que o investigador é parte interessada e pode agir pensando em sua carreira, e não no bem público. Por isso, "faz com que sejam necessários especiais controles por parte da comunidade investigadora e das autoridades públicas" (Jonas, 2013, p. 140). É por esse motivo, ainda, que são necessários os comitês de ética. Para o autor, os primeiros que deveriam submeter-se à pesquisa são os próprios médicos e pesquisadores. Jonas (2013) acredita que o recrutamento voluntário poderia acabar com o problema do consentimento, uma vez que não seriam mais necessários sujeitos externos na pesquisa. Isso, porém, não resolveria totalmente o problema, principalmente no aspecto quantitativo:

> A obrigação médica é somente para com o paciente, e sua preocupação deve ser salvar e preservar a vida deste. Mesmo em casos de isolamento ou epidemia contagiosa, o médico não tem o direito de explorar o paciente em benefício de outros.

> Se ampliarmos a critérios gerais de seleção as condições que qualificam preferencialmente os membros da comunidade científica para o papel em questão, teríamos de buscar outros sujeitos nos quais se possa esperar um máximo de diferenciação, compreensão e espontaneidade [...] quer dizer, entre as partes da população mais formadas e menos manipuláveis por sua situação econômica. (Jonas, 2013, p. 142)

O autor considera que as pessoas que deveriam participar dos experimentos são os mais instruídos, e não os pobres, marginalizados, presos etc., como costumeiramente se pensa. Portanto, trata-se de uma "inversão da ordem de disponibilidade e empregabilidade" (Jonas, 2013, p. 145).

A parte final do Capítulo 6 trata da obra *Técnica, medicina e ética* (1985), na qual Jonas aborda as implicações dos experimentos em pacientes. Uma vez que estes estão sob cuidados médicos e a investigação médica tem como objetivo curar a doença, é necessário que os resultados dos experimentos sejam utilizados nas pessoas acometidas por tal doença. Aqui, aparece a relação médico-paciente e suas obrigações. A obrigação médica é somente para com o paciente, e sua preocupação deve ser salvar e preservar a vida deste. Mesmo em casos de isolamento ou epidemia contagiosa, o médico não tem o direito de explorar o paciente em benefício de outros.

Os princípios que devem reger as regras de experimentação são os mesmos tanto para pessoas com a saúde boa como para pacientes acometidos por alguma doença, ou seja, é necessário identificar os pacientes com maior grau de compreensão e instrução. Entretanto, de acordo com Jonas (2013, p. 148), esses princípios tornam-se mais difíceis de ser aplicados, uma vez que seu "consentimento está prejudicado pela diminuta liberdade". Nesse caso, a escala descendente de admissibilidade seria:

> *Em primeiro lugar, os pacientes que mais poderiam identificar-se com a causa da investigação e que melhor a entendem: membros da profissão médica e de seu entorno científico-natural, que às vezes também são pacientes; imediatamente depois, entre os pacientes leigos, os motivados em alto grau e mais capazes de compreender, dada sua formação, ao mesmo tempo também os menos dependentes; e assim sucessivamente, escala abaixo.* (Jonas, 2013, p. 148)

Essa escala também contraria a lógica de que o caso mais desesperado e menos possível de cura deve ser o disponível para pesquisas. Jonas (2013) ainda defende que o paciente jamais poderá ser enganado em seu tratamento, isto é, em nenhum momento o médico poderá proceder com experimentos sem a conscientização e a autorização do paciente, nem mesmo naqueles em estado de coma profundo. Essa proposição de quem deve ser submetido à pesquisa, como dissemos, contraria a lógica capitalista elitizada, pois, ao selecionar as pessoas mais instruídas, acredita-se que não haverá conflitos de interesses, isto é, indústrias farmacológicas, empresários e governos não poderão influenciar na pesquisa para obter os medicamentos e os resultados que lhes interessam.

> "Conflito de interesses (COI) é um conjunto de condições nas quais o julgamento de um profissional a respeito de um **interesse primário** tende a ser influenciado impropriamente por um **interesse secundário**. Os interesses primários são determinados pelos deveres profissionais de um pesquisador, médico, professor ou profissional de saúde e estão relacionados ao paciente e à maneira como a investigação científica é conduzida. Estão relacionados à saúde e bem-estar do paciente, à integridade na pesquisa clínica e à educação dos futuros profissionais (pesquisador, médico e professor). Os interesses secundários são qualquer tipo de interesse que possa afetar a prioridade do interesse primário. São prejudiciais quando influenciam, corrompem ou distorcem a integridade e afetam o julgamento do profissional em relação à saúde do paciente, a investigação científica ou a educação" (Cassimiro; Silva; Falcão, 2018, p. 75, grifo do original).

4.4
A bioética como enfrentamento às teses transumanistas

Nos últimos anos, a promessa de melhoramento da espécie humana tem provocado debates em diversas áreas do saber, entre elas a bioética e a filosofia. Superar nossas limitações biológicas, psíquicas, emocionais e físicas é o objetivo dos pensadores conhecidos como ***transumanistas***. Aliado ao desenvolvimento biotecnológico, esses pensadores acreditam que chegamos a uma nova era da espécie humana, na qual nossas limitações serão superadas e atingiremos feitos grandiosos. Mas até que ponto mudar nossa constituição psicofísica poderá de fato ser um bem aos seres humanos? Abolir a morte não nos tornará seres solitários e entediados com a imortalidade?

Nesse sentido, podemos dizer que o transumanismo tem um caráter niilista, pois emerge como resposta à crise contemporânea. Essa corrente de pensamento está fundamentada na ideia de que não há uma essência ou uma natureza própria do ser humano, portanto, a "tecnologia assume a tarefa de 'reforma' do homem, embora lhe falte uma 'imagem' ou um 'modelo' para tanto" (Oliveira, 2017, p. 863). Ainda podemos dizer que o transumanismo é uma corrente que afirma a possibilidade de progressos tecnológicos amparados no *enhancement human* (aprimoramento humano), graças à junção de áreas como biotecnologia, nanotecnologia, ciências da informação e ciências cognitivas. Os principais teóricos dessa corrente são Nick Brostron, Max More, Natasha Vita-More, Raymond Kurzweil, Julian Huxley, David Pearce, James Hugues, Allen Buchanan, Marc Roux e Laurent Alexandre, entre outros, além da Associação Transumanista Mundial e do Instituto Humanity + (H+). De acordo com More (2009), o transumanismo:

> *é uma filosofia baseada na razão como um movimento cultural que afirma a possibilidade e a conveniência de melhorar fundamentalmente a condição humana por meio da ciência e da tecnologia. Os transumanistas procuram a continuação e a aceleração da evolução da vida inteligente para além da sua forma humana atual e das suas limitações humanas, através da ciência e da tecnologia, guiadas por princípios e valores que promovem a vida.*

Parece-nos que no transumanismo há um desprezo pelo corpo humano, uma vez que esses pensadores não estão satisfeitos com as mudanças que a natureza vem fazendo ao longo dos anos e pelo fato de crescer exponencialmente o interesse por ambientes virtuais e pelo estudo de inteligências artificiais. É como se o mundo cibernético e virtual ganhasse mais notoriedade do que a dimensão física da existência, pois na realidade virtual existimos sem um corpo. Como exemplo, podemos mencionar o uso de aparelhos celulares, que permite a conexão com qualquer parte do mundo sem a necessidade da presença física. Ou, ainda, a concepção e a relação de amizade das redes sociais, que possibilita conversar, interagir e participar de conversas sem o contato com o corpo.

Esse desprezo pelo corpo, porém, não passa de uma renúncia aparente, pois o objetivo do transumanismo é superar nossas limitações e imperfeições. Desse modo, estamos tratando de três dimensões que envolvem ter um corpo, quais sejam: o nascer, o viver e o morrer. No entanto, como o transumanismo pressupõe que vivamos por um longo período, chegando a séculos de existência, o nascer de uma criança pode ser ameaçado, pois, de acordo com Jonas (2006, p. 58),

> *teríamos um mundo de velhice sem juventude e de indivíduos já conhecidos, sem a surpresa daqueles que nunca existiram. Mas talvez seja exatamente esta a sabedoria na severa disposição de nossa mortalidade: a de que ela nos oferece a promessa, continuamente renovada, da novidade, da imediaticidade e do ardor da juventude, e ao mesmo tempo uma permanente oferta de alteridade como tal.*

Essa perpetuação da existência por vários anos só seria possível com a ajuda da biotecnologia, ou seja, precisaríamos renovar nossa estrutura física constantemente para não sofrer com as doenças e não envelhecer. Assim, poderíamos alcançar resultados físicos e psíquicos surpreendentes, não conviveríamos com doenças até então incuráveis, seríamos felizes para sempre e talvez não precisaríamos enfrentar a morte.

De acordo com a corrente transumanista, quando superarmos nossas limitações biológicas, iniciaremos uma nova era da humanidade: surgirão os pós-humanos, "seres originalmente 'evoluídos' ou desenvolvidos a partir de seres humanos, mas significativamente diferentes, de tal modo que não são mais humanos em qualquer aspecto significativo" (Savulescu, 2009, p. 214). Por isso, "o homem, ao aplicar sua arte técnica sobre si mesmo, abandona sua constituição de *Homo sapiens*, além de torná-lo objeto, ele cria um novo ser" (Camargo, 2018, p. 416).

Acredita-se que um futuro pós-humano tende a ser melhor graças ao sentimento de bem-estar que a biotecnologia pode oferecer às pessoas. Alguns pensadores consideram que a atual condição do ser humano é um estado doentio e precisa de cuidado e, nesse contexto, a biotecnologia apresenta-se como uma possibilidade de cura para o ser humano. Nesse sentido, aprimorar o ser humano passa a ser uma obrigação ética, uma vez que precisamos curar as feridas ontológicas do homem, e o transumanismo seria o caminho que levaria à cura da humanidade. A noção de cura do paciente que está doente, e cuja saúde a medicina tinha o dever de tratar e restaurar, é substituída pela ideia de que todos os seres humanos precisam ser aprimorados e melhorados. A barreira entre cura e aprimoramento, portanto, não existe nessa perspectiva do transumanismo.

A transformação biológica do ser humano não será realizada nos pacientes que encontram-se em estado de saúde debilitado, mas nas pessoas que querem corrigir alguma imperfeição ou característica. Em outras palavras, podemos dizer que, no futuro, o homem poderá editar sua vida, de acordo com o *design* e com as habilidades que quiser.

Devemos lembrar que o desejo do ser humano de reconfigurar sua constituição física e genética não é de agora; a novidade são os instrumentos disponíveis e que permitem modificar e incrementar a vida. Na Antiguidade e na Idade Média, o alcance da perfeição estava atrelado ao desenvolvimento de teorias filosóficas e a medicina tinha apenas a função de restabelecer a saúde. A partir da modernidade, porém, a medicina, aliada à ciência e à concepção baconiana de que devemos manipular e explorar a natureza, passa a buscar a perfeição humana. Na contemporaneidade, com a emergência da biotecnologia e com o surgimento das teses transumanistas nas últimas décadas, esse projeto de melhoramento torna-se possível à medida que o ser humano tem condições técnicas de aperfeiçoar sua constituição e tornar-se um super-homem ou mesmo um deus.

A contemporaneidade é marcada pela ascensão da medicina, a qual foca no aprimoramento do ser humano que está saudável. Nesse sentido, vivemos a era do tecno-humanismo, como sugere Harari (2016). De acordo com os transumanistas, médicos, cientistas e engenheiros não se interessam por resolver problemas mentais do ser humano, eles buscam formas de dar *upgrade* na mente humana. Caminhamos rumo à possibilidade de criar novos estados de consciência, ou seja, poderemos escolher quais sentimentos queremos viver em determinado momento. Não é à toa que, a partir da década de 1990, muitos psicólogos passaram a defender que a psicologia não deveria preocupar-se apenas com problemas mentais, mas procurar formas de aumentar e controlar forças mentais.

> O desejo do ser humano de reconfigurar sua constituição física e genética não é de agora; a novidade são os instrumentos disponíveis e que permitem modificar e incrementar a vida.

Com o aprimoramento das capacidades psicológicas, o ser humano poderá perder funções, sentidos e habilidades que antes eram fundamentais para a espécie *Homo sapiens*, como o olfato e o tato, entre outras. Sem dúvida, o aprimoramento psicológico é um dos principais objetivos dos transumanistas, e libertar os seres humanos de seus problemas existenciais será benéfico tanto para as pessoas em si como para os governos que pretendem controlar a vida das pessoas. Conforme Harari (2016, p. 321), "o sistema pode preferir humanos degradados não porque possuiriam destrezas super-humanas, e sim porque lhes faltariam algumas qualidades humanas realmente perturbadoras que interferem no sistema e o desaceleram".

A Declaração Transumanista de 1998, um importante documento utilizado pelos transumanistas, sustenta a necessidade de modificar, incrementar e aprimorar a constituição humana. Para isso, defende intervenções como encontrar a cura para a morte, retardar o envelhecimento, controlar psiquicamente o comportamento das pessoas, curar e erradicar doenças, trocar células e componentes defeituosos nos organismos humanos, entre outras. Dessa forma, quando o ser humano for capaz de superar suas limitações biológicas e dar o *upgrade* na mente, "este novo homem se abriria a novas possibilidades até então suspensas ou escondidas em sua condição natural" (Camargo, 2018, p. 418). Percebe-se que os transumanistas, ao defender esse aprimoramento, dizem que apenas querem avançar de forma mais rápida e eficiente rumo à evolução da espécie. Antes, a natureza encarregava-se desse lento processo evolutivo e, agora, graças à tecnologia, podemos acelerá-lo.

Com base no que discutimos, podemos afirmar que o transumanismo representa uma "reviravolta biológica" (Camargo, 2018, p. 419). Por meio do desenvolvimento da biotecnologia, que permite ao homem transcender sua constituição natural, este superaria suas limitações e passaria a governar a si mesmo, propondo os próprios melhoramentos. Por isso, Bostrom (2003, p. 13, tradução nossa) afirma que "criar uma superinteligência pode ser a última intervenção que os humanos necessitarão fazer, já que as superinteligências poderiam por si mesmas encarregar-se dos futuros desenvolvimentos científicos e tecnológicos".

Nossa preocupação agora é: Quais são os limites éticos para a intervenção biotecnológica na constituição humana? Podemos pensar em um mundo para os seres humanos sem limitações biológicas? Os seres humanos serão mais felizes e terão uma vida mais saudável e longa, como propõem os transumanistas? Se a morte tem sido o grande dilema existencial do ser humano desde tempos primitivos, aboli-la seria a solução ou apenas criaria outros problemas? Criar novos humanos, isto é, pós-humanos, não extinguiria a espécie como a conhecemos hoje? Seremos de fato livres, como propõe a Declaração Transumanista, para optar em aderir ou não aos melhoramentos que as biociências irão propor aos homens? Ou todas essas teses e propostas do transumanismo não passam de uma ficção criada por alguns pensadores contemporâneos? Infelizmente, precisamos de mais tempo para responder a todas essas questões, mas podemos apontar problemas éticos e políticos que o transumanismo poderá causar caso seu objetivo seja alcançado. De certa forma, este livro é uma resposta ao transumanismo.

Fato é que existem dois grupos que posicionam-se sobre o transumanismo: os que defendem os princípios transumanistas e que acreditam que a modificação e o aprimoramento do homem lhe trarão benefícios; e os bioconservadores, que propõem um debate sério e capaz de impor freios ao desenvolvimento da biotecnologia. De acordo com Seung (2012, p. 234), "a Bíblia diz que fez o homem à sua imagem. O filósofo alemão Ludwig Feuerbach diz que o homem fez Deus à sua imagem. Os transumanistas dizem que a humanidade se transformará em Deus". Jonas (2013, p. 179), em posição contrária aos transumanistas, questiona qual seria o verdadeiro objetivo dessa corrente:

> Certamente não é criar o homem – esta já está aí. Criar homens melhores (em termos orgânicos) talvez? Mas qual a medida do melhor? Mais adaptados, por exemplo? Mas mais adaptados para o quê? Tropeçamos em perguntas muito abertas e totalmente metatécnicas se ousamos colocar as mãos sobre a constituição física dos homens. Todas essas questões convergem para uma só: conforme que imagem?

Perguntar qual a imagem do ser humano ou, ainda, perguntar por que queremos melhorar o ser humano é, em si, um problema ético que precisa ser refletido com cuidado, responsabilidade e prudência. Quando se afirma, como os transumanistas, que precisamos superar nossas limitações impostas pela natureza e alcançar um novo estágio evolutivo para a espécie, esquecemos de perguntar se de fato as melhorias serão benéficas a toda sociedade. Portanto, uma posição crítica é indispensável no contexto contemporâneo transumanista. Melhorar por quê? E para que?

4.5
A manipulação genética como ameaça à imagem do ser humano

Nossa próxima análise não está desvinculada dos questionamentos da seção anterior, uma vez que a tecnologia, aliada à medicina, propõe manipular geneticamente o ser humano a fim de torná-lo melhor. A questão central aqui é mostrar que a biotecnologia, por meio da manipulação genética, ameaça a integridade do ser humano e, portanto, a pergunta final da seção anterior, "conforme que imagem?", ainda procura respostas.

Na segunda metade do século XX, os avanços técnico-científicos permitiram que a biologia celular se configurasse como uma ciência aplicada. Em virtude de sua capacidade de manipular a constituição genética do homem, podemos dizer que a biotecnologia tornou-se "um novo poder [que] bate à porta do reino da vida" (Jonas, 2013, p. 171). Ora, estamos dizendo que as possibilidades que os avanços da biologia molecular são capazes de alcançar poderão se tornar irreversíveis se não houver uma reflexão ética profunda. Os danos provocados por essa nova ciência serão mais catastróficos e ameaçadores à vida humana futura.

A ética em si nunca se preparou para um debate que levasse em consideração a existência das gerações futuras, pois todo o trato ético estava limitado ao presente, entre os seres humanos que pertencem ao círculo imediato de nossa ação, conforme propõe Jonas (2006). Como a manipulação genética envolve o aspecto biológico do homem para as gerações futuras e a perpetuação da espécie, o debate ético deve se fundamentar na precaução e no pensar hipotético, isto é, em nossa capacidade de prever os danos que poderão vir a ocorrer caso uma modificação genética seja implantada em algum ser humano. Pensar e prever as possíveis situações que uma ação pode acarretar nos leva à prudência, conceito que analisaremos mais detalhadamente no Capítulo 6.

O problema de aceitar experimentos no campo da biologia molecular consiste no fato de que na própria ideia (conceito) de experimento já está contida a possibilidade de erros e acertos. Dessa forma, para adquirir certos resultados, mesmo que estes sejam positivos no fim da pesquisa, provavelmente haverá erros que foram corrigidos ao longo da pesquisa científica. Portanto, pelo fato de haver a possibilidade de erros, não podemos aceitar as manipulações genéticas.

Não podemos negar que os avanços científicos na área da biologia e da medicina contribuíram decisivamente para a erradicação de doenças, a cura de enfermidades e o controle de pestes e epidemias, por exemplo. O que nos preocupa, porém, sob o ponto de vista ético, é o quanto foi omitido para que se chegassem a esses resultados. Além disso, a medicina, aliada à tecnologia, não está preocupada em restabelecer

> As possibilidades que os avanços da biologia molecular são capazes de alcançar poderão se tornar irreversíveis se não houver uma reflexão ética profunda. Os danos provocados por essa nova ciência serão mais catastróficos e ameaçadores à vida humana futura.

a saúde de pacientes doentes, e sim em melhorar a constituição física do ser humano. Portanto, o principal objetivo da medicina, na atualidade, tem sido tratar de indivíduos com boas condições de saúde.

Jonas (2013) considera que a biotecnologia é o último estágio daquilo que ele chamou de *revolução tecnológica*, iniciada no século XVII com o nascimento da mecânica e com o surgimento das primeiras máquinas movidas a carvão. Se, com a tecnologia moderna, a natureza era colocada como objeto e o homem era o sujeito, na biotecnologia tanto o sujeito como o objeto são os mesmos, isto é, o ser humano é aquele que observa, mas também é o observado. Justamente quando o homem torna-se objeto de manipulação genética acontece uma "neutralização metafísica do ser humano" (Jonas, 2013, p. 49), ou seja, falta a imagem que mencionamos no início desta seção.

A preocupação de Jonas em relação à biotecnologia não está expressa apenas na obra *Técnica, medicina e ética* (1985). Desde a publicação de *Princípio responsabilidade* (1979), o autor já dedica-se ao tema. A respeito da manipulação genética, Jonas (2006, p. 61) considera que "esse é um assunto grande demais para ser tratado superficialmente nestas considerações iniciais e merecerá um capítulo próprio em um trabalho sobre 'aplicações' que virá mais tarde". O autor refere-se ao Capítulo 8 da obra de 1985, sobre a qual pretendemos apontar alguns elementos fundamentais ao nosso debate.

Como dissemos, a biotecnologia tem avançado de tal maneira que desperta a ambição do homem, o qual chega a desejar ter o controle sobre a genética de si próprio e tomar em suas mãos o rumo da sua evolução. No entanto, não para preservar ou salvar a espécie de possíveis ameaças, mas para modificá-la, incrementá-la e aprimorá-la. Em 1979, Jonas já denunciava os problemas que o transumanismo poderá causar à integridade humana caso seu desejo de melhoria da espécie se concretize. As perguntas que fazemos é se estamos e somos capacitados a fazer essas mudanças, se, de fato, precisamos modificar a constituição psicofísica do ser humano e se isso não trará problemas irreversíveis para as gerações futuras.

Nosso objetivo aqui é analisar as novidades que a tecnologia molecular ou biológica traz ao cenário contemporâneo tendo como referência a leitura de Jonas. O autor diferencia a técnica moderna da técnica biológica, também chamada por ele de *tecnologia orgânica* ou *biologia molecular*. Segundo Jonas, a **técnica moderna** está relacionada à construção de artefatos que visam o uso humano e o propósito de qualquer tecnologia é sempre o uso em favor do desejo do homem. Durante um longo período histórico, a técnica moderna, antes de transformar-se em técnica molecular, utilizou materiais sem vida, isto é, artefatos não humanos, que estavam à sua disposição. Já a **técnica biológica** "trabalha com estruturas prontas, os organismos são apenas modificados, ou ainda, precisam ser aperfeiçoados e melhorados em relação a uma constituição já existente, dessa forma, tratamos de modificação, ao invés de fabricação, que é o que se espera da tecnologia em si" (Camargo, 2018, p. 421).

Como os seres humanos são complexos e dinâmicos, quando a tecnologia orgânica insere um novo componente de DNA em sua estrutura, não podemos de imediato prever as consequências ou os êxitos obtidos, pois as consequências de uma modificação são infinitas e podem tornar-se irreversíveis caso o organismo rejeite a inserção de um novo componente. Portanto, a biotecnologia trabalha com a ideia de intervenção, ao contrário da técnica moderna, que trabalha sempre com a possibilidade de construção.

Como na tecnologia orgânica sempre há intervenção, não é possível prever os resultados em razão da "enorme complexidade dos determinantes dados com sua dinâmica autônoma, o número de incógnitas no plano como um todo é imenso" (Jonas, 2013, p. 175). Um experimento físico ou químico pode ser previsto pelo pesquisador de forma mais objetiva e, caso algo venha a dar errado ou os resultados não sejam obtidos da forma que o cientista previa, o objeto pode ser descartado ou testado novamente quantas vezes o pesquisador quiser. O mesmo não acontece na tecnologia orgânica, que trabalha com o ser humano, pois a experiência é um ato real, ou seja, sem a possibilidade de descarte do objeto de experimento.

Caso algo dê errado durante a manipulação genética do ser humano ou de qualquer outro ser vivo, é impossível reverter o resultado. Por isso, quando se modifica geneticamente o homem, os resultados só serão de fato analisados nas próximas gerações daquele ser vivo. Na tecnologia mecânica, os resultados são verificados no momento da pesquisa e os erros cometidos podem ser reparados naquele instante.

À medida que o poder do homem sobre a natureza aumentava, sobretudo na modernidade, com o advento da biotecnologia o controle dos homens sobre os homens também passou a aumentar. No entanto, o poder que causa mais perigo e ameaça a sociedade é o do "controle do homem sobre sua própria imagem, pois nesse cenário os homens atuais fazem escolhas para os homens do futuro" (Camargo, 2018, p. 422). Dessa forma, a ideia de finalidade, isto é, de objetivos e propósitos em relação à vida, desaparece do campo ético. A falta de finalidade leva ao niilismo contemporâneo e à neutralização metafísica mencionada anteriormente. O niilismo contemporâneo, por sua vez, leva a uma perda de valores e referências existenciais, sem os quais não temos uma "imagem" para construir um novo humano. Portanto, não estamos aptos a modificar geneticamente

> A biotecnologia trabalha com a ideia de intervenção, ao contrário da técnica moderna, que trabalha sempre com a possibilidade de construção.

o ser humano, pois o risco e a ameaça à integridade humana futura são consideravelmente grandes.

Existem duas formas de controlar e manipular geneticamente os seres vivos, principalmente os humanos: a eugenia negativa, também conhecida como preventiva, e a eugenia positiva.

A **eugenia negativa** consiste em um controle genético cujo objetivo é prevenir a propagação de genes patológicos que são transmitidos na procriação. A questão aqui é discutir até que ponto, em uma perspectiva evolucionista e humanitária, erradicar doenças genéticas é um bem para a sociedade. Na perspectiva humanitária, a razão para a erradicação de um mal congênito está relacionada ao bem-estar do indivíduo, a fim de evitar um sofrimento futuro e impedir que a pessoa passe por dificuldades. Do ponto de vista humanitário, a espécie precisa ser protegida constantemente e não se pode permitir sua deteriorização genética em virtude do alto índice de patógenos que as gerações futuras terão de enfrentar e que poderão representar uma ameaça à vida. Segundo Jonas (2013, p. 183), "a eugenia é, ao pé da letra, conservativa, visando à preservação antes do que ao melhoramento da herança biológica [...]. A eugenia negativa tem em vista mais a extensão de uma medicina preventiva do que o início de uma manipulação biológica projetadora".

Antes de passarmos às considerações sobre a eugenia positiva, existe um evento que representa a passagem da eugenia negativa para a positiva: o **pré-natal**. Este tornou-se um procedimento médico indispensável para a detecção de possíveis doenças que a criança poderá vir a ter. Assim, existem certos procedimentos que, além de identificar os genes defeituosos, são capazes de reparar os embriões doentes. Em alguns países, no caso de identificação de uma doença extremamente grave e irreversível, permite-se o aborto. Não nos aprofundaremos nesse tema, mas, sem dúvida, ele é de grande importância no campo da bioética. O problema de se usar certos procedimentos médicos durante o pré-natal é quando estes não são realizados para reparar ou "consertar" algum problema, e sim para melhorar, aperfeiçoar ou modificar certas características da criança. Então, o pré-natal pode ser tanto a eugenia negativa, quando tem a função de prevenir uma doença ou uma lesão grave, como a eugenia positiva, quando os procedimentos médicos são empregados para melhorar as características dos bebês que virão – tipo de procedimento em relação ao qual a ética posiciona-se de forma contrária.

A função da **eugenia positiva** é melhorar a espécie. O problema reside na falta de parâmetros para justificar por que determinado tipo genético é melhor que outro. Não podemos aceitar eticamente a seleção e a combinação de genes em favor da criação de uma espécie tida como pura ou perfeita, pois a "padronização restringiria esta opaca zona de indeterminação com determinações apressadas, de preferência efêmeras" (Jonas, 2013, p. 186-187). Temos um exemplo recente na história da sociedade: o nazismo, que tinha como objetivo a criação da raça pura (uma raça ariana). O desejo de melhorar a espécie "é um desejo de insolência, não da necessidade" (Jonas, 2013, p. 187). Portanto, a ética deve ficar atenta a essas tecnologias que visam o melhoramento do homem, pois nem sempre o melhorar é sinônimo do desejável e do bom.

Síntese

As discussões sobre a bioética não podem ser resumidas apenas aos temas que apresentamos neste capítulo. Muitos dos assuntos que tratamos aqui possuem questões mais complexas e precisam de um referencial teórico mais elaborado. No entanto, apresentamos as principais características e temas essencialmente novos à discussão bioética e que permitem ao leitor, com base nessas discussões, ampliar seu conhecimento a respeito do tema.

Tratamos de temas como eutanásia, distanásia, ortotanásia, pesquisa com seres humanos, direito de morrer, direito de matar, transumanismo, melhoramento da espécie e, por fim, manipulação genética. Se perguntássemos se é possível estabelecer um fio condutor em torno do qual giraria um debate ético envolvendo todos esses temas, este seria a autenticidade da vida e a liberdade.

A procura por uma vida autêntica, que extrapole os limites da razão que a sociedade tenta impor aos seres humanos, tornou-se, nos últimos anos, um problema a ser pesquisado pela filosofia. Saber até que ponto somos seres livres para decidir nossas ações, além de uma questão ética, é um tema da liberdade, a qual exige responsabilidade. Portanto, à medida que somos seres livres para optar, estamos condenados a ser responsáveis, como diria Sartre, pensador francês do início do século XX, que tem seu nome ligado à filosofia existencialista desse século. Essa, sem dúvida, é uma questão própria do existencialismo e que, agora, graças aos avanços da tecnologia, ameaça nossa liberdade. Por isso, a bioética torna-se, no cenário contemporâneo, uma disciplina fundamental, cujo intuito é debater os problemas que enfrentamos no campo da medicina, da filosofia, da teologia, das ciências sociais, da biologia e da tecnologia, entre outras áreas. Assim, finalizamos este capítulo com a seguinte questão: Até que ponto somos livres para manipular a vida humana?

Indicações culturais

As *indicações culturais* a seguir têm o objetivo de aprofundar os conteúdos trabalhados ao longo deste capítulo e inserir novos debates no campo bioético. As diferentes obras indicadas permitem realizar um debate teórico mais profundo sobre a questão da bioética.

Filmes

A BELA que dorme. Direção: Marco Bellocchio. Itália: California Filmes, 2013. 110 min.

AMOR. Direção: Michael Haneke. França: Imovision, 2013. 127 min.

FRANKENSTEIN – entre anjos e demônios. Direção: Stuart Beattie. EUA: Playart Pictures, 2014. 93 min.

GATTACA. Direção: Andrew Niccol. EUA: 1997. 108 min.

JULGAMENTO em Nuremberg. Direção: Stanley Kramer. EUA: 1961. 186 min.

MAR adentro. Direção: Alejandro Amenábar. Espanha: 2004. 125 min.

MENINA de ouro. Direção: Clint Eastwood. EUA: Europa Filmes, 2005. 132 min.

NOITE e neblina. Direção: Alain Resnais. França: 1955. 32 min. Documentário.

UMA CHANCE para viver. Direção: Dan Ireland. EUA: Sony Pictures, 2008. 90 min.

VOCÊ não conhece o Jack. Direção: Barry Levinson. EUA: 2010. 134 min.

Livros

BOSTROM, N. **The Transhumanist FAQ**: a General Introduction. version 2.1, 2003. Disponível em: <http://nickbostrom.com/views/transhumanist.pdf>. Acesso em: 30 set. 2018.

BRAUNER, M. C. C.; DURANTE, V. (Org.). **Ética ambiental e bioética**: proteção jurídica da biodiversidade. Caxias do Sul: Educs, 2012.

CAMARGO, L. N. Transumanismo: desafios e perspectivas para a filosofia contemporânea. In: GOUVEIA, S. S.; SOL, A. F. (Ed.). **Bioética no século XXI**. Charleston: CreateSpace Independent Publishing, 2018. p. 415-429.

DINIZ, M. H. **O estado atual do biodireito**. 10. ed. São Paulo: Saraiva, 2017.

ENGELHARDT, H. T. **The Foundations of Bioethics**. Oxford: Oxford University Press, 1986.

GOUVEIA, S. S.; SOL, A. F. (Ed.). **Bioética no século XXI**. Charleston: CreateSpace Independent Publishing, 2018.

HARARI, Y. N. **Homo Deus**: uma breve história do amanhã. Tradução de Paulo Geiger. São Paulo: Companhia das Letras, 2016.

HARARI, Y. N. **Sapiens**: uma breve história da humanidade. Tradução de Janaína Marcoantonio. Porto Alegre: L&PM, 2015.

HOTTOIS, G. **El paradigma bioético**: una ética para la tecnociencia. Barcelona: Anthropos, 1991.

JONAS, H. **Técnica, medicina e ética**: sobre a prática do princípio responsabilidade. Tradução do Grupo de Trabalho Hans Jonas da Anpof. São Paulo: Paulus, 2013.

MALUF, A. C. R. F. D. **Curso de bioética e biodireito**. 3. ed. São Paulo: Atlas, 2015.

NOVAES, A. (Org.). **Mutações**: o novo espírito utópico. Tradução de Paulo Neves. São Paulo: Sesc, 2016.

OLIVEIRA, J. R. Um Adão biotecnológico: sobre a secularização dos antigos ideais religiosos pelo trans-humanismo. **Revista Pistis & Práxis**: Teologia e Pastoral, v. 9, n. 3, p. 861-886, 2017. Disponível em: <https://periodicos.pucpr.br/index.php/pistis-praxis/article/view/23337/22477>. Acesso em: 25 nov. 2018.

PEGORARO, O. A. **Ética e bioética**: da subsistência à existência. Petrópolis: Vozes, 2002.

PESSINI, L. **Eutanásia**: por que abreviar a vida? São Paulo: Loyola, 2004.

POTTER, V. R. **Bioética**: ponte para o futuro. Tradução de Cecília Camargo Bartalotti. São Paulo: Loyola, 2016.

SEUNG, S. **Connectome**: how the Brain's Wiring Makes us who we are. New York: Houghton Mifflin Harcourt, 2012.

Série

ALTERED Carbon. Direção: Laeta Kalogridis. EUA: 2018. 1ª temporada. Série.

Atividades de autoavaliação

1. A questão da morte tem se tornado, nos últimos anos, uma reflexão interessante e emblemática para a bioética. Os avanços técnico-científicos possibilitaram pensar a morte não como algo natural, mas como uma falha orgânica que pode ser evitada e vencida. Diante disso, o debate bioético sobre o tema da morte e do morrer tem se tornado fundamental. A ação deliberada e indolor que subtrai a vida de uma pessoa que sofre com uma doença incurável e

que indubitavelmente a levará a morte e exige seu pedido de forma clara, explícita, orientada e bem refletida chama-se:
   a) distanásia.
   b) ortotanásia.
   c) eutanásia.
   d) suicídio voluntário.
   e) suicídio involuntário.

2. Qual é a melhor definição para o conceito de *ortotanásia*?
   a) Prioriza a qualidade de vida que resta à pessoa que encontra-se em fase terminal. Por isso, os cuidados paliativos tendem a oferecer o maior conforto possível ao paciente. Entende-se a morte como um processo natural, deixando que a vida cesse naturalmente.
   b) Procedimento que mantém o indivíduo que sofre com uma doença terminal o maior tempo possível vivo. Para isso, são utilizadas estratégias que favoreçam a continuidade da vida.
   c) É um conjunto de condições nas quais o julgamento de um profissional a respeito de um interesse primário tende a ser influenciado impropriamente por um interesse secundário.
   d) Consiste em um conjunto de procedimentos médicos que visam curar o indivíduo de suas enfermidades, levando-o a uma recuperação rápida a fim de aliviar sua dor e seu sofrimento.
   e) Refere-se a uma ação deliberada e indolor que subtrai a vida de uma pessoa que sofre com uma doença incurável, a qual indubitavelmente a levará à morte. Para isso, é necessário seu pedido de forma clara, explícita, orientada e bem refletida.

3. A pesquisa com seres humanos é um tema que sempre gera discussões no campo da bioética. De acordo com comitês e convenções internacionais, existem certas fases da pesquisa clínica que precisam ser seguidas antes de um medicamento ser colocado no mercado.

Indique se as afirmações a seguir são verdadeiras (V) ou falsas (F) no que se refere às fases da pesquisa clínica:

( ) A primeira fase da pesquisa clínica é chamada *pré-clínica*, na qual são realizados testes em laboratórios. Podem ser criadas situações artificiais ou ser utilizados animais em processos de experimentação. Essa fase pode durar anos.

( ) A segunda fase, chamada *fase I*, envolve estudos da farmacologia humana. Após a fase pré-clínica e sua liberação pelas agências reguladoras, como a Agência Nacional de Vigilância Sanitária (Anvisa), no Brasil, iniciam-se os testes em seres humanos. Nessa etapa, são usados voluntários nos quais serão testados os medicamentos, verificando-se a quantidade a ser usada, a segurança do medicamento, a melhor forma de utilização e os efeitos colaterais, entre outras questões.

( ) Na quinta fase, chamada *fase IV*, os novos medicamentos serão comercializados e realizam-se estudos sobre sua aplicação em grande parte da população com a doença. A partir daqui, não são necessárias mais observações sobre como os pacientes estão reagindo aos tratamentos e, uma vez colocados no mercado, os medicamentos não passam mais por experimentos.

Agora, assinale a alternativa que apresenta a sequência correta:
a) V, F, V.
b) F, F, V.

c) V, V, V.
d) V, V, F.
e) F, V, F.

4. "_____ é uma filosofia baseada na razão como um movimento cultural que afirma a possibilidade e a conveniência de melhorar fundamentalmente a condição humana por meio da ciência e da tecnologia. Tais teóricos procuram a continuação e a aceleração da evolução da vida inteligente para além da sua forma humana atual e das suas limitações humanas, através da ciência e da tecnologia, guiadas por princípios e valores que promovem a vida". O conceito que preenche adequadamente a lacuna é o de:
   a) existencialismo.
   b) eutanásia passiva.
   c) biotecnologia.
   d) pesquisa com seres humanos.
   e) transumanismo.

5. Existem duas formas de controlar e manipular geneticamente os seres humanos. Uma é o controle genético, cujo objetivo é prevenir a propagação de genes patológicos transmitidos na procriação. A outra deseja melhorar a espécie por meio da realização de procedimentos médicos na fase embrionária, permitindo que as pessoas possam escolher as características que quiserem para seus filhos. Os conceitos que definem essas duas práticas são, respectivamente:
   a) eugenia positiva e transumanismo.
   b) eutanásia ativa e eutanásia passiva.
   c) eugenia negativa e eugenia positiva.
   d) ortotanásia e eutanásia.
   e) transumanismo e *enhancement project*.

Atividades de aprendizagem

Questões para reflexão

1. A bioética debate temas que vão além dos trabalhados ao longo deste capítulo. Uma das ramificações da manipulação genética por meio da eugenia é a clonagem humana. Faça uma pesquisa sobre a clonagem de células humanas e elabore um texto dissertativo apresentando as principais características e os desafios dessa fase biotecnológica para a bioética.

   Para construir o texto, você deverá:
   - discutir as características da clonagem de seres vivos;
   - explicar quais são as implicações éticas em relação à clonagem humana;
   - mencionar os desafios da bioética para esse tipo de pesquisa.

2. O transumanismo é uma filosofia baseada na razão como um movimento cultural que afirma a possibilidade e a conveniência de melhorar a condição humana por meio da ciência e da tecnologia. Os transumanistas procuram a continuação e a aceleração da evolução da vida inteligente para além da sua forma humana atual e das suas limitações humanas, por meio da ciência e da tecnologia, guiadas por princípios e valores que promovem a vida. Com base no que estudamos, faça uma pesquisa e elabore um texto dissertativo sobre o transumanismo.

   Para construir o texto, você deverá:
   - discutir como compreende o conceito de transumanismo e apresentar suas principais características;

- explicar quais são os desafios éticos que essa corrente precisa enfrentar;
- posicionar-se contra ou a favor do transumanismo;
- argumentar se melhorar a espécie humana é de fato algo positivo.

Atividades aplicadas: prática

1. Faça uma leitura do Capítulo 8 da seguinte obra:

    JONAS, H. **Técnica, medicina e ética**: sobre a prática do princípio responsabilidade. Tradução do Grupo de Trabalho Hans Jonas da Anpof. São Paulo: Paulus, 2013. p. 171-211.

    Faça um resumo do capítulo, procurando evidenciar os principais pontos nele discutidos e, se possível, discuta com os colegas os temas trabalhados no capítulo.

2. Faça uma pesquisa sobre a arte médica e a relação dos médicos com os pacientes. Elabore um texto dissertativo evidenciando sua posição sobre como um médico deve proceder em um caso como este:

    Um paciente necessita de uma transfusão de sangue. O dever do médico é restabelecer a saúde do paciente, porém a religião do paciente não permite que ele receba a transfusão. Se o médico assim o fizer, irá contra os princípios morais daquela religião, mas, se não o fizer, o paciente poderá vir a óbito. Nesse caso, como o médico resolverá esse dilema? Procure solucionar essa questão em seu texto. Se possível, o professor pode propor uma discussão em sala de aula sobre o tema da transfusão de sangue e suas implicações bioéticas.

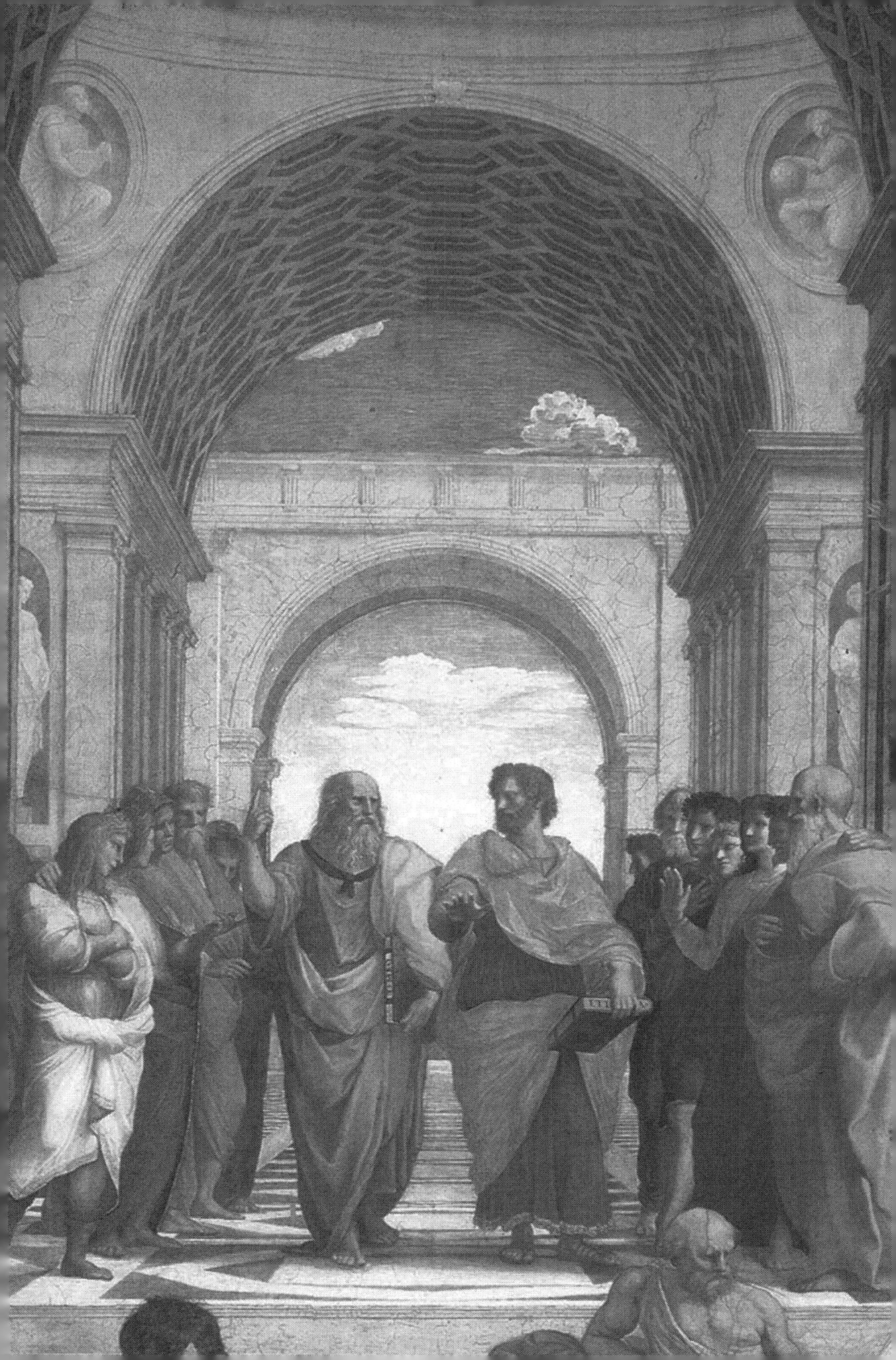

5

*A ética
na civilização
tecnológica*

Pensar uma ética *para a civilização tecnológica, além de necessário, pode ser paradoxal. Por um lado, os avanços tecnológicos facilitam a vida das pessoas. Por outro lado, se não forem amparados por um debate ético, eles podem representar um problema a partir do momento que a técnica torna-se um poder autônomo e incontrolável. Neste capítulo, discutiremos as ameaças que a tecnologia pode causar às gerações futuras e em que medida ela pode representar um perigo à autenticidade da vida. Por isso, analisaremos como ela se tornou objeto de análise da ética. Devemos lembrar que a técnica é uma vocação humana, portanto, não podemos excluí-la ou bani-la da vida humana. Verificaremos como a tecnologia transformou o homem em seu objeto e como a promessa de melhoramento é um reflexo dessa objetificação do ser humano. Nesse sentido, discutiremos de que maneira a ética pode tornar-se um "freio voluntário" à própria tecnologia.*

5.1
A tecnologia como objeto da ética

A tecnologia, a partir da modernidade, adquiriu uma autonomia antes impensável do ponto de vista ético. Hoje, ela avança em diversos aspectos da vida humana e afeta todas as relações sociais, desde a concepção da vida até a morte. Assim, precisamos analisá-la sob uma perspectiva filosófica e, ao torná-la assunto da filosofia, poderemos avaliá-la com base na ética. Para Heidegger (2007), sempre seremos afetados pela técnica e estaremos ligados a ela, pois, queiramos ou não, ela determina e condiciona a existência humana. Para o autor, as duas características da técnica, isto é, ser um meio para um fim e ser um fazer a serviço do homem, estão concatenadas, uma vez que qualquer atividade técnica que o homem desempenhar tende a ter uma finalidade e ele empregará os meios necessários para realizar seus objetivos. Por isso, todo o arsenal que o ser humano utiliza para determinado fim pode ser considerado técnica. Ela pode ser chamada, pois, de "determinação instrumental e antropológica" (Heidegger, 2007, p. 376).

Esse período tecnológico, capaz de modificar a vida das pessoas, encontra fundamentos na crítica à modernidade e na pós-modernidade. Vattimo (1996) analisa o fracasso da modernidade e de seu projeto iluminista. Influenciado por Nietzsche e Heidegger, Vattimo propõe uma reconstrução da razão por meio de uma perspectiva que envolva arte, ciência, religião e ética. Enquanto a modernidade trouxe o progresso ilimitado e uma secularização dos pressupostos da religião cristã, a pós-modernidade é aquilo que Vattimo chamou de *pensamento débil*, isto é, um pensamento enfraquecido, cuja premissa é a ideia de que a razão apresenta-se de qualquer maneira, pois é fraca. Em outras palavras, também podemos dizer que o pensamento débil representa o fim da história em virtude do fato de haver diversas histórias após os séculos XIX e XX. A multiplicidade que passou a existir após o século XIX contribuiu para a dissolução da ideia de história que visa o progresso da ciência e da tecnologia como algo unitário e universal.

> Vattimo compreende a expressão *pensamento débil* como a ausência de fundamentação única, normativa e universal. Ou seja, "Vattimo, em suma, insiste no fato de que doravante não é mais possível propor uma filosofia que pretenda certezas e **fundamenta inconcussa** para as teorias sobre o homem, sobre Deus, sobre a história, sobre os valores. Não é mais possível propor uma filosofia fundacional; a crise dos fundamentos doravante se deslocou dentro da própria ideia de verdade: as evidências claras e distintas se ofuscaram" (Reale; Antiseri, 2006, p. 281, grifo do original).

Assim, podemos estabelecer três características comuns da pós-modernidade, de acordo com a proposta de Vattimo:

1. A pós-modernidade revela um pensamento de fruição, ou seja, há um abandono da concepção progressista da modernidade, que entendia a racionalidade como algo universal, por isso, "A re-memoração, ou, antes, a fruição (o reviver), também entendida em sentido 'estético', das formas espirituais do passado não tem a função de preparar alguma outra coisa, mas tem um efeito emancipador em si mesma" (Vattimo, 1996, p. 185).
2. A pós-modernidade é um pensamento que contamina, ou seja, diante da multiplicidade de conteúdos do saber, sistemas filosóficos dogmáticos perdem sua eficácia nesse novo contexto.
3. A terceira característica remete ao que Vattimo chamou de "pensamento do Ge-Stell". O anúncio da morte de Deus, conforme proposto por Nietzsche, e a análise heideggeriana que organiza o

mundo em torno da técnica permitiram pensar em novos planos para a existência do homem. A fim de superar a metafísica e recomeçar, é preciso ir além das determinações que foram atribuídas ao ser e ao homem. Sem essas determinações, o sujeito tem sua existência mais aliviada, "é nesse mundo que a ontologia se toma **efetivamente** hermenêutica, e as noções metafísicas de sujeito e objeto, ou, melhor, de realidade e de verdade-fundamento, perdem peso" (Vattimo, 1996, p. 190, grifo do original).

É nesse cenário pós-moderno que acabamos de descrever, segundo Vattimo, que precisamos entender o que queremos dizer quando afirmamos que a tecnologia tornou-se um problema da ética. Assim, tentaremos demonstrar como Heidegger entende a técnica moderna e por que Hans Jonas a considera um objeto da ética.

Para Heidegger, a técnica moderna está relacionada a uma imposição sobre a natureza, de acordo com leis próprias, para se chagar ao fim almejado. Ela não está preocupada com o ser nem em como o ser e o homem se revelam ou se manifestam na natureza. Seu objetivo é dominar e extrair tudo o que a natureza pode oferecer, pois "a natureza se transforma em um meio para que a técnica moderna atinja seus fins" (Cortés-Boussac, 2011, p. 186).

O domínio técnico do homem sobre a natureza permitiu que este realizasse feitos grandiosos por meio da observação, da dominação e da exploração da natureza. Não podemos negar toda a engenhosidade técnica utilizada na construção de uma usina hidrelétrica, desde a observação do rio, sua construção, a geração de energia elétrica graças à força com a qual a água empurra as turbinas, a distribuição dessa energia às pessoas, enfim, a técnica está presente em diversos processos. Por isso, podemos dizer que a técnica moderna tornou-se um bem que está nas mãos do homem.

Para Jonas, assim como para Heidegger, a técnica moderna também é um perigo que ameaça a humanidade e a natureza. Seu caráter conquistador e dominante é um perigo eminente. É nesse aspecto que está o ponto comum entre os autores ao analisar a técnica moderna. A posição que cada um deles toma posteriormente passa a ser diferente. Enquanto Heidegger acredita que a técnica tende ao caminho da arte ou *poiesis,* Jonas acusa Heidegger de não ter levado em consideração o caráter ético da técnica e os problemas que ela pode causar nesse âmbito.

Jonas considera que a técnica moderna, ao contrário da pré-moderna, não conduz a um ponto de equilíbrio e que a relação entre fins estabelecidos e meios apropriados não é vislumbrada pela técnica moderna, ou seja, as inovações ou invenções da técnica não acontecem porque houve um desejo inicial de se chegar ao resultado obtido, e sim ao acaso. Por isso, todas as inovações técnicas tendem a difundir-se rapidamente para todo o planeta, ao contrário da técnica pré-moderna*, na qual os instrumentos técnicos ficavam restritos ao uso daqueles que o inventaram.

A tecnologia sempre cria desejos na sociedade por meio de novos produtos disponíveis no mercado de consumo. Muitos desses produtos não são necessários à vida humana, são apenas objetos supérfluos que dão a falsa sensação de poder aquisitivo e *status* social. Desse modo, a técnica moderna transforma-se naquilo que impulsiona

> Para Jonas, assim como para Heidegger, a técnica moderna também é um perigo que ameaça a humanidade e a natureza. Seu caráter conquistador e dominante é um perigo eminente.

---

* A técnica pré-moderna, para Hans Jonas, refere-se a um momento histórico primitivo da sociedade em que a técnica era uma posse, sendo utilizada apenas para atender às necessidades específicas do homem. Por isso, qualquer invenção técnica demorava anos para ser substituída, pois não havia a necessidade de aperfeiçoá-la constantemente.

e determina o destino da humanidade, razão por que dizemos que ela é, além de um impulso dinâmico, uma empresa coletiva.

Para Jonas (2013, p. 51), "a técnica é um exercício do *poder* humano, isto é, uma forma de ação [*Handelns*], e toda forma de ação humana está sujeita a uma avaliação moral". Como a técnica moderna tornou-se um poder, esse pode ser utilizado tanto para o bem como para o mal. Seguindo essa proposição de Jonas, apresentaremos cinco considerações que mostram por que a técnica moderna precisa de uma avaliação ética, embora, como veremos, a ética tradicional ainda não tenha condições ou uma forma prescritiva capaz de enfrentar os desafios tecnológicos contemporâneos. Vejamos:

1. A primeira posição trata da ambivalência dos efeitos. Toda ação ou atividade pode ser boa ou má, o que vai determinar a ação é o uso. Como a tecnologia atinge as pessoas em grande escala, a questão ética em relação à tecnologia não diz respeito apenas às suas possibilidades e a seus efeitos negativos. O perigo reside no fato de seu uso benevolente ser empregado para fins legítimos, pois, a longo prazo, suas consequências não poderão ser previstas. Por exemplo, usar alimentos transgênicos para erradicar a fome no mundo a princípio pode ser tido como um ato louvável e benéfico proporcionado pela tecnologia. No entanto, se considerarmos seus efeitos a longo prazo, o uso de transgênicos pode causar doenças à população, tendo em vista que não foram realizados estudos suficientes que comprovassem a eficácia dos alimentos. Sendo assim, "o perigo reside mais no sucesso do que no fracasso" (Jonas, 2013, p. 52).

2. A segunda posição refere-se à inevitabilidade da aplicação. Na época da técnica pré-moderna, um conhecimento poderia ser facilmente deixado de lado e colocado em uso apenas se fosse desejo do sujeito que o possuísse. Contudo, na sociedade contemporânea,

poder e fazer, saber e aplicar são conceitos que estão diretamente relacionados, de modo que um implica necessariamente na execução do outro. Por exemplo, tenho o poder de falar, mas posso optar por não falar. Dito de outro modo, na contemporaneidade a tecnologia é semelhante ao respirar, ou seja, tenho de respirar e preciso constantemente fazê-lo.

3. A terceira posição ressalta que, se os avanços tecnológicos precisam atingir uma grande escala e, como vimos, seus efeitos (positivos ou negativos) não podem ser medidos pela ética, a técnica moderna tende a ampliar cada vez mais as dimensões de suas ações. Sendo assim, a técnica cresce exponencialmente, atingindo todo o planeta Terra, e possivelmente seus efeitos serão sentidos pelas gerações futuras. Conforme Jonas (2013, p. 54), "hipotecamos a vida futura em troca de vantagens e necessidades atuais a curto prazo – e, quanto a isso, na maioria das vezes, em função de necessidades autocriadas". A ética tradicional não se preocupava com dimensões espaciais e temporais, pois seu campo de ação estava limitado à sociedade onde se vivia e sempre tinha a ver com o aqui e o agora. Com essa visada tecnológica, corremos o risco de extinguir a vida humana em troca de desejos e prazeres temporários e cotidianos. É nesse cenário que precisamos da responsabilidade, isto é, de um poder da mesma magnitude e grandeza do poder da técnica.

4. A quarta posição está associada ao antropocentrismo. Na ética tradicional, podíamos pensar em uma ação moral apenas em uma relação direta entre os seres humanos. Como a tecnologia adquiriu um poder quase autônomo e alcança dimensões grandiosas de tempo e espaço, afeta não apenas a vida humana, mas a de todos os seres vivos, de tal maneira que as considerações

éticas deixam o plano exclusivamente humano e passam a abarcar todas as formas de vida. Nesse sentido, há um rompimento com o antropocentrismo, pois "se torna um dever transcendente do homem proteger o menos renovável e o mais insubstituível de todos os 'recursos': o inacreditavelmente rico *pool* genético, formado durante éons de evolução" (Jonas, 2013, p. 56).

5. A quinta posição tem relação com uma questão metafísica, que emerge pela primeira vez na história da ética. Isso significa que, em razão do potencial de destruição que a tecnologia pode causar à vida humana, às gerações futuras e a todos os seres vivos, devemos nos perguntar: "Por que deve haver uma humanidade?", "Por que devemos preservar a imagem de homem tal como a evolução o fez?", "Por que deve haver vida?" Se *existir* corresponde ao imperativo categórico "que exista uma humanidade", qualquer aposta que ameace ou coloque em risco esse imperativo deve ser combatida. Portanto, como a tecnologia, principalmente por meio da ambivalência e da magnitude, não conduz a uma garantia de permanência da vida no planeta, é preciso uma avaliação ética de mesma grandeza para coibir seus avanços.

Consideramos que a ética não deve impedir os avanços tecnológicos a ponto de excluí-los da vida humana, pelo contrário, o freio que ela deve impor é para que não sejam cometidos abusos que afetem a vida e as gerações futuras. A ética tem a função, na sociedade tecnológica, de mostrar a ambiguidade oculta que uma ação técnica carrega consigo. Por mais que uma inovação tecnológica tenda a ser positiva e benéfica à humanidade, precisamos analisar com calma seus efeitos a longo prazo, pois a benção de agora pode facilmente torna-se um problema no futuro.

5.2
A tecnologia como vocação humana

Após apontarmos certos elementos que permitem pensar a tecnologia como um problema filosófico, mais especificamente como uma questão ética, à medida que ela modifica nosso modo de agir e se torna ela mesma um poder autônomo, precisamos mostrar que, antes de tudo, a técnica, ou seja, a capacidade imaginativa do ser humano de produzir ferramentas e usá-las para determinado fim, é uma vocação humana. Dessa forma, devemos entendê-la como um modo de diferenciação do homem em relação aos animais.

Quando nos propomos a falar da vida humana, principalmente quando tentamos determinar o que é o ser humano, não podemos deixar de mencionar questões técnicas que, consequentemente, envolvem decisões tecnológicas. Para Feenberg (2002), a tecnologia é um projeto político e filosófico que pretende transformar e democratizar a própria tecnologia. Para o autor, "o que os seres humanos são e o que eles serão é decidido na configuração de nossas ferramentas tanto quanto das ações dos estadistas e dos movimentos políticos" (Feenberg, 2002, p. 3). No entanto, nossa análise não pretende concentrar-se em uma concepção política da técnica e de suas relações com esta, e sim identificá-la como uma capacidade humana que se tornou ameaçadora a partir do fim do século XX. Nesse período, surgiram diversos pensadores que se propuseram a analisar o fenômeno da técnica e da tecnologia, como Herbert Marcuse, Heidegger, Oswald Spengler, Ortega y Gasset, Jurgen Habermas, Andrew Feenberg, Simondon e Hans Jonas, entre outros.

Nosso objetivo é mostrar que houve um momento na história em que a técnica humana era vista como insignificante perante a grandiosidade da natureza. As modificações que o ser humano produzia no mundo não afetavam a natureza nem modificam a ordem natural das coisas, por isso, nesse período, a técnica estava condicionada à sobrevivência. No trecho a seguir, da tragédia *Antígona*, de Sófocles, podemos perceber a relação do homem com a natureza:

> *Numerosas são as maravilhas da natureza, mas de todas a maior é o homem! Singrando os mares espumosos, impelido pelos ventos do sul, ele avança e arrosta as vagas imensas que rugem ao redor!*
>
> *E Gea, a suprema divindade, que a todos mais supera, na sua eternidade, ele a corta com suas charruas, que, de ano em ano, vão e vêm, fertilizando o solo, graças à força das alimárias!*
>
> *Os bandos de pássaros ligeiros; as hordas de animais selvagens e peixes que habitam as águas do mar, a todos eles o homem engenhoso captura e prende nas malhas de suas redes. Com seu engenho ele amansa, igualmente, o animal agreste que corre livre pelos montes, bem como o dócil cavalo, em cuja nuca ele assentará o jugo, e o infatigável touro das montanhas.*
>
> *E a língua, e o pensamento alado, e os sentimentos de onde emergem as cidades, tudo isso ele ensinou a si mesmo! E também a abrigar-se das intempéries e dos rigores da natureza! Fecundo em recursos, previne-se sempre contra os imprevistos. Só contra a morte ele é impotente, embora já tenha sido capaz de descobrir remédio para muitas doenças, contra as quais nada se podia fazer outrora.*
>
> *Dotado de inteligência e de talentos extraordinários, ora caminha em direção ao bem, ora ao mal... Quando honra as leis da terra e a justiça divina ao qual jurou respeitar, ele pode alçar-se bem alto em sua cidade, mas excluído de sua cidade será ele, caso se deixe desencaminhar pelo Mal.* (Sófocles citado por Jonas, 2006, p. 31)

A ação humana e seu poder sobre a natureza são avanços que visam facilitar a vida e, por isso, as modificações provocadas no ambiente natural, no passado, comparadas à atualidade, são insignificantes, porém feitos grandiosos para a época. Nesse sentido, a violação da natureza que mais perturba a ordem natural é a criação das cidades; mas, mesmo com esse tipo de engenhosidade claramente limitado, o ser humano ainda continua pequeno. Suas ações nos rios, na terra e no mar não alteram as forças da natureza. O homem ajusta-se ao ciclo da natureza e todas as suas ações são realizadas em conformidade com ela: existe o momento de cultivar a terra, de arar, de plantar e de colher. O mesmo acontece com os rios e os mares.

A construção de cidades permitiu ao homem se estabelecer dentro de um equilíbrio natural. A capacidade técnica humana era o que mudava nessa época de equilíbrio entre as pessoas e a natureza. Esta por sua vez, permanecia. Mesmo as cidades se erguendo firmes e sólidas, como um artefato artificialmente produzido, não havia garantia de que elas iriam se perpetuar por gerações. Foi o que aconteceu com grandes cidades antigas e grandes impérios, que vez ou outra desapareciam, pois, como observa Jonas (2006, p. 33), "estados erguem-se e caem, dominações vêm e vão, famílias prosperam e degeneram – nenhuma mudança é para durar".

O emprego da técnica para a construção de cidades aconteceu muito mais como um meio de o homem se defender das intempéries naturais do que para expandir-se. Os muros construídos nesse período representavam proteção e segurança contra as possíveis ameaças da natureza, como chuvas, ventos, raios e tempestades. Em outras palavras, o homem estaria preservando sua existência diante do ameaçador. Não é à toa que existe o simbolismo da casa, isto é, o lar representa um pedaço familiar no qual a estranheza do mundo não pode entrar e, por isso, as casas devem ser iluminadas, assim como os locais públicos da cidade, como as praças, os bosques e as ruas.

A ética, no passado, estava restrita apenas à cidade. Até então, não podíamos falar de moralidade em relação à natureza e a ética estava restrita à existência humana. Por isso, toda atividade da *techne* (técnica) no mundo natural era eticamente neutra e, durante muito tempo, até a modernidade, a técnica empreendida pelo homem afetava de maneira superficial o meio ambiente. A técnica era um atributo do ser humano ligado à sua sobrevivência. Foi apenas com Francis Bacon que se postulou a possibilidade de relacionar *techne* com progresso, isto é, como um fim para o ser humano.

No entanto, sabemos que a relação do homem com a natureza, a partir da modernidade, com os avanços da técnica moderna e da ciência, passou a afetar diretamente a natureza e a destruí-la.

> *A técnica era um tributo cobrado pela necessidade, e não o caminho para um fim escolhido pela humanidade – um meio com um grau finito de adequação a fins próximos, claramente definidos. Hoje, na forma da moderna técnica, a téchne transformou-se em um infinito impulso da espécie para adiante, seu empreendimento mais significativo. Somos tentados a crer que a* **vocação dos homens** *se encontra no contínuo progresso desse empreendimento, superando-se sempre a si mesmo, rumo a feitos cada vez maiores.* (Jonas, 2006, p. 43, grifo nosso)

Nesse sentido, podemos perceber que, se no passado a vocação humana para a técnica estava ligada à sobrevivência e à necessidade, na contemporaneidade temos a mesma vocação, mas agora ligada ao progresso contínuo, rumo à perfeição da espécie e à conquista de feitos grandiosos que não estão ligados à sobrevivência, e sim ao desejo de poder do ser humano, que nos moldes atuais é sinônimo de dominação do homem sobre seu semelhante.

A outra vertente que pretendemos analisar sobre a técnica, enquanto vocação humana, diz respeito ao rompimento ou à passagem do animal para o ser humano. De acordo com Hans Jonas, existem três artefatos (de origem primitiva) que são características humanas e, de certa forma, não podem ser confundidas com as habilidades de outro ser vivo. Esses artefatos são a ferramenta, característica própria do *Homo faber*; a imagem, representada pelo *Homo pictor*; e a tumba, inerente ao *Homo sapiens*. Esses três conceitos convergem para aquilo que o autor chamou de *transanimalidade*, isto é, são características humanas que representam o rompimento com a animalidade. Em nossa discussão, interessa-nos analisar as características da ferramenta, pois ela trata da habilidade humana de criar utensílios que estarão à sua disposição.

Podemos nos perguntar: O que é uma ferramenta? De acordo com Jonas, é "um objeto inerte, artificialmente preparado" (Jonas, 1998, p. 43). Sendo assim, a ferramenta faz a mediação entre o sujeito que executa uma ação e o objeto que sofre a ação. A criação de uma ferramenta permite ao ser humano, enquanto objeto de mediação, utilizá-la em outra oportunidade. Perceba que não podemos considerar que uma pedra ou um galho de árvore sejam ferramentas, apesar de poder utilizá-los como forma de mediação para conseguir algo no mundo, porque eles serão descartados posteriormente, e a ferramenta pressupõe estar à disposição. Dessa forma, a tecnologia deve servir o indivíduo, na forma de objeto ou instrumento, de modo a atender ao bem humano.

> Se no passado a vocação humana para a técnica estava ligada à sobrevivência e à necessidade, na contemporaneidade temos a mesma vocação, mas agora ligada ao progresso contínuo, rumo à perfeição da espécie e à conquista de feitos grandiosos que não estão ligados à sobrevivência, e sim ao desejo de poder do ser humano.

Nesse sentido, podemos entender a ferramenta como algo que é elaborado para atender a determinado fim, construído por meio de um gesto livre do indivíduo e que será reutilizado. Portanto, "a ferramenta, em outras palavras, é uma mediação do homem com a sua mundaneidade: como ser de carências, o homem satisfaz suas faltas de forma artificialmente mediada através das ferramentas que inventa no negócio com a vida exterior" (Oliveira, 2016, p. 340).

A ferramenta, por ser uma criação humana artificialmente produzida, não "emerge de qualquer função orgânica e nem está sujeito a qualquer programação biológica" (Jonas, 1998, p. 43). E, por ser artificial, nela se manifesta a liberdade* humana, além de visar sempre o benefício do indivíduo. Estamos tratando da ferramenta porque sua produção requer técnica. Qualquer objeto criado artificialmente precisa ser planejamento, imaginado e durante sua criação requer habilidades e materiais dispostos ao uso. Essas habilidades (atividades) constituem aquilo que chamamos de *techné* (técnica).

Por ser capaz de produzir uma ferramenta, o homem transcende a condição de **animalidade** e torna-se aquilo que podemos chamar de *humanidade*. É o modo que o ser humano encontra para se tornar aquilo que é. A técnica lhe permite controlar a natureza e, consequentemente, a própria vida. "A técnica é uma etapa importante da abertura da vida em direção ao mundo na forma de um domínio sobre o mundo, manifestação de um **poder** que conduz à expansão das condições da vida" (Oliveira, 2014, p. 92, grifo do original). Sem a técnica, portanto, não há a possibilidade da vida humana. Nesse sentido, além de ser vital, a técnica é condição fundamental para a existência da vida humana, uma

---

* De acordo com Jonas, a vida de qualquer ser vivo possui graus de liberdade. O primeiro é o metabolismo, no qual ocorre a "independência do orgânico para com a matéria e termina nos níveis mais elevados da evolução orgânica, ou seja, passa pela imediaticidade das plantas, pelas capacidades de sensação, movimento e emoção dos animais, e chega aos seres humanos, último estágio da escala evolutiva de Jonas" (Costa; Camargo, 2017, p. 131-132). Para aprofundar o tema, consulte Costa e Camargo (2017).

vez que esta é marcada pela fragilidade e vive em constante ameaça da morte. A técnica, então, é responsável pela manutenção da vida.

Na chamada *técnica pré-moderna*, a técnica denominava "o uso de ferramentas e dispositivos artificiais para o negócio da vida, juntamente com sua invenção originária, fabricação repetitiva, contínua melhora e ocasionalmente também adição ao arsenal existente" (Jonas, 2013, p. 27). Nesse período, as invenções técnicas tendiam sempre a um equilíbrio, de modo que uma mudança ou alteração de uma ferramenta técnica acontecia apenas por necessidade. O ritmo das novas invenções e revoluções era lento e elas ocorriam mais por acaso do que por desejo humano.

Por isso, a técnica pré-moderna é entendida como uma posse e um estado, ou seja, tudo o que estava no âmbito da técnica (habilidade, atividade, a construção de ferramentas) permanecia por longos períodos da história. As invenções seriam uma espécie de solução para os problemas de sua vida e, por isso, eram repetitivas e constantes e eram realizadas espontaneamente. Na técnica moderna, a principal mudança é na relação do homem com ele mesmo, isto é, vinculado à ideia de progresso e impulsionado pelo desejo de conquistar e dominar, o homem torna seu semelhante objeto da tecnologia, de tal maneira que a técnica, enquanto criação e vocação humana, passa a exercer poder sobre seu criador.

5.3
O homem como objeto da tecnologia

Os avanços tecnológicos possibilitaram o domínio do homem sobre a natureza e seus fenômenos e, ainda, sobre o próprio homem, de modo que essa dominação determinou o destino da humanidade. Esse processo é consequência de duas características que analisamos anteriormente: a ambivalência e a magnitude. Os avanços tecnológicos obtidos com o crescimento exponencial da técnica moderna modificaram a ideia ou imagem do ser humano. De acordo com Jonas, "o homem atual é cada vez mais o produtor daquilo que ele produziu e o feitor daquilo que ele pode fazer; mais ainda, é o preparador daquilo que ele, em seguida, estará em condição de fazer" (Jonas, 2006, p. 44).

No prefácio da obra *O princípio responsabilidade: ensaio de uma ética para a civilização tecnológica* (1979), Jonas alerta que a tecnologia transformou-se em ameaça a partir do momento que se estabeleceu na forma de poder. Isso ameaça a constituição física do mundo e, também, da natureza humana. Se a tecnologia, a princípio, foi concebida como algo que possibilitaria a felicidade humana, agora ela tornou-se um perigo eminente.

Até meados do século XX, a tecnologia utilizava apenas objetos externos, isto é, do domínio não humano, da própria natureza, para realizar suas experiências. A partir desse período, o ser humano (sujeito que realizava experimentos) passa a figurar entre esses objetos tecnológicos. Desse modo, o homem da técnica (*Homo faber*) passou a usar sua arte e sua capacidade de criação "sobre si mesmo e se habita a refabricar inventivamente o inventor e confeccionador de todo o resto" (Jonas, 2006, p. 57). Além de o ser humano tornar-se objeto da técnica moderna (tecnologia), tem a pretensão de criar as coisas e reconfigurar a própria identidade. Portanto, o homem abandona sua condição de criado e almeja tornar-se criador do mundo. Essa é uma das consequências mais nefastas da tecnologia, ou seja, não existe mais o limite entre o ser que cria e o criado, pois o ser humano tornou-se as duas coisas.

O que permitiu que chegássemos a esse estágio tecnológico, se a técnica, antigamente, isto é, a técnica pré-moderna, estava ligada à sobrevivência e constituía-se uma vocação? O que fez a técnica, enquanto habilidade que permite à vida se libertar e se defender diante das ameaças do mundo, tornar-se uma ameaça contra a vida? A falta de finalidade em relação à vida e à natureza e a ausência de valores levaram o ser humano a encontrar na tecnologia sua fonte de valor. Como na modernidade apenas o sujeito é fonte de conhecimento e possui capacidades intelectivas infinitas e a natureza é desprovida de qualquer valor, o homem percebeu que podia utilizar e explorar a natureza da forma que quisesse, por isso "o aspecto manipulativo da nova ciência, aliada à des-valorização do mundo em si mesmo e à intenção de compreender analiticamente e compor criativamente a realidade, passam a representar a tarefa técnica do homem" (Oliveira, 2013, p. 20).

A ideia de progresso foi o que possibilitou o avanço técnico. A partir do momento que a tecnologia transformou-se em um dinamismo incessante e voltado para o futuro, o homem começou a se perguntar sobre o sentido e qual direção de fato seguir. Por isso a necessidade da ética no campo tecnológico: para estabelecer os fins e dar sentido nessa busca utópica pelo progresso. Ao rejeitar a finalidade, a tecnologia perdeu sua função de promover a vida e a liberdade e optou pelo caminho do risco e do perigo.

> Jonas alerta que a tecnologia transformou-se em ameaça a partir do momento que se estabeleceu na forma de poder. Isso ameaça a constituição física do mundo e, também, da natureza humana. Se a tecnologia, a princípio, foi concebida como algo que possibilitaria a felicidade humana, agora ela tornou-se um perigo eminente.

Assim, podemos dizer que o ser humano está trocando a possibilidade de uma vida autêntica no futuro por uma vida no presente que lhe proporciona prazeres e glórias tecnológicas, as quais, no fundo, não passam de utopias e ameaçam a integridade da vida humana para as gerações futuras. Se a técnica servia como uma orientação do homem em relação ao seu futuro, ela se perde a partir do momento que tem como metas o desejo e o prazer da vida no presente.

O perigo não reside na técnica em si, pois, mesmo na modernidade, ela continua sendo uma vocação humana. O problema está na subjugação do homem em relação à tecnologia, em virtude da ausência de valores e da possibilidade utópica de progresso ilimitado obtidos com os avanços técnico-científicos. O poder e o controle do homem sobre as coisas e a natureza dão a sensação de aumento de liberdade, no entanto, o homem, pretendendo ser senhor de si mesmo, a ponto de querer reconfigurar sua imagem, esbarra justamente na falta de imagem, de que tratamos no capítulo anterior.

Precisamos esclarecer essa ideia de progresso tecnológico que possibilitou essa objetificação do homem em relação à técnica. A técnica moderna, amparada no discurso da modernidade como forma de libertar o homem, impele o ser humano a alcançar objetivos que antes pertenciam apenas ao domínio das utopias, ou seja, aquilo que até a modernidade era apenas um sonho, graças ao desenvolvimento da tecnologia tornou-se possível de ser executado. O problema é que a realização dessas práticas que se tornaram possíveis pelo poder tecnológico não podem ser vislumbradas no futuro. Em outras palavras, o ser humano, agora tecnológico, tem a possibilidade de alcançar feitos grandiosos, mas não sabe para onde esse progresso utópico o levará.

> *Quando, pois, a natureza nova do nosso agir exige uma* nova ética de responsabilidade *de longo alcance,* **proporcional à amplitude do nosso poder***, ela então também exige, em nome daquela responsabilidade, uma nova espécie de humildade – uma humildade não como a do passado, em decorrência da pequenez, mas em decorrência da excessiva grandeza de nosso poder, pois há um excesso do nosso poder de fazer sobre o nosso poder de prever e sobre o nosso poder de conceder valor e julgar.* (Jonas, 2006, p. 63, grifo nosso)

Jonas (2006) chama a atenção para o fato de que a ausência de conhecimento sobre para onde a tecnologia pode nos levar é o motivo para agirmos com responsabilidade. A utopia tecnológica contemporânea ameaça não só o planeta, mas a vida daqueles que ainda não são capazes de reivindicar sua existência. Vivemos uma situação apocalíptica, no sentido de que estamos testemunhando vários avanços tecnológicos que ameaçam a vida no presente e no futuro, porém não estamos dando a devida atenção ao problema.

Para Jonas (2006), existem três projetos tecnológicos que ameaçam a integridade e a autenticidade da vida humana e, portanto, tornaram-se indispensáveis para a ética da responsabilidade, a saber: o prolongamento da vida, o controle de comportamento e a manipulação genética.

Sobre a influência da tecnologia no **prolongamento da vida**, Jonas procura esclarecer que "o envelhecimento se tornou um fato biológico que pode ser evitado, ou no mínimo podemos retardar tal processo. Adiar o envelhecimento é tentar banir a morte" (Camargo, 2018, p. 422-423). A utopia de não ter que morrer ou não poder morrer, atualmente, graças aos avanços tecnológicos, é algo que poderá ser alcançado. Muitos acreditam que, na segunda década do século XXI, as pessoas chegarão a viver mais de 150 anos. A morte, que até então era considerada uma característica própria da natureza humana, "não parece mais ser uma necessidade pertinente à natureza do vivente, mas uma falha orgânica evitável: suscetível, pelo menos, de ser em princípio tratável e adiável por longo tempo" (Jonas, 2006, p. 58). Se vamos abolir a morte ou não, e se vamos adiá-la por longos séculos, ainda é apenas uma possibilidade. Porém, se de fato isso acontecer, como conviveríamos com um mundo sem a novidade? Sem o nascer e o despertar da criança? Sem o vigor da juventude? Pensando em questões práticas, todos seriam "imortais"? Infelizmente, não temos como responder a essas questões, mas podemos afirmar que a ética, durante toda sua história, nunca precisou lidar com essas questões.

Sobre o **controle de comportamento**, todas as éticas tradicionais também não se prepararam para tratar da problemática que o tema envolve. Pensando em uma questão prática, sabemos que aliviar os sintomas de pacientes que sofrem com dores por meio do uso de medicamentos é uma atitude louvável. Mas libertar a sociedade de sujeitos que tenham comportamentos indesejáveis também é um ato louvável? O controle de comportamento objetifica o ser humano a partir do momento que as pessoas passam a fazer uso de medicamentos para se tornarem mais felizes, sem dores ou sofrimentos. Ao controlar psiquicamente as pessoas, estamos retirando delas "sua capacidade de decidir, sua responsabilidade ao tomar decisões antes de agir, [...] passaríamos de seres responsáveis a seres programados. Em outras palavras, não seríamos capazes de agir sem intervenção de algo ou alguém" (Camargo, 2018, p. 423-424). Tanto na política como na escola, o controle psíquico pode trazer consequências irreversíveis. Se os governantes passarem a controlar as pessoas por meio do uso de medicamentos, como elas usariam sua capacidade crítica? Sem o uso da reflexão crítica, os políticos poderiam governar como quisessem. Nas escolas, o controle de alunos com comportamentos indesejados também não poderia eliminar certas personalidades?

Por fim, temos a **manipulação genética**, que está diretamente ligada ao próximo tópico, no qual analisaremos a importância da biotecnologia para a vida humana e suas consequências. Controlar geneticamente os seres humanos por meio de procedimentos biotecnológicos representa uma ameaça para as gerações futuras. Mas as perguntas a se fazer são: "somos seres qualificados e estamos preparados para alterar um processo evolutivo que ocorre a milhares de anos? E ainda, precisamos realmente alterar a vida no planeta, manipular geneticamente seres vivos em vista de um progresso?" (Camargo, 2018, p. 424). Fato é que o "homem quer tomar em suas mãos a sua própria evolução, a fim de não meramente conservar a espécie em sua integridade, mas de melhorá-la e modificá-la segundo seu próprio projeto" (Jonas, 2006, p. 61).

Após todas essas considerações sobre a tecnologia enquanto vocação humana, podemos concluir, de acordo com Fonseca (2013, p. 13), que "a tecnologia sem o homem é inócua e o homem sem a tecnologia (contemporânea) é (num certo sentido) inofensivo. Mas a tecnologia contemporânea nas mãos de homens 'destemidos' ou temerários [...] pode significar uma ameaça terrível para o futuro de nossa espécie e das demais".

5.4
A biotecnologia e a promessa de melhoramento humano

Pensando sob os moldes da técnica moderna e em seus avanços ao longo da história, podemos dizer que a biotecnologia representa o último estágio de desenvolvimento tecnológico na atualidade. Poderíamos resumir esta seção na ideia de que Deus está morto e nós tomamos seu lugar, isto é, a partir do momento que tentamos criar, melhorar e aperfeiçoar a espécie humana, a ponto de lhe dar uma nova vida e criar outras espécies, nos tornamos os senhores da criação. De certo modo, já analisamos as características da biotecnologia e os problemas que ela causa no campo da bioética e vimos que a biologia molecular ameaça não só a vida do planeta, mas de todos os seres vivos, inclusive o ser humano.

O livro de Hans Jonas intitulado *O século XVII e depois: o significado da revolução científica e tecnológica* (1971) aborda os desenvolvimentos revolucionários da tecnologia desde o século XVII até os dias de hoje. Partindo da mecânica, foram realizados grandes avanços na química, na eletricidade, nas técnicas de transmissão elétrica de energia, notícias e informações e, nos dias atuais, na biotecnologia. Esta transformou-se em um perigo eminente, pois, ao contrário das outras tecnologias, que utilizam elementos de natureza inanimada, na biotecnologia o próprio ser humano é objeto de manipulação biológica. A reformulação genética dos seres vivos, além de uma possibilidade teórica, transformou-se em questão a ser discutida pela ética, sem a qual a biotecnologia nos leva a uma "neutralização metafísica do homem" (Jonas, 2013, p. 49). Ou seja, com o surgimento da biotecnologia, a pretensão de criar um novo ser humano tornou-se uma questão urgente para a filosofia, no entanto, nem a filosofia nem a ética estão preparadas para assumir esse debate.

A promessa utópica de melhoramento humano é tão antiga quanto a própria filosofia ocidental, porém nunca estivemos tão perto de transformar esse projeto utópico em realidade, graças ao surgimento e ao desenvolvimento da biotecnologia. No entanto, os resultados de suas modificações genéticas, por ainda estarem em fase inicial, não podem ser previstos.

> Com o surgimento da biotecnologia, a pretensão de criar um novo ser humano tornou-se uma questão urgente para a filosofia, no entanto, nem a filosofia nem a ética estão preparadas para assumir esse debate.

A evolução da espécie humana passou a ser artificialmente direcionada e acelerada, ou seja, se até o século XIX a natureza era responsável pelas mudanças e adaptações das espécies, na era biotecnológica o ser humano pôde modificar a espécie de acordo com seus desejos. Um bom exemplo disso são as modificações em embriões ainda nas primeiras semanas de gestação. Conforme Jonas (2013, p. 2016), "esse rearranjo do DNA no ponto-chave da vida pode agora ser forjado com a ajuda de técnica microscopia, na qual uma 'palavra' novamente introduzida pode ser uma tomada do texto hereditário de um organismo completamente diferente".

Tanto a biotecnologia como a manipulação genética que visam o melhoramento humano procuram afastar a morte da constituição humana. Não é à toa que, quando falamos de morte na contemporaneidade, o tema causa pavor e espanto nas pessoas. Nesse sentido, queremos tratar de algumas questões que colocam a morte como um fardo da existência, mas, ao mesmo tempo, como uma benção.

Desde o início da civilização, os seres humanos procuram evitar a morte e buscam encontrar meios de superar sua finitude existencial. Durante muito tempo, a esperança esteve depositada na crença da vida eterna. Como é o único ser vivo que tem consciência de sua finitude, o homem, ao se deparar com a morte, enterra seus mortos e presta culto a eles. De acordo com Hans Jonas, no texto *The burden and blessing of mortality* (O fardo e a benção da mortalidade), de 1991, a morte foi tomada como algo próprio da condição humana, de modo que, quando nos referimos ao homem, dizemos que ele é um ser mortal. Por isso, a importância do *memento morri*, ou seja, uma expressão cristã para lembrar que somos seres mortais, que viemos do pó e ao pó retornaremos. A filosofia e as ciências não deram muita credibilidade à morte como um evento natural, razão pela qual não fomos ensinados a conviver com a morte e a aceitá-la como um processo natural da vida. Existem duas possibilidades de interpretação da morte e sobre as quais discutiremos. Por um lado, por sabermos que vamos morrer e estarmos cotidianamente expostos à morte, podemos associá-la a um **fardo** que carregamos durante toda a vida. Por outro lado, a morte é uma necessidade da vida e inevitavelmente morreremos. Esta última ideia está associada à mortalidade como **benção**. A princípio, isso pode soar estranho, mas apresentaremos os argumentos necessários para mostrar por que a biotecnologia ameaça essas duas formas de ver a morte, principalmente aquela relacionada à ideia de benção.

Sobre a morte como fardo existencial, a relação entre a vida e a possibilidade real da morte "reside na constituição orgânica como tal, em seu próprio modo de ser" (Jonas, 2009, p. 266). Portanto, é como se fosse uma obrigação termos de morrer. Só morremos porque somos seres vivos, seres em atividade, seres que fazem coisas e, por isso, somos ameaçados pela morte. Ao contrário, por exemplo, de uma pedra, que existirá independentemente de sua vontade e sempre será matéria, um elemento não vivo. Justamente pelo fato de não realizar qualquer tipo de atividade e não ser capaz de interagir com o meio ambiente, a pedra não tem liberdade, pois só tem liberdade quem precisa de algo. A liberdade é sempre uma carência, ou seja, o ser vivo precisa continuar vivo para suprir suas carências.

Como o ser vivo deve se aventurar para suprir suas carências e superá-las, "a vida, em outras palavras, carrega a morte em si mesma" (Jonas, 2009, p. 269). No entanto, não é porque a morte é uma condição e inevitavelmente triunfará sobre a vida que esta é passiva. Pelo contrário, a vida luta diariamente contra a morte. Quando saímos de nossas camas e nos alimentamos, por exemplo, estamos negando e afastando a morte de nós. Assim, de acordo com Jonas (2009, p. 270):

> *comprometida consigo mesma, estando à mercê de sua própria realização, a vida depende necessariamente de condições sobre as quais ela não tem controle e que podem alterar-se a todo momento. Assim, dependente do favor e desfavor da realidade exterior, a vida está exposta ao mundo do qual ela se liberou e através do qual ela própria, entretanto, deve manter-se. Emancipada da identidade com a matéria, a vida, entretanto, carece desta; livre, mas ainda sob o aguilhão da necessidade; separada, mas em contato indispensável; procurando contato, mas correndo o risco de ser destruída por este [contato] e não menos ameaçada por seu querer – exposta ao risco, portanto, por ambos os lados, pela importunidade e indiferença do mundo, e tentando se equilibrar na crista estreita entre esses dois lados. Neste processo, que deve ser ininterrupto, mas sujeito à*

interferência; na tensão de sua temporalidade que sempre se depara com o iminente não mais: assim a forma viva realiza sua existência separatista em uma matéria paradoxal, instável, precária, finita, e em íntima companhia com a morte. O temor da morte que pesa sobre o risco dessa existência é apenas uma amostra da audaciosa aventura original em que a substância [primordial] embarcou ao tornar-se orgânica.

Mas se a vida será vencida pela morte, por que viver? Por que não ficamos presos à inorganicidade da matéria, sabendo que existiremos para sempre? Por que se aventurar na existência? Por que viver este fardo que é a vida? Por que a vida surgiu? A busca por respostas a esses questionamentos existe desde que a vida começou. Jonas propõe a seguinte saída: a vida quis ser vida, ela quis existir. Nesse sentido, podemos dizer que vivemos para sentir as coisas e sentir o prazer da existência. Em outras palavras, o sentimento é o que move a vida e lhe dá significado.

Analisamos a ideia da existência como um fardo, a qual deve-se à consciência de que vamos morrer, ou seja, vivemos para morrer. Agora, mostraremos que, apesar desse fardo, a mortalidade também é uma benção, pois com a morte surge a possibilidade do novo, da renovação, do espanto das coisas e da curiosidade. O surgimento da biotecnologia, no entanto, ameaça justamente essa novidade. Sem a morte, o fardo da existência não será porque morremos, e sim porque viveremos eternamente. Assim, nos tornaremos seres mais angustiados, pois a morte "nos protege de mergulhar no tédio e na rotina, sendo a sua chance de preservar a espontaneidade da vida", e "talvez todos nós necessitemos de um limite inelutável de nossa expectativa de vida para nos incitar a contar os nossos dias e fazer com que eles contem para nós" (Jonas, 2006, p. 59).

A morte é consequência de uma debilidade orgânica própria do processo vital que é o envelhecimento. A maioria das espécies envelhece e morre e são raros, na natureza, os seres que não envelhecem, de modo que a regra geralmente é a vida envelhecer e, consequentemente, morrer. Apesar de a morte significar o fim da vida, sem ela a natureza não poderia renovar as espécies e adaptá-las de acordo com o meio ambiente. Segundo Jonas (2009, p. 275), "o que mais é a seleção natural, com seu prêmio de sobrevivência, este instrumento principal da evolução, do que o uso da morte para a promoção da novidade, para o favorecimento da diversidade?".

Com o surgimento da biotecnologia, o homem quer acabar com o ciclo natural da vida, no qual os mais velhos dão lugar aos mais novos, eliminando a possibilidade de renovação da vida. Se, no passado, o ser humano rejeitava seu estado de natureza para viver em sociedade e, assim evitar, a morte prematura, hoje, principalmente nos países mais desenvolvidos, as pessoas facilmente alcançam uma expectativa de vida relativamente alta em virtude dos avanços na medicina e na ciência, os quais permitiram a cura de doenças e o tratamento e o controle de doenças até então incuráveis. É louvável que a medicina lute contra a morte prematura, mas hoje a biotecnologia quer acabar com a própria morte. A questão é: Banir a morte da existência humana é algo realmente bom e necessário?

Se na evolução biológica natural as espécies são adaptadas de acordo com a necessidade, na evolução biológica não natural, aquela na qual o homem faz as alterações que deseja no ser humano, o processo adaptativo é acelerado, invertendo a lógica da natureza, que era um processo lento e gradativo. Por isso, a natalidade, assim como a mortalidade, é condição essencial da existência humana. Subtraí-la do mundo seria o fim da humanidade.

Pensando em questões práticas, a promessa utópica da biotecnologia de melhoramento do ser humano, fazendo-o viver ilimitadamente, traz consigo a ameaça de esgotamento de recursos naturais indispensáveis à manutenção da vida. Apesar de as sociedades, principalmente a partir da modernidade, já terem se preocupado com a fome, a peste e a escassez da água, aumentar demasiadamente a população global de idosos, além de diminuir drasticamente a população juvenil, levará a uma escassez de recursos irreversível. Precisaremos descobrir novas formas de obter recursos para viver.

Nesta seção, vimos que a biotecnologia e sua promessa de melhoramento humano tornaram-se perigosas a partir do momento que tentaram subtrair a morte da existência humana. Apesar dos avanços e das conquistas na área da biotecnologia, que permitiram o descobrimento de doenças e sua cura, não podemos nos deixar enganar pela promessa de que viver eternamente é algo bom para o indivíduo e para a espécie. Saber como utilizar a biotecnologia em favor do homem é algo louvável, mas usá-la em troca de poder e ambição deve ser um ato condenável pela humanidade. Vivemos com o fardo da mortalidade, pois sabemos que vamos morrer, mas isso não justifica que devemos lutar para vencê-la. Sobre a mortalidade como benção, ela só se torna de fato uma benção para o indivíduo que vive sua vida inteiramente, ou seja, chega à extenuação do corpo por ter vivido até onde seu organismo foi capaz de suportar, não no caso de uma morte prematura. Fato é que a biotecnologia rompeu definitivamente o lacre da caixa de Pandora* e, agora, precisamos de novos modelos éticos, capazes de frear os impulsos tecnológicos.

---

* Sobre o mito da caixa de Pandora, consulte: CELETI, F. R. Caixa de Pandora. **Mundo Educação**. Disponível em: <http://mundoeducacao.bol.uol.com.br/filosofia/caixa-pandora.htm>. Acesso em: 8 out. 2018.

> "Sem tradições e costumes que já definiam previamente o que é certo e errado, com base na autoridade divina, ou nos textos sagrados, ou em autoridades religiosas, a ética crítica, diante de um problema prático, baseia-se nas consequências factuais prováveis das ações disponíveis e de alternativas de ação (o que, como na ciência, a vincula à objetividade dos fatos) e no bom raciocínio prático (o que, como na ciência, a vincula à lógica). **Fatos e lógica são tudo o que pode restringir, em última instância, a justificação de uma ação**" (Bonella, 2015, p. 199, grifo nosso).

5.5
A ética como um freio aos avanços da tecnologia

O caminho que percorremos até aqui nos permitiu compreender que a tecnologia, apesar de ser uma criação humana e trazer muitos benefícios, tornou-se uma ameaça à vida no planeta a partir da modernidade. O poder da técnica é soberano, tem uma magnitude e uma ambivalência que nenhuma ética anterior foi capaz de enfrentar e transformou o homem em seu objeto. Portanto, consideramos que os novos modelos éticos devem servir como uma espécie de freio aos avanços tecnológicos, isto é, a ética não deve acabar com a tecnologia – nem poderíamos, uma vez que ela é parte de nossa identidade –, mas ela deve direcionar e propor novos caminhos à técnica quando os efeitos da ação do sujeito se tornarem obscuros.

Sabemos que a forma de pensar e, consequentemente, de agir de determinada sociedade está relacionada às crenças e aos valores culturais daquela comunidade. Sendo assim, certos questionamentos que tentem a desestabilizar as crenças que formaram aquele povo são proibidos. Contudo, o *modus operandi* da modernidade foi justamente criticar as crenças que serviam de base para essas sociedades. O Iluminismo, no século XVIII, ao analisar os costumes e as crenças de uma sociedade, procurava legitimá-los se estes fossem úteis à humanidade. Nesse sentido, a tecnologia e a ciência passaram a influenciar, a partir do século XIX, o estilo e o modo de vida das pessoas, de modo que "a tecnologia torna-se onipresente na vida cotidiana e os modos técnicos de pensamento passam a predominar acima de todos os outros" (Feenberg, 2010a, p. 51).

Uma vez que a tecnologia passou a sujeitar os seres humanos e toda a natureza, não podemos afirmar que na contemporaneidade exista uma neutralidade da tecnologia, pois esta sugere uma indiferença em relação às causas finais, e a tecnologia, aliada à ciência e ao capitalismo, está longe de ser indiferente aos objetivos humanos. Por isso, precisamos, segundo Feenberg (2010b), democratizar a tecnologia para que surjam novos valores e a ética possa ser concretizada nos discursos tecnológicos. Segundo o autor, "o mais fundamental para a democratização da tecnologia é encontrar maneiras novas de privilegiar esses valores excluídos e de realizá-los em arranjos técnicos novos" (Feenberg, 2010b, p. 106).

Sobre a urgência de democratizar a técnica como saída ética para frear os impulsos tecnológicos que ameaçam a sobrevivência no planeta, Feenberg (2010b, p. 107) afirma:

> *Uma aliança técnica amplamente democrática constituída examinaria os efeitos destrutivos para o usuário da tecnologia e os efeitos nocivos ao ambiente natural, assim como aos seres humanos. Os movimentos democráticos na esfera técnica apontam na direção de constituir tais alianças. Isso, contudo, implica restaurar a atuação daqueles que eram tratados como objetos da gerência no código técnico dominante.*

Para instituir uma ética capaz de frear os impulsos tecnológicos, precisamos, antes, retomar as rédeas da tecnologia, ou seja, o ser humano deve recuperar o controle da tecnologia. A tecnologia passou a gerenciar os corpos em um sistema no qual alguns são agentes e controlam enquanto outros são os controlados. Heidegger criticou o lado negativo da tecnologia em relação a esses sujeitos que são dominados pela tecnologia. No entanto, para Feenberg (2010b), seguindo uma posição foucaultiana, é no interior desses grupos reprimidos pela tecnologia que há a possibilidade de surgir as resistências. É por meio deles que os produtos e os processos tecnológicos poderão ser criticados e futuramente repensados.

> Quando a questão ambiental tornou-se um problema de todos, passou-se a discutir globalmente os temas sobre o meio ambiente e surgiram iniciativas para tentar conter os avanços tecnológicos, principalmente aqueles que causam poluição e degradação.

Durante muito tempo as questões ambientais não eram colocadas em pautas políticas, tampouco era uma preocupação para os "controladores" da sociedade, uma vez que eles podiam desfrutar tranquilamente de locais com boa vegetação e boa qualidade do ar, por exemplo. As mudanças climáticas ocorridas pela devastação tecnológica afetavam apenas as pessoas mais pobres dos países subdesenvolvidos. As soluções para diminuir a degradação ambiental tinham um alto custo econômico e não era viável diminuir os avanços tecnológicos para resolver esse problema. No entanto, com a emergência de grupos sociais democráticos, em sua maioria vítimas dessas degradações ambientais, começaram a surgir protestos em prol do meio ambiente, de modo que a classe dominante não pôde fechar os olhos para esse problema. Também contribuiu o fato de esses grupos perceberam que o ritmo de destruição ambiental iria afetá-los cedo ou tarde. Quando a questão ambiental tornou-se um problema de todos, passou-se a discutir globalmente os temas sobre o meio ambiente e surgiram iniciativas para tentar conter os avanços tecnológicos, principalmente aqueles que causam poluição e degradação. Os novos modelos de carros que emitem menos poluentes são um exemplo de um problema antes pertencente a um grupo e que passou a ser holístico. Por isso, de acordo com Feenberg (2010b, p. 116):

> acreditamos que a teoria crítica da tecnologia ofereça uma plataforma para conciliar muitos conflitos aparentemente opostos à reflexão sobre a tecnologia. Somente uma abordagem composta pela crítica e empiricamente orientada torna possível estabelecer sentido no que está acontecendo no panorama mundial hoje.

A ética enquanto norma deve existir para regular e ordenar as ações humanas, de modo que sua existência é quase um imperativo categórico, isto é, ela deve existir como algo necessário. Ao contrário, por exemplo, das religiões, que, ao longo do tempo, perderam sua eficácia como instituição que regulava as ações humanas. Dessa forma, quanto mais o poder da tecnologia aumentar, mais a influência da ética deve pesar sobre as ações humanas.

Não se trata simplesmente de utilizar as antigas prescrições éticas para combater os avanços tecnológicos. É o novo modelo ético que deve se adaptar à magnitude e ao tipo de ação que ele deve regular. Como vimos, um dos principais fatores que ameaçam o futuro e que tornam ilegítimos os valores morais das éticas tradicionais é o progresso, impulsionado pelos avanços técnicos. Ao mesmo tempo em que estes pretendem acabar com a fome no mundo e conduzir os países subdesenvolvidos ao crescimento econômico, ameaçam a integridade do planeta, tornando-o irremediável à longo prazo: "É mais a eficácia demasiado grande do que demasiado pequena dos recursos aquilo a que temos de temer; nosso poder mais que nossa impotência" (Jonas, 2013, p. 71). O progresso técnico, ao mesmo tempo que projeta bons tempos, pode, além de comprometer o equilíbrio terrestre, ameaçar a integridade humana. Essas previsões apocalípticas é que devem pautar quais são os valores para o amanhã, não no âmbito individual, mas no coletivo. Ressaltamos a influência que o público deve ter sobre a individualidade e sua importância para a conscientização dos novos valores. Conforme Oliveira (2012, p. 12):

> *A crise, portanto, da ética na contemporaneidade, segundo Jonas, não estaria ligada à dissolução dos valores enquanto tais, mas à sua não aderência às exigências de um novo tempo, principalmente quanto aos desafios da magnitude e da ambivalência da técnica. [...] Tanto a promessa utópica da técnica como o seu potencial apocalíptico têm como consequência danosa o esvaziamento dos valores tradicionais, porque o novo cenário, justamente pela novidade de suas características e pela dimensão ampliada de seus riscos, não foi enfrentado por nenhum sistema ético do passado.*

Nesse sentido, a ética deve se tornar um "poder sobre o poder" (Jonas, 2013, p. 75), criando em nós um sentimento capaz de mobilizar a sociedade para a ação. As inovações técnico-científicas, portanto, devem passar por um processo humanizador capaz de colocar a integridade da vida como primeiro dever, pois "o único meio de salvar a humanidade do suicídio e da autodestruição é a reconstrução de um **humanismo integral**, para o qual concorrem positivamente todos os fatores humanos, psicológicos, morais, religiosos, sociais, mas juntamente com eles também os científicos e técnicos" (Selvaggi, 1988, p. 9, grifo nosso).

Nesse contexto, a renúncia é algo fundamental para a efetivação da nova ética; porém, em uma sociedade consumista e egoísta, como impor freios a esse estilo de vida tecnológico? Podemos dizer que existem dois caminhos: o consenso voluntário ou a coação legal. Sobre o consenso, indubitavelmente é preferível em relação à coação, mas, para que se torne uma norma social, deve vincular-se à renúncia por meio do costume, na qual o sujeito deve impor limites a si mesmo por meio de um exame de seus atos. No entanto, como sabemos das dificuldades de uma opção como esta, as sanções e as leis públicas tornam-se fundamentais. Esse caminho deverá impor, por meio de leis, como proceder diante do consumismo.

Um dos conceitos que podem ajudar na efetivação da nova ética é o de **moderação**, pois ela tende a promover a "domesticação dos nossos impulsos realizadores" (Jonas, 2013, p. 79). Esses impulsos são as aspirações tecnológicas que o ser humano tomou como sendo de sua natureza, ou seja, querer superar suas limitações, caminhar rumo a realizações grandiosas, alcançar a perfeição humana, prolongar a existência, aumentar a produção das indústrias, retirar todos os minerais possíveis da terra, controlar os comportamentos indesejados da sociedade, entre muitos outros. A pergunta que fazemos é: Até quando isso é desejável em relação ao futuro de nossos descendentes? Segundo Jonas (2013, p. 80, grifo do original), "por limites e saber mantê-los, inclusive naquilo que com razão estamos mais **orgulhosos** pode ser um valor completamente novo no mundo de amanhã". O uso do poder para as gerações futuras pode ser perigoso e imprevisível. Ainda conforme Jonas (2013, p. 80), "cabe dizer: sim, aqui poderíamos continuar avançando, alcançar ainda mais, mas renunciamos a isso". Para Oliveira (2012, p. 16), essa atitude de renúncia é "um freio voluntário às capacidades produtivas do homem, um freio intrínseco, portanto, à própria atividade científica e às suas promessas de progresso e de infindáveis benesses que [...] trazem consigo também grandes riscos".

A saída, portanto, seria criar um novo meio técnico capaz de curar as feridas abertas pela própria técnica. Não podemos acreditar que a técnica, aquela atividade criadora própria da vocação do ser humano, poderá curar milagrosamente seus insucessos e suas falhas no futuro e que a racionalidade humana freará a tempo o crescente aumento do poder técnico. Por isso, a renúncia e a moderação, assim como a prudência e a responsabilidade (que analisaremos no capítulo seguinte), são imprescindíveis para a legitimação de uma nova ética para a civilização tecnológica.

Síntese

Neste capítulo, analisamos as influências e as transformações que a tecnologia provocou no cenário contemporâneo.

Na Seção 5.1, analisamos, sob a perspectiva de Heidegger e Hans Jonas, por que a técnica moderna transformou-se em sinônimo de dominação e exploração da natureza. Apresentamos cinco características da técnica moderna que evidenciam que as éticas tradicionais não são suficientes para tratar de um tema dessa grandeza, propondo, assim, a necessidade de tornar a tecnologia um assunto da ética. Essas características são: ambivalência dos efeitos, inevitabilidade de aplicação, magnitude temporal e espacial, rompimento com o antropocentrismo e emergência da questão metafísica.

Na Seção 5.2, vimos que, apesar da urgência de tornar a tecnologia um assunto da filosofia e, consequentemente, da ética, a habilidade técnica que o ser humano tem e sua capacidade imaginativa de produzir ferramentas, além de poder usá-las para determinado fim, é uma vocação essencial do próprio ser humano. Por isso, devemos entendê-la como um modo de diferenciação do homem em relação aos animais. Assim, analisamos como o homem era capaz de interferir tecnicamente na natureza no período em que existia a chamada *técnica pré-moderna* e como isso mudou na modernidade.

Na Seção 5.3, analisamos como os avanços tecnológicos contribuíram para o domínio do homem sobre a natureza e seus fenômenos e, ainda, sobre o próprio homem, de tal modo que essa dominação passou a determinar o destino da humanidade. Vimos, ainda, que o progresso utópico da tecnologia pretende, por meio do prolongamento da vida, do controle de comportamento e da manipulação genética, reconfigurar a imagem do ser humano.

Na Seção 5.4, analisamos o projeto tecnológico que tem como objetivo reconfigurar a constituição humana, isto é, graças à biotecnologia e às técnicas de melhoramento humano, hoje a tecnologia pode modificar o ser humano. Partimos do pressuposto de que esses procedimentos tecnológicos querem afastar da vida dos seres humanos a ideia de morte e, por isso, analisamos esse conceito como um fardo da existência, por sabermos que vamos morrer e, também, como uma benção, pois morrer significa o despertar da novidade e da juventude e faz parte da condição humana.

Na Seção 5.5, por meio das análises de Feenberg e Jonas, procuramos mostrar que os novos modelos éticos devem servir como uma espécie de freio aos avanços tecnológicos, mas isso não significa que a ética deve acabar com a tecnologia, nem poderíamos, uma vez que ela é parte de nossa identidade. A ética deve direcionar e propor novos caminhos à técnica quando os efeitos da ação do sujeito se tornarem obscuros. Assim, analisamos alguns desafios que a ética deve enfrentar em relação aos avanços tecnológicos.

Indicações culturais

As indicações a seguir propiciam o aprofundamento dos conteúdos trabalhados neste capítulo. Desse modo, elas possibilitam a ampliação do entendimento sobre o tema da tecnologia como um fenômeno social, político e cultural a partir do século XX. Além disso, os filmes e os livros expostos o instigam a buscar outras fontes e a construir reflexões sobre as questões levantadas.

Filmes

2001: UMA ODISSEIA no espaço. Direção: Stanley Kubrick. EUA/Reino Unido: Warner Bros. Pictures, 1968. 160 min.

A TEORIA de tudo. Direção: James Marsh. Reino Unido: Universal, 2014. 123 min.

BRILHO eterno de uma mente sem lembranças. Direção: Michel Gondry. EUA: Universal Pictures, 2004. 108 min.

JOBS. Direção: Joshua Michael Stern. EUA: Playarte Pictures, 2013. 133 min.

MATRIX. Direção: Lana Wachowski e Lilly Wachowski. EUA: Warner Bros. Pictures, 1999. 135 min.

O HOMEM bicentenário. Direção: Chris Columbus. EUA/Alemanha: Sony Pictures, 1999. 132 min.

O JOGO da imitação. Direção: Morten Tydum. EUA: Diamond Films, 2014. 115 min.

Livros

FEENBERG, A. **Transforming Technology**: a Critical Theory Revisited. New York: Orforx University Press, 2002.

FONSECA, L. S. G Hans Jonas responsabiliza a técnica pela atual crise ambiental? **Revista de Filosofia Aurora**, Curitiba, v. 24, n. 35, p. 465-480, jul./dez. 2012. Disponível em: <https://periodicos.pucpr.br/index.php/aurora/article/view/487/415>. Acesso em: 25 nov. 2018.

_____. Tecnologias contemporâneas: ainda há o que temer? **Pensando**: revista de filosofia, v. 4, n. 7, p. 2-15, 2013. 2. Disponível em: <http://www.ojs.ufpi.br/index.php/pensando/article/download/1327/1065>. Acesso em: 25 nov. 2018.

HEIDEGGER, M. A questão da técnica. **Scientlae Studia**, São Paulo, v. 5, n. 3, p. 375-398, 2007. Disponível em: <http://www.scientia estudia.org.br/revista/PDF/05_03_05.pdf>. Acesso em: 24 nov. 2018.

JONAS, H. O fardo e a benção da mortalidade. **Princípios**, Natal, v. 16, n. 25, p. 265-281, jan./jun. 2009. Disponível em: <https://periodicos.ufrn.br/principios/article/view/450>. Acesso em: 4 out. 2018.

_____. **O princípio responsabilidade**: ensaio de uma ética para a civilização tecnológica. Tradução de Luiz Barros Montez e Marijane Lisboa. Rio de Janeiro: Contraponto/Ed. da PUCRio, 2006.

_____. Seventeenth Century and After: the Meaning of the Scientific and Technological Revolution. In: _____. **Philosophical Essays**. New Jersey: Prentice-Hall, Englewood Cliffs, 1974. p. 45-80.

_____. **Técnica, medicina e ética**: sobre a prática do princípio responsabilidade. Tradução do Grupo de Trabalho Hans Jonas da Anpof. São Paulo: Paulus, 2013.

NEDER, R. T. (Org.). **A teoria crítica de Andrew Feenberg**: racionalização democrática, poder e tecnologia. Brasília: Ed. da UnB/Capes, 2010.

OLIVEIRA, J. R. O futuro nas mãos da técnica: o destino do homem e da natureza segundo Hans Jonas. **Pensando**: Revista de Filosofia, v. 4, n. 7, p. 16-25, 2013. Disponível em: <http://www.ojs.ufpi.br/index.php/pensando/article/view/1448/1066>. Acesso em: 25 nov. 2018.

_____. O *Homo faber*, de usuário de ferramentas a objeto tecnológico. **Educação e Filosofia**, v. 30, n. 59, p. 331-351, jan./jun. 2016. Disponível em: <http://www.seer.ufu.br/index.php/EducacaoFilosofia/article/view/26952/19911>. Acesso em: 25 nov. 2018.

OLIVEIRA, J. R. Um Adão biotecnológico: sobre a secularização dos antigos ideais religiosos pelo trans-humanismo. **Revista Pistis & Práxis**: Teologia e Pastoral, v. 9, n. 3, p. 861-886, 2017. Disponível em: <https://periodicos.pucpr.br/index.php/pistis-praxis/article/view/23337/22477>. Acesso em: 25 nov. 2018.

SANTOS, R. dos; OLIVEIRA, J. R. de; ZANCANARO, L. (Org.). **Ética para a civilização tecnológica**: em diálogo com Hans Jonas. São Paulo: São Camilo, 2011.

VATTIMO, G. **O fim da modernidade**: niilismo e hermenêutica na cultura pós-moderna. Tradução de Eduardo Brandão. São Paulo: M. Fontes, 1996.

Atividades de autoavaliação

1. "A técnica é um exercício do **poder** humano, isto é, uma forma de ação [*Handelns*], e toda forma de ação humana está sujeita a uma avaliação moral" (Jonas, 2013, p. 51, grifo do original). No entanto, a tecnologia se tornou um poder autônomo do qual as éticas tradicionais não são capazes de avaliar as ações. Qual dessas características não faz parte das analisadas por Jonas (2013) como própria da técnica moderna?

    a) Ambivalência dos efeitos, isto é, não podemos afirmar se um avanço tecnológico é de fato positivo, uma vez que muitos deles podem afetar diretamente a vida no futuro.

    b) Magnitude temporal e espacial, ou seja, as mudanças provocadas pela tecnologia afetam diretamente todo o mundo, tanto na perspectiva espacial como temporal.

    c) Antropocentrismo, pois as avaliações éticas estão centradas apenas na relação do homem para com ele mesmo no presente.

d) Responsabilidade parental, modelo ético que não leva em consideração a reciprocidade, portanto, ideal para se estabelecer uma ética para as gerações futuras.
   e) Inevitabilidade de aplicação, isto é, quando algo é criado, na maioria das vezes, não há como evitar seu uso.

2. Na Antiguidade, a técnica era facilmente entendida como uma vocação humana. Isso ocorria porque:
   a) a técnica humana era vista como insignificante perante a grandiosidade da natureza, e as modificações que o ser humano produzia no mundo não afetavam o ser da natureza, nem modificavam a ordem natural das coisas.
   b) as técnicas utilizadas pelo ser humano modificavam toda a natureza, de modo que o homem passou a ser o senhor das coisas e do mundo.
   c) o surgimento da técnica nas primeiras civilizações tem a ver com o rompimento do antropocentrismo, isto é, a técnica assume o papel da ética; não precisamos de normas que ditem as regras para se viver em sociedade, o que o homem precisa é de tecnologia.
   d) o homem abandonou sua condição de criado e se tornou criador do mundo. Com o surgimento da tecnologia, não existe mais o limite entre o ser que cria e o criado, pois o ser humano tornou-se as duas coisas.
   e) a técnica jamais poderá ser considerada uma vocação humana, ela é apenas um modo de o homem se defender do mundo que o ameaça. Assim, ele pode agir da forma como quiser para se defender.

3. Como vimos, existem três projetos tecnológicos que ameaçam a integridade e a autenticidade da vida humana e fizeram do homem um objeto da tecnologia. Graças a esses projetos utópicos, a tecnologia passou a querer dominar a natureza humana. Esses três projetos são:
    a) o antropocentrismo, o egocentrismo e a biotecnologia.
    b) a manipulação genética, o controle de comportamento e o prolongamento da vida.
    c) a biotecnologia, o niilismo e a morte.
    d) o existencialismo, a morte e o niilismo.
    e) o controle de comportamento, a manipulação genética e o direito de morte.

4. Indique se as afirmações a seguir são verdadeiras (V) ou falsas (F) no que se refere à relação entre ética e biotecnologia:
    ( ) De acordo com Hans Jonas, a biotecnologia representa o último estágio do desenvolvimento tecnológico iniciado na modernidade e tornou-se um perigo à medida que utiliza o próprio ser humano como objeto de estudo.
    ( ) Desde o início da civilização humana, os seres humanos procuram evitar a morte e buscam encontrar meios de superar sua finitude existencial. Com o advento da biotecnologia, isso se tornou uma realidade, pois, graças a certos procedimentos, já podemos retardar o envelhecimento e, assim, viver por mais tempo.
    ( ) A promessa utópica da biotecnologia de melhoramento do ser humano, fazendo-o viver ilimitadamente, traz consigo a ameaça de esgotamento de recursos naturais indispensáveis à Agora, assinale a alternativa que apresenta a sequência correta:

a) V, F, V.
b) F, F, V.
c) F, F, F.
d) V, V, F.
e) V, V, V.

5. A tecnologia e a ciência passaram a influenciar, a partir do século XIX, o estilo e o modo de vida das pessoas, de modo que "a tecnologia tornou-se onipresente na vida cotidiana e os modos técnicos de pensamento passam a predominar acima de todos os outros" (Feenberg, 2010a, p. 51). Pensando na ética como um freio aos avanços tecnológicos que ameaçam a vida, a proposta de Andrey Feenberg (2010a) para a tecnologia consiste:

a) em uma ética da responsabilidade.
b) em uma democratização da técnica.
c) em uma ética antropocêntrica.
d) em uma ética política.
e) na eliminação do conceito de morte.

Atividades de aprendizagem

Questões para reflexão

1. Leia o trecho a seguir, retirado do texto *Teoria crítica da tecnologia: um panorama*, de Feenberg (2010b, p. 112, grifo do original):

O que nós testemunhávamos nos anos 1980 era algo completamente diferente, testemunhávamos a emergência das novas práticas comunicativas das comunidades on-line. Subsequentemente, vimos críticos culturais, inspirados pela teoria da modernidade, retomar a antiga abordagem para essa nova aplicação, denunciando, por exemplo, a suposta degradação de uma comunicação humana na internet. Albert Borgmann discute que as redes de computador **desmundializam** *a pessoa, reduzindo seres humanos a um fluxo de dados que o* **usuário** *pode facilmente controlar.*

Com base nesse trecho, elabore um texto dissertativo sobre a importância da tecnologia na vida das pessoas.

Para construir o texto, você deverá:
- apresentar argumentos favoráveis e contrários à tecnologia;
- sintetizar as discussões sobre o tema;
- formular um argumento favorável ou contrário ao desenvolvimento da tecnologia, evidenciando se é ou não necessário haver uma avaliação ética da tecnologia.

2. De acordo com Feenberg (2010b, p. 112, grifo do original): "O computador transforma um indivíduo em um **usuário**, a fim de incorporá-lo à rede. Os usuários estão descontextualizados no sentido de que podem ser considerados um corpo ou uma comunidade diante de seu terminal, mas são sujeitos técnicos".

Elabore um texto dissertativo sobre os problemas que a tecnologia pode causar às pessoas que não se desconectam de um aparelho tecnológico.

Para construir o texto, você deverá:
- abordar a evolução histórica da tecnologia em relação aos computadores;
- discutir como um aparelho tecnológico pode transformar o ser humano em um usuário;

- posicionar-se contra ou a favor da ideia de que os aparelhos tecnológicos transformam os seres humanos em usuários, em vez de em sujeitos responsáveis.

Atividades aplicadas: prática

1. Realize uma leitura do artigo indicado a seguir:
   FEENBERG, A. O que é a filosofia da tecnologia. In: NEDER, R. T. (Org.). **A teoria crítica de Andrew Feenberg**: racionalização democrática, poder e tecnologia. Brasília: Ed. da UnB/Capes, 2010a. p. 45-65.

   Elabore um resumo do texto e, depois, produza um artigo sobre a importância da filosofia da tecnologia na contemporaneidade.

2. Realize uma leitura do artigo indicado a seguir:
   HEIDEGGER, M. A questão da técnica. **Scientlae Studia**, São Paulo, v. 5, n. 3, p. 375-398, 2007. Disponível em: <http://www.scientia estudia.org.br/revista/PDF/05_03_05.pdf>. Acesso em: 24 nov. 2018.

   Elabore um artigo relacionando os conteúdos trabalhados neste capítulo com os temas abordados por Heidegger. Caso possível, discuta com os colegas e o professor as influências de Heidegger para a técnica contemporânea.

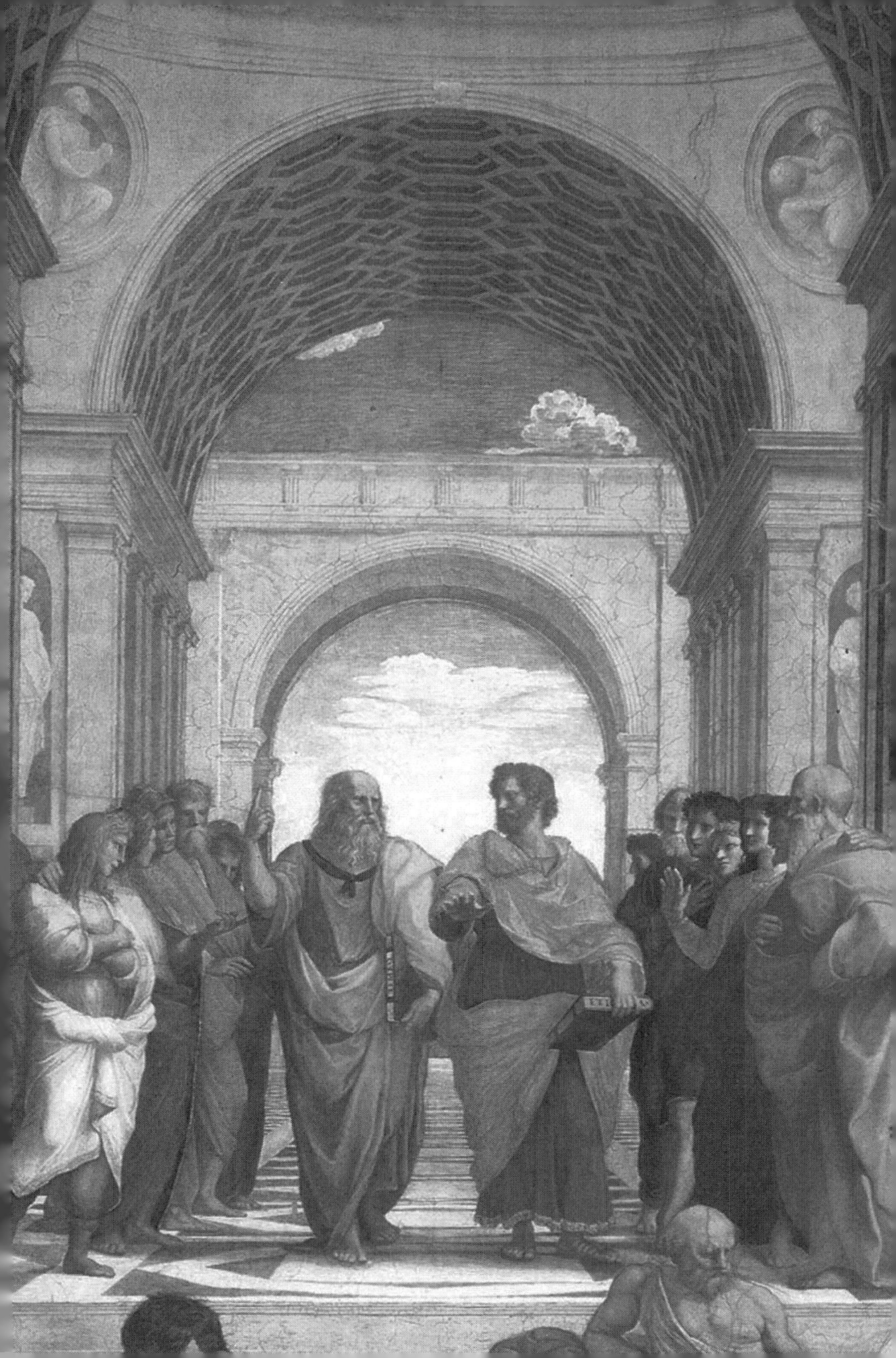

6

A responsabilidade como princípio ético para as gerações futuras

Em um cenário *tecnológico que coloca em perigo a vida no planeta, diante do "Prometeu definitivamente desacorrentado", ou seja, dos avanços tecnológicos obtidos nos últimos dois séculos, há a necessidade de um novo modelo ético capaz de impor freios à tecnologia, impedindo que seus avanços se transformem em uma catástrofe para o ser humano. Hans Jonas é o autor contemporâneo que procura elaborar um modelo ético fundamentado no conceito de responsabilidade. Esse princípio deve obrigar o ser humano ao temor, ao respeito e à prudência, valores indispensáveis para conservar a autenticidade humana e garantir a existência das gerações futuras.*

O filósofo alemão Hans Jonas nasceu em 10 de maio de 1903, na cidade de Mönchengladbach. Filho de judeus, suas primeiras preocupações intelectuais estavam associadas a questões religiosas. Em 1921, foi estudar em Freiburg com Edmund Husserl. Nesse contexto, o pensador entrou em contanto com o então professor Martin Heidegger e passou a frequentar os seminários oferecidos por ele naquela universidade. Seus interesses pela questão religiosa se acentuaram, especialmente pelo tema do judaísmo, e ele se matriculou na Escola Superior de Ciências do Judaísmo. No inverno de 1923-1924, conheceu Max Horkheimer e Rudolf Carnap. Mudou-se para Marburg em 1924 e sua amizade com Hannah Arendt e Hans-Georg Gadamer intensificou-se. Em 1928, concluiu o doutorado sob a orientação de Heidegger. Residiu em Londres (1933), Jerusalém (1934) e no Canadá (1949), onde ministrou aulas nas Universidades de Montreal e Otawa. Foi professor visitante em Princeton, Chicago e Munique. Suas principais obras são *O fenômeno vida* (1963) e *Princípio responsabilidade* (1979). Faleceu em Nova Iorque, em 5 de fevereiro de 1993.

6.1
O pensamento ético em Hans Jonas

Hans Jonas foi mencionado em diversos momentos ao longo desta obra. O destaque para esse autor está no fato de que sua reflexão filosófica sobre a ética na contemporaneidade apresenta algumas características em relação às quais a filosofia até então não havia se preocupado. Pensar em uma ética para a civilização tecnológica a fim de preservar a integridade da vida humana para as gerações futuras é algo inédito na filosofia. Por isso, neste capítulo, discutiremos as particularidades do pensamento de Hans Jonas em relação à sua ética da responsabilidade. Tentaremos responder a algumas questões, como: Qual é o papel da ética no cenário tecnológico? Por que as éticas tradicionais não são capazes de enfrentar os avanços tecnológicos? Para responder a essas questões, vamos começar analisando como Jonas entende a ética tradicional.

Em *O princípio responsabilidade: ensaio de uma ética para a civilização tecnológica* (1979), Jonas deixa explícito por que a tecnologia moderna transformou-se em uma ameaça à humanidade e por que as éticas tradicionais são insuficientes para tratar desses novos assuntos. Isso está relacionado às características da ética que discutimos até o momento. Jonas elenca cinco características que sintetizam o modo como a ética abordava os assuntos sobre o agir humano e, com base neles, procura evidenciar a necessidade de fundamentação de uma nova ética:

- Toda atividade fora das relações humanas, isto é, todo trato do homem com a natureza* não tinha nenhuma validação ética. Sempre se acreditou que as interferências que o homem provocava na natureza eram insignificantes e não representavam uma ameaça a longo prazo, ou seja, a ordem natural das coisas não podia ser modificada pela atividade técnica do ser humano, pois a técnica era apenas um atributo da necessidade.
- Toda ética tradicional tendia a ser antropocêntrica, isto é, as avaliações éticas só ocorriam com base nas relações do ser humano com seus semelhantes.
- A condição humana, enquanto uma essência fixa, não poderia ser alterada nem se tornar objeto da técnica, ou seja, acreditava-se que a capacidade técnica do homem não podia reconfigurar sua essência.

---

* Jonas sinaliza que a única exceção era a medicina.

- Saber se uma ação tendia para o bem ou para o mal era função da ética e estava limitado ao seu alcance imediato, tanto espacial como temporal. O alcance de uma ação era pequeno e limitado, por isso Jonas diz que "a ética tinha a ver com o aqui e agora" (Jonas, 2006, p. 35-36).
- Por fim, todas as normas e mandamentos das éticas tradicionais tinham a ver com o "círculo imediato da ação" (Jonas, 2006, p. 36), isto é, se analisarmos máximas éticas como "Ama o teu próximo como a ti mesmo", podemos perceber que a relação do sujeito que executa a ação com o sujeito que sofre a ação é de indivíduos que compartilham de uma vida comum. Dessa forma, somente os que convivem com um detertminado indivíduo podem reivindicar o modo como ele executa uma ação. O máximo que uma ação moral poderia alcançar seria a duração da vida de um dos partícipes.

A ação humana estava restrita às pessoas que de certa forma convivem umas com as outras, isto é, são vizinhos, amigos e, até mesmo, inimigos. Por isso, não se exigia nenhum conhecimento moral específico e todas as pessoas tinham condições de avaliar e distinguir se determinado tipo de comportamento era bom ou ruim, e, assim, podiam decidir dentro de determinado contexto se reproduziriam ou não uma ação.

Essas características das éticas tradicionais funcionavam porque as ações humanas não representavam um poder sobre o qual se exigia um saber profundo. A ideia de bem era vista pelas sociedades como um consenso universal do qual não se exigiam discussões profundas, de modo que "sua realização [bem humano] ou violação ocorre a qualquer momento, e seu lugar completo é sempre o presente" (Jonas, 2006, p. 37).

> "A crise, portanto, da ética na contemporaneidade, segundo Jonas, não estaria ligada à dissolução dos valores enquanto tais, mas à sua não aderência às exigências de um novo tempo, principalmente quanto aos desafios da magnitude e da ambivalência da técnica. [...] Tanto a promessa utópica da técnica como o seu potencial apocalíptico têm como consequência danosa o esvaziamento dos valores tradicionais, porque o novo cenário, justamente pela novidade de suas características e pela dimensão ampliada de seus riscos, não foi enfrentado por nenhum sistema ético do passado" (Oliveira, 2012, p. 12).

Todas essas características da ética tornaram-se insuficientes a partir do momento que a tecnologia moderna atingiu uma grandeza e uma ambivalência que a ética jamais teve de enfrentar. Até então, a ética não precisava considerar a condição humana em uma escala global, muito menos o futuro da espécie. Porém, com a emergência da tecnologia, a vida passou a estar ameaçada, de modo que precisamos de "uma nova concepção de direitos e deveres, para a qual nenhuma ética e metafísica antiga pode sequer oferecer os princípios, quanto mais uma doutrina acabada" (Jonas, 2006, p. 41).

No entanto, dizer que as éticas tradicionais são insuficientes para combater os desafios impostos pela tecnologia não significa que devemos invalidá-los e descartá-los. Pelo contrário, para Jonas (2006, p. 39, grifo nosso), "as antigas prescrições da ética 'do próximo' – as prescrições da justiça, da misericórdia, da honradez etc. – ainda são **válidas**, em sua imediaticidade íntima, para a esfera mais próxima, quotidiana". O que Jonas quer mostrar é que a ética, de um modo geral, tornou-se insuficiente e os valores ficaram envelhecidos para tratar dos novos assuntos contemporâneos, como a ideia de progresso.

Vamos discutir um pouco mais a posição de Jonas sobre a questão da insuficiência e do envelhecimento dos valores e, assim, mostrar por que é importante o surgimento de novos valores para a civilização tecnológica. De imediato, podemos afirmar que, em razão das mudanças globais que têm ocorrido em todo o planeta, é inevitável que precisemos de novos valores para tratar do amanhã. Nesse sentido, certos valores não têm a mesma eficácia de antes ante o futuro ameaçado. Mas como podemos definir um valor? Para Jonas (2013, p. 65-66),

> *valores são ideias do que é bom, correto e almejável, que saem ao encontro de nossas pulsões e de nossos desejos, com os quais bem poderíam conciliar-se, com certa autoridade, com a pretensão de que se lhes reconheça como vinculantes e, portanto, se lhes deva gravar na vontade, pretensão ou ao menos respeito próprio.*

Dito de outro modo, os valores são as atitudes que o homem pode tomar para si, além do reconhecimento que é dado a determinadas regras, individuais ou coletivas, e que absorvemos para que possam ser validados em determinado contexto. Os costumes são um exemplo de um valor ou norma que exerce importância significativa na vida pública ou privada, pois é esse valor que regula a vida, tanto moral quanto juridicamente, nas diversas sociedades. O costume está firmado na imediatez das ações. Trata-se de um "cimento humanizador" (Jonas, 2013, p. 67), tão importante para o amanhã como foi no passado e é no presente.

Vamos apresentar dois exemplos que evidenciam como os valores envelheceram. A **caridade** é o primeiro deles. Ela é um mandamento judaico e, também, uma virtude, como prega o cristianismo. É um dever a ser praticado a fim de aliviar a miséria do outro. Nas civilizações antigas, era uma prática dos que tinham consciência e bom nome.

A compaixão era como um adorno para a alma. Como observa Jonas (2013, p. 71), "ajudar aos fatigados e aos oprimidos, dar de comer aos famintos, cuidar dos enfermos e moribundos – essas eram virtudes a um só tempo personalíssimas e socialmente meritórias". Essas virtudes eram indispensáveis às sociedades pré-modernas, entretanto, com o surgimento do Estado moderno, essas ações e práticas deixaram de pertencer ao âmbito individual e passaram a ser obrigação da própria entidade, que deve apoiar as pessoas mais necessitadas. Assim, os civis devem contribuir com tributos e impostos pagos ao Estado, os quais posteriormente serão repassados aos que mais precisam. Desse modo, a doação e a iniciativa privada deixam de ser obrigação e compromisso com os outros. Contudo, mesmo a benevolência sendo um dever do Estado, esses valores ainda têm sua validade e nunca serão questionadas quando realizados – o que pode acontecer é a redução desse valor perante outros que surgirão, comparado a outras épocas.

Outro valor muito conhecido é a **bravura bélica**. Ao contrário da caridade, da benevolência e da compaixão, esse valor já não tem lugar no futuro, uma vez que a guerra deve ser evitada, até como meio de sobrevivência da humanidade. Na análise de Jonas (2013, p. 73), "a humanidade já não pode permitir-se a ocasião para sua atualização e de que, inclusive, se o fizesse, a ocasião para ela seria remota". Novamente, não podemos dizer que o valor deva ser totalmente banido, pois há situações em que a bravura individual ainda tem seus méritos, como salvar uma vítima de afogamento. Contudo, esse valor envelheceu, pois a guerra não é mais necessária nem desejável na atualidade. Esses dois valores, para Jonas (2013), são "virtudes de emergência", ou seja, legítimas, mas manifestam-se apenas quando a situação exige.

6.2
Por que uma ética para as gerações futuras?

A *necessidade de* novos valores éticos para o futuro está relacionada ao fato de a tecnologia ter mudado a forma como as pessoas pensam e se relacionam. Nunca na história se falou tanto de futuro como nas últimas décadas. A tecnologia, aliada à ciência e ao capital, extrapolou as dimensões de espaço e tempo, de tal maneira que pensar em relações éticas apenas no presente tornou-se inviável e antiético. Portanto, nesta seção, abordaremos alguns dos novos valores que servirão para a humanidade no futuro e são as bases da ética da responsabilidade de Jonas. Antes, porém, discutiremos quais são os novos imperativos propostos pelo autor.

A máxima do imperativo categórico de Kant era expressa da seguinte forma: "aja de modo que tu também possas querer que tua máxima se torne lei geral" (Jonas, 2006, p. 47). De acordo com essa máxima, a ação a ser exercida é mais racional do que moral, no sentido de que devemos, por meio da lógica, julgar se nossa ação pode ou não ser exercida, se existe ou não uma compatibilidade ou incompatibilidade entre uma ação e sua reprodução. Jonas (2006, p. 161) percebe que, em Kant, "uma lei moral universal [deve] ser fundada na razão". Parece-nos que essa razão não deve ser entendida como uma faculdade cognitiva, e sim como um princípio da universalidade. Por isso, o imperativo categórico kantiano exige que, antes de a ação se tornar universalmente válida, é preciso que desperte no sujeito o sentimento de respeito. Apesar da importância do imperativo categórico de Kant, Jonas acredita que ele não está adequado ao novo

> Nunca na história se falou tanto de futuro como nas últimas décadas. A tecnologia, aliada à ciência e ao capital, extrapolou as dimensões de espaço e tempo, de tal maneira que pensar em relações éticas apenas no presente tornou-se inviável e antiético.

tipo de poder que o homem adquiriu, pois não leva em consideração a vida no futuro, fato este que nem foi postulado por Kant. Nesse sentido, o novo imperativo pode ser expresso da seguinte forma:

> "*Aja de modo a que os efeitos da tua ação sejam compatíveis com a* **permanência** *de uma* **autêntica vida humana** *sobre a Terra"; ou expresso negativamente: "Aja de modo a que os efeitos da tua ação não sejam destrutivos para a possibilidade futura de uma tal vida"; ou, simplesmente: "Não ponha em perigo as condições necessárias para a conservação indefinida da humanidade sobre a Terra"; ou, em um uso novamente positivo: "Inclua na tua escolha presente a futura* **integridade do homem** *como um dos objetos do teu querer.* (Jonas, 2006, p. 47-48, grifo nosso)

É evidente a preocupação de Jonas para com as gerações futuras, mas principalmente com a permanência da autenticidade da vida humana e sua integridade. Enquanto no imperativo kantiano, apesar de se pretender universal, se pesava a escolha privada e singular do indivíduo, o imperativo de Jonas permite que o sujeito arrisque a própria vida, mas nunca a existência da humanidade, por isso, "nós não temos o direito de escolher a não existência de futuras gerações em função da existência atual, ou mesmo de as colocar em risco" (Jonas, 2006, p. 48). Essa autenticidade da vida está fundamentada na ideia de que temos o dever de garantir a existência da vida em si. Por isso, o ***deve existir*** é um imperativo categórico.

O imperativo de Jonas tem um aspecto de política pública, pois a ação não deve ter uma coerência do sujeito para consigo mesmo. A coerência dessa proposta de Jonas está nos efeitos finais que garantirão a continuidade da vida humana no futuro. Jonas não quer simplesmente transferir o imperativo do "eu" para "todos", a fim de tornar a ação moral algo universal. Aliadas ao horizonte temporal, as ações morais "assumem a característica de universalidade na medida real de sua eficácia" (Jonas,

2006, p. 49), projetando assim o imperativo para um futuro concreto que clama por responsabilidade.

A ideia de reciprocidade presente nas máximas éticas tradicionais não serve para esse novo tipo de modelo ético que Jonas procura inaugurar, pelo fato de que "o meu dever é a imagem refletida do dever alheio" (Jonas, 2006, p. 89), isto é, somente a pessoa que coexiste comigo é capaz de reivindicar algo, de modo que, uma vez que os direitos alheios são estabelecidos, é meu dever respeitá-los e promovê-los. Como a ética jonasiana é voltada às gerações futuras e, portanto, ao ser que ainda não existe, esse sujeito não tem direitos e não pode reivindicar nada. A reciprocidade, então, não pode ser característica desse tipo de modelo ético. No entanto, em um mundo que sofre com as ameaças tecnológicas e com o risco de extinção eminente, pensar em condições que sustentem a vida, como a procriação, não seria um ato que comprometeria as gerações futuras? Isto é, não estaríamos ameaçando a existência das pessoas que ainda virão, colocando-as em um mundo sem recursos para sua sobrevivência?

Para Jonas, a obrigação dos seres humanos no presente, que gera um compromisso ético com as gerações futuras, é pela preservação da ideia de **dever ser**. A preocupação que devemos ter com as pessoas no futuro não está na relação de salvaguardar seus direitos, como o direito à felicidade e ao bem-estar, e sim no fato de que deve existir uma verdadeira humanidade no futuro. Segundo Jonas (2006, p. 93), "zelar por isso, tal é nosso dever básico para com o futuro da humanidade, a partir do qual podemos deduzir todos os demais deveres para com os homens futuros".

O imperativo jonasiano é claro: deve existir uma humanidade. A responsabilidade pela existência da vida humana no futuro é dirigida aos homens do presente. Dessa forma, somos responsáveis pela ideia do homem e, por isso, devemos garantir a presença do ser humano. Essa ideia deve ser preservada pelos próprios sujeitos que a ameaçam, isto é, os homens de agora.

A ética de Jonas é enfática quando usa o imperativo de que a humanidade deve existir. Ao contrário, por exemplo, do imperativo hipotético, que pressupõe a seguinte forma: se existirem seres no futuro e estes forem humanos, então devemos fazer com que seus direitos sejam garantidos e precisamos desde já respeitar alguns desses direitos. Se dizemos categoricamente que devem existir homens, estamos afirmando incondicionalmente *que* e *o que* deve existir. A ética jonasiana que prevê a preservação do ser humano no futuro é ontológica, isto é, faz parte da ideia de ser. Ou seja, é a ideia de homem que precisa ser preservada. A ética de Jonas se destaca das demais éticas porque não se restringe apenas à doutrina do fazer, como "Faça isso!", "Não faça aquilo!", "Aja desse modo para que isso funcione!". Ela apresenta as determinações do fazer, indispensáveis para a preservação da espécie, mas quer preservar a metafísica, a ideia do homem, sua natureza, sua condição natural e sua autenticidade. Para Fonseca (2009, p. 247),

> *o que distingue, portanto, a sua ética é o fato de que nela a metafísica não pode permanecer oculta, precisa se revelar; o que pode ser uma desvantagem, do ponto de vista tático, para sua abordagem ética, mas constitui um ganho considerável para a causa da verdade. Ademais, tem a vantagem de fornecer à obrigação o fundamento metafísico do dever-ser.*

Vamos avançar procurando clarificar a importância de pensar a ética para as gerações futuras. Para isso, precisamos continuar explorando a ideia de que deve existir uma humanidade, agora expressa na preservação da ideia de ser. Por que algo deve ser? Na história da filosofia, quando o homem tornou-se o único portador da subjetividade e agente da técnica que tem o poder de explorar e dominar a natureza, houve um excesso de antropocentrismo que culminou na separação entre ser e natureza, ser e dever ser. Como sabemos, a moralidade ficava reduzida apenas ao âmbito do humano (na cidade). No entanto, com os avanços da tecnologia, surgiu a necessidade de o ser humano transpor essa barreira construída entre ele e a natureza. Assim, sua ética, além de garantir a existência das gerações futuras, deve respeitar e cuidar da natureza. Para isso, é necessário reintegrar o homem à natureza e restituir o valor que ela possui em si mesma. Assim, "o valor está, portanto, circunscrito à ordem do conhecimento e da racionalidade, que é o domínio humano e retirado definitivamente da esfera natural, que é a esfera do ser" (Oliveira, 2014, p. 142). Dessa forma, a vida como um todo possui um valor, que dela precisa evocar o *dever ser*. Assim, a vida é algo que quer existir por si mesma e deve existir.

O dever ser, isto é, a existência do ser, é considerado, para Jonas, algo tão bom ou até melhor que o não ser, pois este último, pelo fato de não existir, não pode ser comparado com algo que existe nem ter algum tipo de valoração. É preferível, portanto, que exista a vida pelo fato de ela ser melhor que o seu contrário. Mas por que algo deve existir em vez do nada? Para Jonas (2006, p. 102, grifo nosso), podemos responder a essa questão da seguinte maneira:

> *O valor ou o "bem", se é que isso existe, é a única coisa cuja simples possibilidade* **reivindica imediatamente a sua existência** *(ou, caso já exista, reivindica legitimamente a continuação de sua existência) – e, portanto, justifica uma reivindicação pelo ser, pelo dever ser, transformando-a em obrigação do agir no caso em que o ser dependa da livre escolha desse agir.*

Jonas observa que a possibilidade de existência de valor já é em si uma obrigação em virtude da existência do ser em vez do nada. Portanto, é dever do homem garantir a existência das gerações futuras, pois, se a vida em si mesma desejou ser vida e quis existir, é responsabilidade do humano ético-metafísico preservar o dever ser do homem.

Por outro lado, não podemos nos agarrar à vida a ponto de marginalizá-la em favor da existência. Para Jonas, tanto o sacrifício da própria vida como o suicídio, apesar de eticamente contestáveis, podem ser vistos como uma opção pelo ser, pois nem sempre a morte é um triunfo do não ser. Por exemplo, alguém que sacrifica sua vida em favor dos outros ou por uma causa que garanta a continuação da humanidade, ou alguém que deseje o suicídio em favor de preservar a dignidade humana que ainda lhe resta em um caso de extrema humilhação. Esses são casos isolados que garantem a preservação do ser ou, ainda, que optam pela integridade da ideia ontológica do homem. O que não é permitido, em hipótese alguma, é "a possibilidade de escolher o desaparecimento da humanidade", pois isso "implica a questão de dever ser do homem" (Jonas, 2006, p. 100).

Após essas considerações sobre a necessidade de pensar a ética para as gerações futuras, precisamos indicar alguns valores que são necessários para fundamentar esse novo modelo ético,

> É dever do homem garantir a existência das gerações futuras, pois, se a vida em si mesma desejou ser vida e quis existir, é responsabilidade do humano ético-metafísico preservar o dever ser do homem.

a saber: o valor da informação, o temor, a frugalidade e a moderação. Neste momento, analisaremos brevemente apenas a frugalidade e a moderação*. Na próxima seção, abordaremos os dois primeiros, os quais representam o centro da teoria ética jonasiana.

---

* Para aprofundar o tema sobre os valores para o futuro, consulte o Capítulo 3, intitulado "No limiar do futuro: valores de ontem e valores para amanhã", de Jonas (2013).

A **frugalidade** está ligada às ideias de continência e temperança. São valores antigos que entraram em desuso, mas que precisam ser resgatados para se pensar em uma ética do futuro. Antigamente, a frugalidade deveria combater a gula, ou seja, um vício que levava ao mal da alma. No entanto, no atual contexto, a frugalidade está relacionada à preservação da morada terrestre, isto é, exige que o ser humano preserve a natureza e conserve as condições básicas para a existência no planeta. Em um mundo cheio de ofertas e produtos disponíveis a todas as pessoas, como evitar o consumo excessivo que ameaça o equilíbrio terrestre? Estamos inclinados, assim como Jonas, a optar por um consenso voluntário, isto é, tornar o consumo consciente um costume e um hábito, em vez de optar por sanções e coações impostas pela lei pública. O consumo na era tecnológica, portanto, necessita de moderação.

Diante dos poderes e êxitos conquistados pela tecnologia e pela ciência, precisamos de algo capaz de domesticar "nossos impulsos **realizadores**" (Jonas, 2013, p. 79, grifo do original). Realmente devemos continuar alimentando ambições como prolongar a vida, ter domínio total sobre a natureza e os modos de produção e explorar indiscriminadamente os recursos naturais? Sim, precisamos continuar avançando sempre, mas isso não quer dizer que devemos buscar o poder desenfreadamente, pois saber até onde avançar e o momento de parar é uma virtude necessária à ética do futuro. Portanto, saber renunciar a certos procedimentos que apenas alimentam o desejo de poder e a ambição humana é uma virtude urgente que precisamos cultivar desde já. A renúncia é importante para conservar a humanidade para o amanhã, mas a virtude precisa começar aqui e agora.

6.3
A heurística do temor como opção ética perante as ameaças da tecnologia

A heurística do temor proposta por Jonas é um sentimento que está associado à ideia de responsabilidade. Podemos dizer que o temor possui um caráter relacional, à medida que é sempre temor de algo, de alguma coisa ou de alguém. Isso faz dele um sentimento capaz de despertar a responsabilidade no ser humano. Nesse sentido, o objeto do temor é o "possível", algo que está para acontecer. Para que esse sentimento de temor seja despertado em nós, é necessário dar atenção ao valor da informação, que Jonas chamou de *futurologia comparativa* (Jonas, 2006, p. 70).

A **futurologia comparativa** está relacionada a um tipo de saber científico por meio do qual podemos prever situações futuras em relação ao homem e ao mundo e avaliá-las segundo critérios atuais, ou seja, trata-se de um modelo ético no qual podemos visualizar as consequências tecnológicas prováveis no futuro. Para Jonas, a futurologia é um "saber real e eventual" (Jonas, 2006, p. 70), uma previsão hipotética sobre determinados cenários possíveis que a tecnologia pode criar.

Nesse sentido, é tarefa da ética projetar algo que de imediato é apenas uma hipótese, de modo que seu prognóstico possa servir como uma espécie de estímulo ou advertência para nossas ações no presente. Por isso, as informações que podemos obter sobre os riscos e os perigos que a tecnologia pode provocar no futuro são essenciais para mobilizar o sentimento correto em relação às ações de hoje. Como a previsão é apenas uma hipótese das possíveis ameaças que serão enfrentadas pelas gerações futuras, caso elas não se concretizem – e o desejado é que de fato não ocorressem –, não haveria perdas significativas dos indivíduos no presente, uma vez que a vida estaria salvaguardada. Desse modo, temos a informação como um valor a ser utilizado hoje em vista do amanhã, razão por que podemos afirmar que há uma necessidade de projetarmos no futuro longínquo um perigo hipotético e cientificamente fundamentado a fim de preservar a existência futura.

> Para Jonas, a futurologia é um "saber real e eventual" (Jonas, 2006, p. 70), uma previsão hipotética sobre determinados cenários possíveis que a tecnologia pode criar.

A função da futurologia seria nos alertar para o que pode acontecer, isto é, algo que caminha para o provável, tendo em vista o modo como a tecnologia avança e determina as condições de existência no presente. A proposta de Jonas em relação à futurologia comparativa não é provocar pânico ou medo em relação à projeção de possíveis catástrofes mundiais. Sua intenção é projetar realidades possíveis, de modo a despertar em nós a necessidade de agir.

Como buscamos fundamentar uma ética da responsabilidade cuja função é preservar a existência da vida humana no futuro e essa ameaça ainda não está presente no plano real, precisamos criar um cenário no qual poderemos prever a deformação do homem para, então, sabermos por que precisamos preservar a autenticidade e a integridade humana. Em outras palavras, precisamos criar vários tipos de ameaças à imagem humana para, assim, podemos afirmar a necessidade de preservar essa imagem. De modo geral, só sabemos do perigo quando somos ameaçados por ele. A função da heurística é justamente desvelar e descobrir quais são os perigos que circundam a vida.

A capacidade de projeção negativa é um dos pontos centrais da teoria ética da responsabilidade jonasiana, pois ela é o que mobiliza a heurística do temor*. O autor acredita que "o reconhecimento do *malum* é infinitamente mais fácil do que o do *bonum*" (Jonas, 2006, p. 71). Ora, sempre que visualizamos um mal, procuramos nos afastar dele. Assim, além de o mal ser menos suscetível a discussões, podemos identificá-lo de forma mais clara do que o bem em si.

A opção de Jonas pelas projeções negativas em relação ao futuro é uma crítica aos possíveis êxitos que a tecnologia pode alcançar. Estamos diante de uma futurologia que adverte sobre o uso irresponsável da tecnologia, em oposição a correntes contemporâneas, para as quais devemos depositar nossas esperanças na tecnologia. Saber identificar a ameaça e o risco por meio de projeções hipotéticas revela o caráter heurístico da tecnologia e impõe a necessidade de alterar atitudes e comportamentos no presente. Portanto, a heurística do temor é a alternativa que temos ante a dimensão utópica da técnica.

> Para Jonas, a ciência da ficção é uma das formas mais eficazes de experimentar esse mal. Assim, podemos, por meio de uma casuística imaginativa, visualizar cenários desastrosos no futuro e despertar o sentimento que mobiliza o ser humano a agir, ou seja, o temor.

---

* Há um consenso entre os comentadores de Hans Jonas, no Brasil, sobre a tradução da expressão alemã *heuristik der furcht*, que equivocadamente foi traduzida como "heurística do medo". De acordo com esses estudiosos, a palavra *medo* não traduz acertadamente o que Jonas pretendia quando utilizou o termo, pelo fato de que *medo* possui uma conotação passiva, uma espécie de patologia que provoca paralisação, além de estar sempre ligado a um dado no presente. O termo que melhor representa a proposta jonasiana seria *temor*, uma vez que o temor tem a ver com o possível. Trata-se de sentimento que mantém certo respeito ao mal eminente, mas que é capaz de mobilizar o sujeito à ação. O temor sempre será ativado quando houver a possibilidade de vulnerabilidade da vida.

No entanto, aqui surge um problema, pois como essa projeção futura revela perigos e ameaças que ainda não foram experimentados, como esse mal imaginado pode despertar em nós os sentimentos de temor e responsabilidade? De acordo com Jonas, do mesmo modo como podemos imaginar o mal, devemos criar uma forma de experimentá-lo, produzindo intencionalmente esse *malum*. Para Jonas, a ciência da ficção é uma das formas mais eficazes de experimentar esse mal. Assim, podemos, por meio de uma casuística imaginativa, visualizar cenários desastrosos no futuro e despertar o sentimento que mobiliza o ser humano a agir, ou seja, o temor.

O temor ainda tem a função, na ética da responsabilidade, de fazer com que renunciemos a certos avanços tecnológicos em favor da preservação da humanidade no futuro mais distante. O princípio ético da responsabilidade nos impede de arriscar e apostar a existência da humanidade em favor do presente. Temos a obrigação de preservar incondicionalmente a humanidade. O ser, isto é, a existência, enquanto um dever que é capaz de se afirmar em si mesmo, não pode ser objeto de apostas.

Quanto mais nos esforçarmos na produção de cenários reais que mostram a ameaça à vida, mas facilmente poderemos despertar no ser humano o sentimento de temor. Ora, desse modo temos a heurística também como uma forma de revelar o conhecimento, ou seja, ela permite a tomada de consciência das causas que ameaçam a existência da humanidade e revela os motivos que possibilitarão a extinção das espécies. Dessa forma, além do caráter teórico da heurística do temor enquanto princípio ético, ela tem um aspecto prático, uma vez que incentiva os seres humanos a tomar consciência da crise que se vive e, com base no diagnóstico obtido, obriga-os a agir de forma concreta, na maioria das vezes suscitando que contenham seus impulsos tecnológicos. De acordo com Oliveira (2014, p. 132), além de um conceito teórico, a heurística do temor também é um "procedimento ético", à medida que tende a conduzir as ações dos seres humanos no presente em prol do futuro.

Jonas considera o temor "fonte da responsabilidade" (Jonas, 2006, p. 352). Para o autor alemão, o temor nos ajuda a recuperar a dimensão do respeito e nos protege contra as ameaças tecnológicas que ameaçam modificar a constituição humana. Diante das ameaças que colocam em risco a existência das espécies e da vida no planeta, poderemos recuperar a visão positiva acerca do homem. Trata-se de uma forma de recuperar, por meio do respeito, a dimensão sagrada da vida, não apenas no sentido religioso, mas como algo que deve ser preservado no futuro, isto é, "a prosperidade do homem na sua humanidade íntegra" (Jonas, 2006, p. 353).

> Como princípio heurístico, o temor deve despertar no ser humano a capacidade de reflexão. Diante dos perigos que a tecnologia oferece às gerações futuras, o temor deve evidenciar esses perigos hipotéticos como perigos reais à medida que eles se concretizam.

Como princípio heurístico, o temor deve despertar no ser humano a capacidade de reflexão. Diante dos perigos que a tecnologia oferece às gerações futuras, o temor deve evidenciar esses perigos hipotéticos como perigos reais à medida que eles se concretizam. No entanto, o temor não pode ser comparado com o medo nem com a angústia. Não é medo, porque este pode ser entendido como uma patologia que nos impede de agir; e também não é angústia, porque não há razões para sofrer antecipadamente por um mal apenas imaginado. Desse modo, entendemos o temor como um elemento prático da ética do futuro que é "controlado pela vontade e pela racionalidade" (Oliveira, 2014, p. 134). Por meio do temor, portanto, podemos enfrentar, de forma orientada e cautelosa, as situações que nos são impostas.

Precisamos entender o temor não como uma ação que tende a preservar o indivíduo em si, e sim como uma defesa do dever coletivo, da humanidade enquanto espécie ameaçada e das demais formas de vida. Ele busca estabelecer as condições que garantem a sobrevivência da vida no planeta. Dessa forma, o temor tem características em diversos níveis. No nível cósmico, à medida que procura determinar condições que mantenham a vida; no nível ontológico, no sentido de que procura preservar a autenticidade da vida humana e sua integridade; e no nível ético, pois determina a forma como devemos agir em relação aos prognósticos negativos do futuro.

Aqui, podemos nos perguntar: O temor, como princípio ético que obriga o ser humano a agir diante das ameaças no futuro, não diminui a liberdade humana? A resposta é não. O temor inaugura uma nova possibilidade de exercemos a liberdade, pois, perante essas ameaças, o ser humano é impulsionado a agir e optar pela continuidade da vida no futuro. Não agir significa o aniquilamento de sua espécie e, portanto, da própria vida. Desse modo, precisamos entender o temor como um imperativo que previne a extinção da humanidade enquanto espécie e no que se refere à sua autenticidade. Mas o que é essa ameaça de extinção da autenticidade humana de que estamos falando?

Quando dizemos que as novas práticas tecnológicas, representadas pelo desenvolvimento da Nanotecnologia, Biotecnologia, Ciências da Informação e Ciências Cognitivas (NBIC) – também conhecida por *convergência tecnológica** –, ameaçam a autenticidade humana, estamos considerando que esses procedimentos, ao modificar a constituição genética dos seres humanos, alterando sua forma, isto é, o aspecto físico

---

* Para uma descrição introdutória sobre o tema da convergência tecnológica, sugerimos a leitura de Cavalheiro (2007). Para aprofundamento do tema, sugerimos a leitura de Rocco e Bainbridge (2002).

e cognitivo do homem, modificam aquilo que marca o ser humano enquanto ser. Em outras palavras, quando propomos alterar o ser humano, corremos o risco de extinguir todos os elementos que conhecemos e que são suas marcas características, como a liberdade, a capacidade de sentir dor e de sofrer, as limitações físicas e cognitivas próprias de sua natureza, assim como as necessidades fisiológicas, entre tantas outras. Eliminar essas características necessárias e que fizeram parte do ser humano até hoje pode vir a ser uma ameaça no futuro, tendo em vista que podemos não conhecer o ser humano como ele é hoje a ponto de não o chamarmos mais de *humano*. Essa é a ameaça àquilo que chamamos de **autenticidade**.

Para concluir, voltando ao tema da heurística do temor, devemos lembrar que o temor é o sentimento que está voltado para as gerações futuras e que só é ativado intencionalmente pela razão. Ou seja, o prognóstico negativo do futuro evidencia o caráter ético do temor enquanto sentimento que mobiliza o ser humano a agir em favor da vida do planeta, protegendo-o e garantindo a continuidade da existência para as gerações futuras, impedindo inclusive as utopias tecnológicas que colocam em risco a autenticidade humana. A heurística do temor nos conduz à responsabilidade.

6.4
A responsabilidade como princípio ético

Em seu princípio ético, Hans Jonas confere destaque eminente à responsabilidade. Mas por que a responsabilidade, conceito tão antigo quanto a própria filosofia ocidental, não desempenhou um papel significativo nas teorias morais anteriores? Ao contrário da prudência, do respeito, do amor e da caridade, entre tantos outros conceitos, a responsabilidade proposta por Jonas pressupõe uma relação entre poder e saber. Como vimos, até a segunda metade do século XX não havia uma preocupação com o futuro, pois durante boa parte da história acreditou-se que existia uma estabilidade natural das coisas e, por isso, o agir no presente era o que importava.

A ética não se preocupava com o futuro a longo prazo. Havia, no máximo, uma preocupação do governante em estabelecer a ordem e garantir a continuidade daquela família no trono, mas essa preocupação era apenas com a próxima geração. Por isso, a preocupação de Jonas ao estabelecer a responsabilidade como centro de sua ética é que ela deve ser ***do futuro***. Não é uma ética ***no futuro***, para que nossos descendentes a utilizem, mas é uma ética que se preocupa ***com o futuro***, isto é, como faremos para proteger nossos descendentes das consequências de nossas ações de hoje.

É em virtude dessa preocupação com o futuro que a responsabilidade se efetiva como princípio ético de forma não intencionada a nós, pelo fato de o poder técnico que utilizamos hoje ter alcançado uma dimensão jamais vista e que, sem percebermos, se estende ao futuro. Desse modo, é necessário que a responsabilidade, assim como a ética, seja tão grande quanto o poder técnico que temos e dê um passo além, isto é, preocupe-se com o futuro da humanidade. Da mesma forma que temos um poder quase ilimitado, devemos também ter a responsabilidade hoje.

> A preocupação de Jonas ao estabelecer a responsabilidade como centro de sua ética é que ela deve ser ***do futuro***. Não é uma ética ***no futuro***, para que nossos descendentes a utilizem, mas é uma ética que se preocupa ***com o futuro***, isto é, como faremos para proteger nossos descendentes das consequências de nossas ações de hoje.

Assim, precisamos perguntar: Existe uma fundamentação ontológica implícita no ser humano que exige que a utilizemos? Aqui adentramos em um problema enfrentado pela filosofia: **o *ser* implica um**

dever ser. Na modernidade, essa ideia foi refutada, porém, como precisamos de uma ética para o futuro que enfrente os problemas advindos da tecnologia, consideramos que, do ser, além da manifestação do que ele é, também devemos inferir um dever. Dessa forma, a ética também terá uma base ontológica.

Jonas, em sua biologia filosófica,* tentou mostrar que o ser humano é o ser vivo que tem o maior grau de liberdade e, por isso, é o único capaz de assumir a responsabilidade. Nesse sentido, podemos dizer que a responsabilidade é um preceito existencial do sujeito, que carrega em si o dever. De acordo com Jonas (1998, p. 138, grifo do original), "a capacidade para a responsabilidade, que é uma capacidade ética, se baseia na capacidade **ontológica** do ser humano de eleger a partir de seu conhecimento e sua vontade entre alternativas de atuação". Nesse trecho, o autor coloca a responsabilidade como princípio ético, algo ontologicamente presente no ser humano e que, de certa forma, complementa seu grau de liberdade.

Além de seres responsáveis por natureza, isto é, responsáveis *por algo*, somos *ante algo*. Em outras palavras, existe uma consciência moral que nos obriga a justificarmos nossas ações. Costumeiramente se postulou que somos responsáveis apenas pelas consequências de nossos atos, à medida que eles são capazes de atingir alguém. Nesse sentido, o "alguém" afetado precisa ter um valor; caso não o tenha, não posso ser responsabilizado pelo ato cometido. Quando postulamos que todo ente (objeto) tem valor (caráter ontológico), consideramos que existe uma pretensão nesse ente que se dirige a mim. A questão que se apresenta aqui é se somos responsáveis pelo ser em sua totalidade. Quando dizemos que um ente particular tem valor, nossa responsabilidade

---

* Para compreender como o autor desenvolve o tema sobre a biologia filosófica, consulte Jonas (2004).

recai sobre esse objeto porque ele faz parte de uma totalidade do ser e, por isso, esse ser singular reclama um direito sobre nós. Com base nessa afirmação, podemos dizer que Jonas coloca todos os seres vivos e a natureza aos cuidados do ser humano, uma vez que ele é o único portador da responsabilidade na qual recai sobre si a existência do ser.

Feitas essas análises, nos concentraremos no conceito de responsabilidade em si. Nossa primeira tarefa é fazer algumas distinções sobre o tipo de responsabilidade que Jonas quer para a ética do futuro.

Precisamos entender a responsabilidade como uma imputação causal, ou seja, o indivíduo é responsável pelos atos cometidos e sofrerá as devidas consequências. No entanto, isso deve ser visto sob o âmbito da legalidade. Por isso, não podemos confundir um ato causal com um ato moral. Muitas vezes, tende-se a acusar alguém que violou uma regra ou um código como moralmente errado, porém, diante de um ato infringido, apenas a negligência poderia ser acusada como moralmente culpável. Para Jonas, o que leva o sujeito a assumir a responsabilidade é um sentimento, seja de remorso ou culpa, seja de medo do castigo a ser imposto, entre outros, após a prática do ato. Por isso, a responsabilidade "é a imposição inteiramente formal de todo agir causal entre seres humanos, dos quais se pode exigir uma prestação de contas" (Jonas, 2006, p. 166). Esse tipo formal de responsabilidade não é ideal para uma ética do futuro, apesar de ainda ser necessária no âmbito jurídico.

De certo modo, já dizemos qual o tipo ideal da responsabilidade como princípio ético para o futuro, isto é, a responsabilidade como um dever do poder. O objeto externo a nós reclama para si a responsabilidade do nosso poder fazer. No entanto, essa necessidade de agir em favor do outro, antes da ideia da própria responsabilidade, parte do "reconhecimento do bem intrínseco no objeto" (Jonas, 2006, p. 167). Jonas (2006, p. 167) deixa isso muito claro na passagem a seguir:

Em primeiro lugar está o dever ser do objeto; em segundo, o dever agir do sujeito chamado a cuidar do objeto. A reivindicação do objeto, de um lado, na insegurança da sua existência, e a consciência do poder, de outro, culpada da sua causalidade, unem-se no sentimento de responsabilidade afirmativa do eu ativo, que se encontra sempre intervindo no ser das coisas.

O sujeito que age é responsável pela existência do ser e das coisas que fazem parte deste. Para ampliar o conceito de responsabilidade, precisamos entender o que é um agir irresponsável e que, portanto, ameaça a existência do ser. Vamos tentar mostrar a forma negativa da responsabilidade, isto é, dizer o que ela não é para, posteriormente, analisar sua forma positiva.

Somente o sujeito que assume responsabilidades pode agir de forma irresponsável. Vejamos alguns exemplos que ilustram a afirmação anterior. Uma pessoa que arrisca todo o seu dinheiro em jogos age de forma imprudente; quando arrisca o patrimônio de outra pessoa em um jogo age de maneira criminosa; quando um pai de família arrisca seus bens, age de forma irresponsável, pelo fato de ter assumido e se comprometido com a vida de outrem. Um motorista quando está sozinho e dirige de forma temerária é imprudente, mas quando assume o compromisso de transportar algum passageiro é irresponsável, pois coloca em risco a vida das pessoas confiadas a ele. Mesmo que tudo corra bem, mas durante o percurso ele cometa algumas infrações, ele ainda é irresponsável (Jonas, 2006, p. 168). Nesses exemplos, existe uma relação de não reciprocidade, característica definidora da responsabilidade.

Por que a não reciprocidade deve ser característica da responsabilidade na ética jonasiana? Vamos tentar explicar novamente por meio de exemplos. Em uma escalada na qual várias pessoas estão envolvidas, cada um depende reciprocamente do outro, e a responsabilidade que existe nessa situação é entre indivíduos iguais e independentes. Cada um é responsável pelo outro para que se obtenha êxito na escalada, não porque há necessidade do bem-estar do outro. A reciprocidade está próxima à análise que fizemos anteriormente das éticas tradicionais, isto é, devo agir porque o outro pode me retribuir e faz parte do presente. A responsabilidade que Jonas propõe reclama pela não reciprocidade e assemelha-se à responsabilidade de pais para com os filhos, que é global e permanece, ao menos enquanto os filhos são crianças, e que não pode, em hipótese alguma, ser objeto de irresponsabilidade. Essa responsabilidade é desinteressada, não rescindível e incondicional. Esse arquétipo natural é a origem "genuína da ideia de responsabilidade" (Jonas, 2006, p. 90). Basta agora estendermos essa relação de pais para com os filhos às gerações futuras.

> A responsabilidade deve se preocupar com a vida, seja ela individual, seja coletiva, e, o mais importante, deve se ocupar da existência da vida no futuro, pois a preocupação com o futuro requer cuidado com o presente: haverá um amanhã se hoje agirmos de forma responsável.

Além da responsabilidade natural, isto é, que estabelece a relação de pais para filhos de forma não recíproca, existe um tipo de responsabilidade artificial, baseada na atribuição e na aceitação. O sujeito que aceita uma função pública, por exemplo, deve agir de maneira responsável e de acordo com suas determinações e atribuições. Qualquer desvio de conduta ou violação de deveres pode ser considerado indiretamente uma irresponsabilidade, uma vez que pode atingir outras pessoas.

Além das responsabilidades natural e contratual (artificial), há outro tipo, que é escolhida livremente pelo indivíduo: a responsabilidade política. Para o homem político, o "objeto da responsabilidade é a *res publica*, a coisa pública, que em uma república é potencialmente a coisa de todos, mas realmente só o é nos limites do cumprimento dos deveres gerais da cidadania" (Jonas, 2006, p. 172). O objeto da responsabilidade do político são vários indivíduos. Ao assumir um cargo público, ele tem o dever de zelar pelo interesse dessas pessoas, ao contrário do que ocorre na responsabilidade parental, que é natural e na qual há o dever de zelar pela prole.

Após essas análises, já temos condições de dizer o que é a responsabilidade de forma positiva. A responsabilidade deve se preocupar com a vida, seja ela individual, seja coletiva, e, o mais importante, deve se ocupar da existência da vida no futuro, pois a preocupação com o futuro requer cuidado com o presente: haverá um amanhã se hoje agirmos de forma responsável. O futuro da existência requer a responsabilidade do ser humano nos atos mais singulares. Mesmo a vida futura sendo uma incógnita, precisamos ter uma responsabilidade total pelas coisas. Para Jonas (2006, p. 187), "o caráter vindouro daquilo que deve ser objeto de cuidado constitui o aspecto de futuro mais próprio da responsabilidade. Sua realização suprema, que ela deve ousar, é a sua renúncia diante do direito daquele que ainda não existe e cujo futuro ele trata de garantir". Assim, a responsabilidade, além do cuidado com a existência do ser, deve preservar a autenticidade humana. Que exista vida, que exista humanidade, são os objetos da responsabilidade.

6.5
O ser humano como agente da responsabilidade e da prudência

O homem é o ser vivo com o maior grau de liberdade, e a responsabilidade pertence somente a ele. Qualquer decisão do homem pesa sobre sua existência e a dos demais seres vivos. No entanto, para que essa capacidade de decidir não se converta em ameaça ao próprio homem, precisamos estar atentos aos desenvolvimentos tecnológicos. A fim de evitar essa ameaça à existência e efetivar a responsabilidade enquanto princípio ético, precisamos analisar o bem humano com base em sua essência. Jonas recorre, para isso, ao caminho da história e da metafísica.

A história tem ensinado ao ser humano o que ele pode ser, o que é bom conservar e o que é bom descartar para que sua existência seja preservada. Apesar de a história humana ser recente, se comparada com o surgimento do planeta e dos primeiros seres metabolizantes, é necessário que se preserve no futuro a essência do ser humano, como algo que seja bom. No entanto, apenas a metafísica como caráter ontológico pode nos dizer por que o ser humano deve ser, ou seja, tem mais condições de nos dizer o que não devemos provocar ou permitir em relação à desaparição do ser humano. Isso porque ela obriga que a humanidade exista, proibindo qualquer possibilidade de suicídio da espécie, e deve preservar a existência daquilo que Jonas chamou de "desolação psíquica" (Jonas, 1998, p. 144). Essas duas ameaças nunca foram tão eminentes como hoje, em decorrência, sobretudo, do progresso utópico tecnológico.

Apesar de o século XX questionar veementemente a metafísica, devemos usá-la apenas como início de fundamentação para nossa tese sobre o dever ser do ser humano. Para Jonas, a afirmação metafísica que nos interessa é que o "ser humano é o único ente conhecido por nós que **pode** assumir a responsabilidade" (Jonas, 1998, p. 144, grifo do original)*. Esse poder deve ser entendido como uma característica que difere o homem dos demais seres vivos e faz parte de sua essência – um equipamento existencial à sua disposição. Como agente da responsabilidade, o homem deve garantir sua permanência no mundo enquanto sujeito

---

* Jonas também considera que podemos inferir da metafísica o valor como condição da existência humana. Para aprofundar esse tema, recomendamos a leitura do Capítulo 3 da obra *O princípio responsabilidade: ensaio de uma ética para a civilização tecnológica*, que pode ser encontrada nas indicações culturais deste capítulo.

responsável. Assim como sua existência é essencial, a responsabilidade como traço ontológico não pode ser ameaçada.

Feitas essas análises preliminares sobre o homem como único ser vivo agente de responsabilidade sob um ponto de vista ontológico, retomemos algumas características da responsabilidade, lembrando sempre que a responsabilidade é uma marca essencial do ser humano.

Sob o ponto de vista biológico, o homem é um ser vivo que tem uma existência precária e vulnerável, razão por que precisa de proteção, assim como as demais espécies vivas do planeta. De certo modo, todos os seres vivos, incluindo o homem, têm um fim em si mesmos. A única vantagem ou diferença que existe entre o homem e os demais seres é que ele é responsável por garantir os fins de todos os seres vivos. No entanto, a marca característica do ser humano, ou, como Jonas chamou, "o arquétipo de toda responsabilidade" (Jonas, 2006, p. 175), é a responsabilidade do homem para com ele mesmo. Todos os seres vivos são objetos da responsabilidade em virtude do grau de liberdade de cada um, o que torna sua existência precária e sujeita a perigos. Mas o que distingue o homem como ser que tem responsabilidade é sua capacidade de exercê-la pelos seus semelhantes, garantindo assim sua efetividade. Em outras palavras, o homem não consegue fugir de sua capacidade de ser responsável enquanto condição ontológica de sua existência.

Para que a responsabilidade se efetive, é necessário invocar novamente o imperativo que exista uma humanidade. Mesmo se avaliássemos a existência humana ao longo da história e concluíssemos que houve mais atos reprováveis do que louváveis, a existência do ser humano é sempre prioridade. Preservar a possibilidade da existência "significa precisamente [preservar] o dever de existir" (Jonas, 2006, p. 177), essa é a maior das responsabilidades imposta ao homem. Primeiro, que existam homens; depois, que vivam bem. Infelizmente, devido às ameaças contidas no progresso tecnológico, talvez o segundo imperativo – que vivam bem – pode estar ameaçado, mas isso não impede que sejamos responsáveis pela existência da humanidade.

O poder adquirido pelo homem com o desenvolvimento tecnológico tornou-se o destino da humanidade, de modo que o dever surge como uma espécie de autocontrole sobre o poder de si mesmo. A capacidade de estabelecer fins, acompanhada pelo poder de tê-los de executar, tornou-se a principal ameaça do homem para consigo mesmo, de forma que este, enquanto agente da responsabilidade, é também objeto do dever.

> O homem está condenado a ser responsável e totalmente preso ao dever. Para que essa responsabilidade seja de fato uma premissa ontológica e ética do homem, ela deve acontecer de modo relacional, isto é, sempre existe alguém ou um objeto que reclama minha responsabilidade. Portanto, o ser humano mantém uma relação de responsabilidade constante com o outro.

A liberdade moral que o homem tem para agir não se refere simplesmente ao livre-arbítrio, mas também à sua capacidade de assumir as responsabilidades de seus atos, que também pode ser entendida como capacidade para o bem e para o mal. Dessa forma, podemos dizer que a diferença entre o homem e os animais não é uma característica apenas ontológica, mas sobretudo uma diferença ética. O homem é dever e responsabilidade.

O homem está condenado a ser responsável e totalmente preso ao dever. Para que essa responsabilidade seja de fato uma premissa ontológica e ética do homem, ela deve acontecer de modo relacional, isto é, sempre existe alguém ou um objeto que reclama minha responsabilidade. Portanto, o ser humano mantém uma relação de responsabilidade constante com o outro.

O poder humano é sempre o poder de fazer alguma coisa. Esse poder é a raiz do dever da responsabilidade, ou seja, à medida que somos capazes de afetar o outro (pelo poder que temos), nos tornamos responsáveis por ele. E se somos responsáveis por algo, somos responsáveis pelo ser. O objeto que reclama minha responsabilidade tem um valor em si, como vimos. Portanto, nossa responsabilidade está ligada ao valor, o que faz de si um imperativo. Disso, podemos concluir que:

> **o homem é responsabilidade, porque** *em sua liberdade, ao agir – isto é, ao usar seu poder –, ele,* **como** *ser relacional que é, tem que se haver com o valor do ser, que exige ser reconhecido em seu valor – isto que é a autoridade* **perante** *a qual a responsabilidade deve responder – na medida em que somos responsáveis* **pelo** *que fazemos dele.* (Lopes, 2014, p. 331, grifo do original)

Por isso, a responsabilidade é a essência do humano: é a potencialidade e a qualidade necessárias que constituem o seu ser.

A heurística do temor, além de despertar o sentimento de responsabilidade que analisamos, deve também despertar a prudência. Embora um conceito antigo nas teorias éticas clássicas, Jonas o retoma "como uma espécie de via intermediária entre as possibilidades tecnicamente realizáveis e a continuidade daquilo que é simbólico, autêntico de nossa natureza" (Oliveira; Moretto; Sganzerla, 2015, p. 184). Diante dos inúmeros avanços e promessas utópicas que pretendem ressignificar a vida tanto em sua constituição física como psíquica, obviamente, além da responsabilidade, precisamos da **prudência** para avaliar as melhores decisões e garantir a preservação e a continuidade da existência da vida no planeta.

O modelo utópico técnico-científico contemporâneo considera que, se uma intervenção tende a ser boa, ela deve ser praticada e seus efeitos precisam ser ignorados. No entanto, devemos alertar que o risco e a ameaça à vida, como tentamos mostrar ao longo deste capítulo, surgem mais dos atos bem-intencionados do que das ações más em si mesmas. O erro que não podemos cometer é transformar a responsabilidade em uma espécie de fatalismo, isto é, por causa das ameaças e dos perigos, omitir nossa responsabilidade e não agir. Por isso, ressaltamos a importância da prudência, pois ela nos leva a ter responsabilidade por nossos atos e a pensar nas consequências deles. A prudência, seguindo o preceito grego da temperança e da justa medida, evita o excesso de querer assumir a responsabilidade por tudo e, também, impede que fujamos de nossa essência de seres responsáveis.

Nesse sentido, a prudência deve ser pensada como uma disposição que analisa, sob o ponto de vista racional e de forma verdadeira e prática, o que deve ser entendido como bom ou mau ao homem. Nem sempre tudo o que é bom deve ser desejado, principalmente no âmbito tecnológico, pois esse bom pode ter uma carga de interesses econômicos e políticos jamais imaginados. Por exemplo, melhorar a capacidade física do homem a princípio parece ser algo bom. Porém, como podemos saber se por trás não há um interesse econômico das indústrias farmacológicas em vender produtos e medicamentos a pessoas saudáveis?

Para Jonas (2006, p. 307), a prudência tornou-se "um imperativo da responsabilidade", pois ela é capaz de orientar o saber e o poder humano principalmente quando a vida está em perigo. Não se trata de abolir o progresso técnico-científico, pois sabemos que ele é indispensável à sobrevivência humana – o que precisamos é utilizá-lo de forma sábia e moderada. Por isso, a heurística do temor tem uma função importante na teoria ética de Jonas. Enquanto não existir uma ciência exata sobre os riscos e perigos que determinada ação pode causar, a heurística, enquanto possibilidade de visualizar hipoteticamente os efeitos negativos no futuro, tem a tarefa de prevenir e alertar situações que possam colocar em risco a sobrevivência das espécies.

Nesse cenário tecnológico, não podemos usar a prudência, como em outras épocas, como uma espécie de conselho moral que damos a outras pessoas. Ela deve ser entendida como um "**mandamento irrecusável**, na medida em que assumimos a responsabilidade pelo que virá. Sob a óptica da responsabilidade, a prudência, [...] torna-se o cerne de nosso agir moral" (Jonas, 2006, p. 87-88, grifo nosso).

O que está em jogo no que debatemos neste capítulo é a tentativa de salvar a humanidade do próprio aniquilamento. A ameaça contida na ideia utópica de progresso tecnológico ilimitado, após o evento catastrófico da bomba atômica, converteu-se em ameaça e não pode ser combatida por nenhuma ética privada, mas somente por uma moralidade que tenha como cerne de ação o bem coletivo e o futuro da espécie. Sob um ponto de vista biológico, a extinção da espécie humana não é novidade no cenário cósmico, e também não há qualquer inferência biológica de que o homem deva existir para sempre. Para Jonas (2004, p. 269), "o perecer, não menos que o surgir, faz parte da evolução". Mas o que está em jogo não é o acaso biológico que pode sucumbir com a vida, e sim a própria ação antrópica que ameaça a existência da humanidade. Vivemos em uma era na qual o futuro está em nossas mãos, isto é, estamos nos aventurando e brincando de ser Deus. Por isso, a prudência, aliada à responsabilidade, torna-se o dever mais urgente em tempos tecnológicos. Dessa forma, consideramos que a ação individual a curto prazo já não tem tanta utilidade no cenário contemporâneo, sendo necessário um agir social global. Acreditamos ser a ética da responsabilidade esse **agir social global** que deve proteger a humanidade contra a ameaça à sua autenticidade e evitar a extinção da vida.

> Consideramos que a ação individual a curto prazo já não tem tanta utilidade no cenário contemporâneo, sendo necessário um agir social global. Acreditamos ser a ética da responsabilidade esse **agir social global** que deve proteger a humanidade contra a ameaça à sua autenticidade e evitar a extinção da vida.

Síntese

Neste capítulo, procuramos evidenciar a urgência de uma fundamentação ética para a sociedade contemporânea, que deposita todas as suas esperanças no desenvolvimento técnico-científico. Vimos que Jonas adverte para o uso desenfreado da tecnologia sem um amparo ético, que, nesse caso, é a responsabilidade. Precisamos superar esse niilismo tecnológico que está associado ao progresso e ao crescimento ilimitado. Nesse sentido, a ética da responsabilidade tem a tarefa de humanizar os conhecimentos tecnológicos e científicos para que, assim, possamos tornar o mundo habitável.

Na Seção 6.1, analisamos a insuficiência das éticas tradicionais para lidar com os assuntos tecnológicos da contemporaneidade. Apresentamos as principais características dessas éticas, além dos desafios que elas encontram ao tratar do poder da tecnologia. No entanto, alguns dos valores utilizados nas éticas tradicionais ainda têm sua validade sob o aspecto particular da ação, como a caridade e a beneficência.

Na Seção 6.2, analisamos a importância de fundamentar uma ética para as gerações futuras e vimos que as máximas tradicionais não são capazes de enfrentar o poder tecnológico adquirido na modernidade por estarem presas à ideia de reciprocidade. Discutimos quais são os novos imperativos propostos por Jonas como necessários à humanidade no futuro, tratando, ainda, de alguns dos novos valores que servirão no futuro e são as bases da ética da responsabilidade de Jonas, a saber: a frugalidade (continência e temperança) e a moderação.

Na Seção 6.3, seguindo com a análise de novos valores para o futuro, analisamos como Jonas desenvolve o conceito de heurística do temor. Para o referido autor, esse é o sentimento que move e pertence à responsabilidade. Por isso, analisamos o valor do prognóstico negativo em favor da mudança de atitude na forma de pensar e agir no presente, que Jonas chamou de *futurologia comparativa*.

Na Seção 6.4, analisamos a fundamentação do conceito de responsabilidade. Fizemos as distinções necessárias que legitimam a responsabilidade como um sentimento que move a ação em favor das gerações futuras. O arquétipo da responsabilidade é a relação não recíproca de pais para com os filhos, pois essa relação geralmente é desinteressada. Também vimos que existe a responsabilidade contratual, na qual o indivíduo assume para si as responsabilidades para com a administração do bem público.

Na Seção 6.5, vimos que o homem é o ser vivo com o maior grau de liberdade e que esta pertence somente a ele. Qualquer decisão do homem pesa sobre sua existência e a dos demais seres vivos. A responsabilidade é a essência do humano: é a potencialidade e a qualidade necessárias que constituem seu ser. Dessa forma, a prudência, aliada à responsabilidade, deve garantir a permanência autêntica da vida sobre a terra.

Indicações culturais

As indicações culturais a seguir propiciam o aprofundamento dos conteúdos trabalhados neste capítulo. Servem de estímulo para que você aprofunde os aspectos filosóficos da obra de Hans Jonas.

Filme

HANNAH Arendt. Direção: Margarethe Von Trotta. Alemanha/Luxemburgo/França, 2013. 113 min.

Livros

COSTA, L. S.; CAMARGO, L. N. O Stoffwechsel como primeiro gesto de liberdade da vida segundo Hans Jonas. **Griot**: Revista de Filosofia, v. 15, n. 1, p. 128-145, jun. 2017. Disponível em: <https://www3.ufrb.edu.br/seer/index.php/griot/article/view/747/462>. Acesso em: 25 nov. 2018.

FONSECA, L. S. G. **Hans Jonas e a responsabilidade do homem frente ao desafio biotecnológico**. 468 f. Tese (Doutorado em Filosofia) – Universidade Federal de Minas Gerais, Belo Horizonte, 2009. Disponível em: <http://www.bibliotecadigital.ufmg.br/dspace/bitstream/handle/1843/ARBZ-7X4FBC/tese_lilian_s_godoy_fonseca.pdf?sequence=1>. Acesso em: 25 nov. 2018.

JONAS, H. **O princípio responsabilidade**: ensaio de uma ética para a civilização tecnológica. Tradução de Luiz Barros Montez e Marijane Lisboa. Rio de Janeiro: Contraponto/Ed. PUCRio, 2006.

_____. **O princípio vida**: fundamentos para uma biologia filosófica. Tradução de Carlos Almeida Pereira. Petrópolis: Vozes, 2004.

_____. **Pensar sobre Dios y otros ensayos**. Barcelona: Herder, 1998.

_____. **Philosophical Essays**: from Ancient Creed to Technological Man. Englewood Cliffs: Prentice-Hall, 1974.

_____. **Técnica, medicina e ética**: sobre a prática do princípio responsabilidade. Tradução do Grupo de Trabalho Hans Jonas da Anpof. São Paulo: Paulus, 2013.

LOPES, W. E. S. **Hans Jonas e a diferença antropológica**: uma leitura da biologia filosófica. Tese (Doutorado em Filosofia) – Universidade Federal de Minas Gerais, Belo Horizonte, 2014.

OLIVEIRA, J. R. de; **Compreender Hans Jonas**. Petrópolis: Vozes, 2014.

OLIVEIRA, J. R. de; MORETTO, G.; SGANZERLA, A. **Vida, técnica e responsabilidade**: três ensaios sobre a filosofia de Hans Jonas. São Paulo: Paulus, 2015.

Vídeos

EM DIÁLOGO com Jelson Oliveira – vida e obra de Hans Jonas. Disponível em: <www.youtube.com/watch?v= oYZyDdXDpZI&t=33s>. Acesso em: 8 out. 2018.

HANS Jonas e o mundo consumista contemporâneo. Disponível em: <www.youtube.com/watch?v=UKKIk1qUYMo>. Acesso em: 8 out. 2018.

Atividades de autoavaliação

1. Em *O princípio responsabilidade: ensaio de uma ética para a civilização tecnológica* (1979), Jonas deixa explícito por que a tecnologia moderna tornou-se uma ameaça à humanidade e por que as éticas tradicionais são insuficientes para tratar desses novos assuntos. Por isso, o autor elenca cinco características que sintetizam o modo como a ética abordava os assuntos sobre o agir humano e, com base nelas, procura evidenciar a necessidade de fundamentação de uma nova ética. Das características a seguir, qual Jonas não relaciona como pertencente às éticas tradicionais?
    a) Antropocentrismo.
    b) As ações éticas pertencem ao campo imediato do presente.
    c) A condição humana é uma essência fixa e imutável.
    d) Existencialismo.
    e) As atividades que não pertenciam ao âmbito humano eram eticamente neutras.

2. "_____ são ideias do que é bom, correto e almejável, que saem ao encontro de nossas pulsões e de nossos desejos, com os quais bem poderiam conciliar-se, com certa autoridade, com a pretensão de que se lhes reconheça como vinculantes e, portanto, se lhes 'deva' gravar na vontade, pretensão ou ao menos respeito próprio" (Jonas, 2013, p. 65-66). Qual é o termo que completa a lacuna adequadamente?
    a) Antropologias.
    b) Valores.
    c) Ética.
    d) Responsabilidades.
    e) Futurologia comparativa.

3. De acordo com o que estudamos neste capítulo, qual das máximas a seguir não faz parte da proposta ética de Jonas para as gerações futuras?
    a) "Aja de modo a que os efeitos da tua ação sejam compatíveis com a permanência de uma autêntica vida humana sobre a Terra" (Jonas, 2006, p. 47).
    b) "Aja de modo a que os efeitos da tua ação não sejam destrutivos para a possibilidade futura de uma tal vida" (Jonas, 2006, p. 47).
    c) "Aja de modo que tu também possas querer que tua máxima se torne lei geral" (Jonas, 2006, p. 47).
    d) "Não ponha em perigo as condições necessárias para a conservação indefinida da humanidade sobre a Terra". (Jonas, 2006, p. 48).
    e) "Inclua na tua escolha presente a futura integridade do homem como um dos objetos do teu querer" (Jonas, 2006, p. 48).

4. Para Jonas, assim como podemos imaginar o mal no futuro, devemos criar uma forma de experimentá-lo, produzindo intencionalmente esse *malum*. Para o autor, a ciência da ficção é uma das formas mais eficazes de experimentar esse mal, ou seja, por meio de uma casuística imaginativa, podemos facilmente visualizar cenários desastrosos no futuro. Dessa forma, podemos despertar o sentimento que mobiliza o ser humano a agir. A expressão que Jonas utiliza para representar esse sentimento é:
   a) futurologia comparativa.
   b) reciprocidade.
   c) responsabilidade parental.
   d) responsabilidade contratual.
   e) heurística do temor.

5. Indique se as afirmações a seguir são verdadeiras (V) ou falsas (F) no que se refere à responsabilidade como princípio ético:
   (　) O homem é o ser vivo com o maior grau de liberdade e a responsabilidade pertence somente a ele. Qualquer decisão do homem pesa sobre sua existência e a dos demais seres vivos tanto no presente como no futuro.
   (　) O ser humano é o único ente conhecido por nós que pode assumir a responsabilidade.
   (　) Ao estabelecer a responsabilidade como centro de sua ética, Jonas considera que ela deve ser do futuro, ou seja, é um conjunto de princípios que devem ser utilizados apenas pelos nossos descendentes.

   Agora, assinale a alternativa que apresenta a sequência correta:
   a) V, F, V.
   b) F, F, V.

c) V, V, F.
d) V, V, V.
e) F, V, F.

Atividades de aprendizagem

Questões para reflexão

1. Com base no que você estudou neste capítulo, elabore um texto dissertativo relacionando as características das éticas tradicionais com os valores éticos do amanhã.

   Para construir o texto, você deverá:
   - apresentar as características das éticas tradicionais;
   - discutir os valores que servirão à ética no futuro;
   - expor seus argumentos e explicar se você é contra ou a favor desses valores.

2. Vimos que, além das responsabilidades natural e contratual (artificial), existe uma responsabilidade escolhida livremente pelo indivíduo: a responsabilidade política. Para o homem político, o "objeto da responsabilidade é a *res publica*, a coisa pública, que em uma república é potencialmente a coisa de todos, mas realmente só o é nos limites do cumprimento dos deveres gerais da cidadania" (Jonas, 2006, p. 172).

   Elabore um texto dissertativo apresentando seus argumentos contra e a favor do dever do homem político enquanto modelo de responsabilidade para as gerações futuras.

Para construir o texto, você deverá:

- destacar as diferenças entre os tipos de responsabilidade natural e contratual;
- discutir os deveres do homem político na democracia como responsabilidade livremente escolhida;
- apresentar sua opinião e responder à pergunta: Em um mundo contaminado pelos vícios políticos, é possível alguém ser responsável pelas coisas públicas, atendendo fundamentalmente os interesses da população?

Atividades aplicadas: prática

1. Realize uma leitura do Capítulo 3 da obra a seguir:
   JONAS, H. **Técnica, medicina e ética**: sobre a prática do princípio responsabilidade. Tradução do Grupo de Trabalho Hans Jonas da Anpof. São Paulo: Paulus, 2013.

   Faça um resumo do capítulo e, depois, elabore um texto dissertativo apresentando os principais elementos contidos no texto.

   Para construir o texto, você deverá:
   - destacar quais são os valores para o amanhã;
   - justificar por que os valores das éticas tradicionais estão envelhecidos.

2. Produza um artigo com base no que apresentamos ao longo do capítulo, evidenciando as principais características do princípio da responsabilidade como um modelo ético que leve em consideração os interesses das gerações futuras.

Para construir o texto, você deverá discutir:
- o significado de futurologia comparativa;
- a importância da heurística do temor;
- o dever do homem em relação ao futuro da humanidade;
- por que o homem é o único portador da responsabilidade.

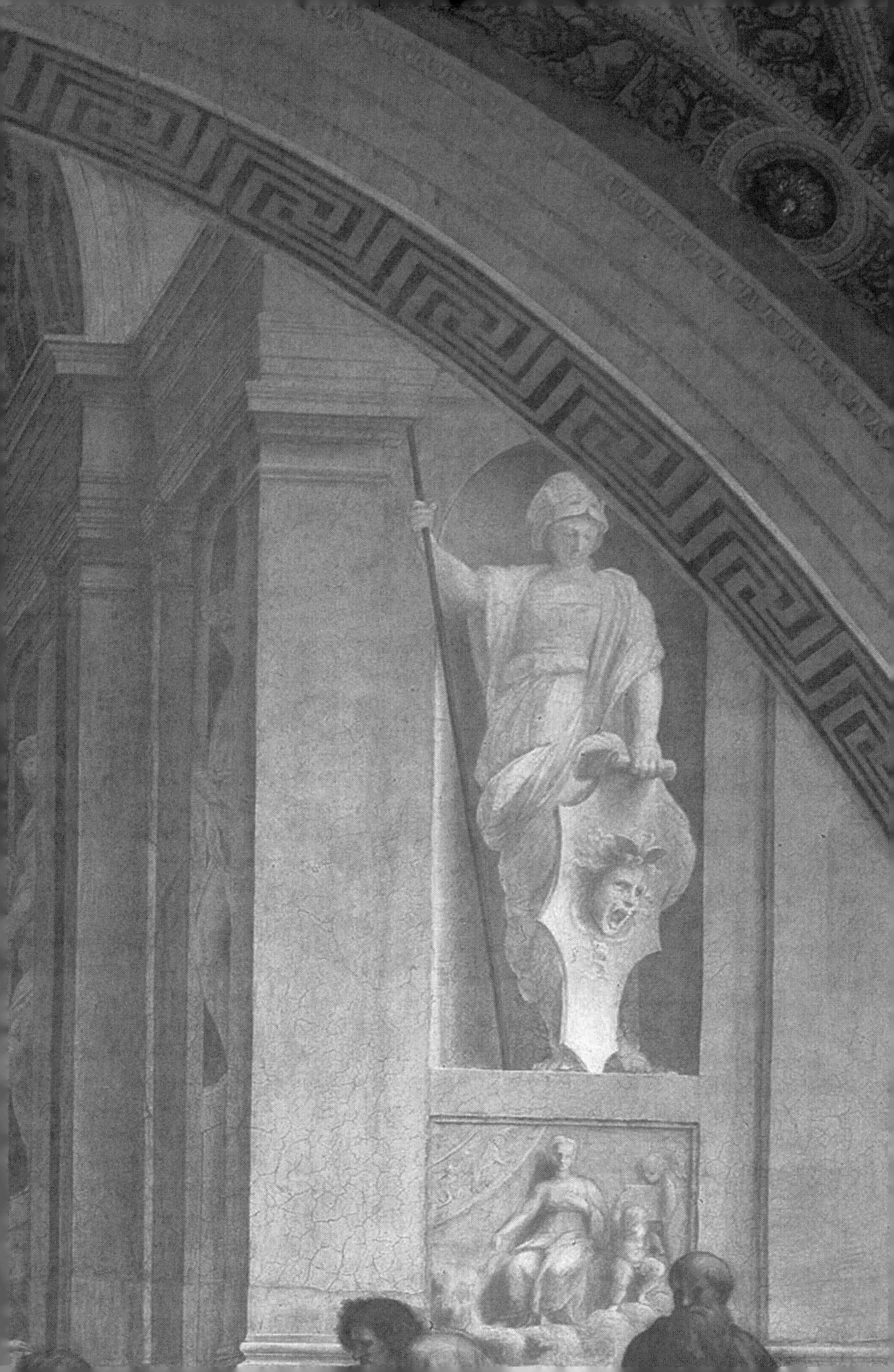

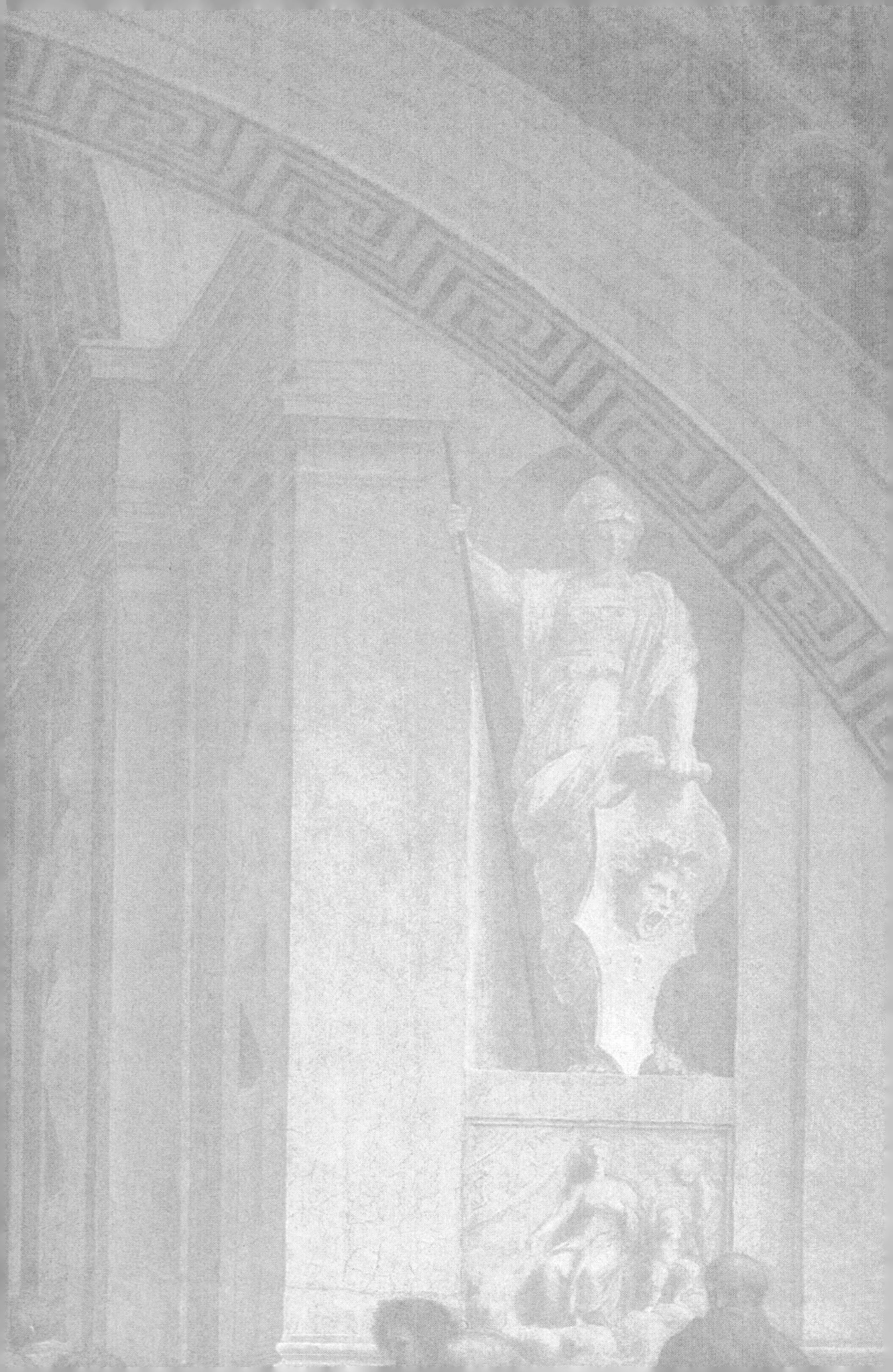

considerações finais

Neste livro, abordamos a ética na sociedade contemporânea sob uma perspectiva global e apresentamos definições, problemas e desafios da ética nos diversos âmbitos da sociedade. Os temas discutidos são de interesse de toda a comunidade acadêmica, pois não se restringem apenas à filosofia, mas também envolvem diferentes áreas do conhecimento, o que assegura o caráter interdisciplinar da ética na contemporaneidade.

O lançamento da bomba atômica em 1945, em Hiroshima, no Japão, durante a Segunda Guerra Mundial, ascendeu o sinal de alerta sobre a forma como a ética deve enfrentar os problemas advindos, principalmente, da tecnologia. Recentemente, também no Japão, em 2011, tivemos uma explosão e o vazamento radioativo de uma usina nuclear em Fukushima. Ainda não podemos medir exatamente os efeitos que esse desastre provocou naquela população, uma vez que várias gerações poderão sofrer com doenças degenerativas e cancerígenas. Recentemente, no Brasil, o rompimento da barragem de rejeitos da mineradora Samarco, no distrito de Bento Rodrigues, próximo à cidade de Mariana, na região central de Minas Gerais, causou uma destruição ambiental com dimensões alarmantes. Além da contaminação da água e da morte de várias espécies aquáticas, o que provocou uma mudança significativa na vida das pessoas que dependiam da atividade da pesca na região, ainda não podemos mensurar exatamente os problemas ambientais que o desastre provocou na região*.

Esses são alguns exemplos que mostram a importância de considerar a ética como um conjunto de reflexões que permitem pensar o que pode ocorrer diante de casos de irresponsabilidade ou imprudência. Nesse sentido, a proposta de Hans Jonas nos parece urgente, pois a fundamentação de um princípio que tem como elemento central a responsabilidade pode nos ajudar a prevenir e mostrar formas alternativas que permitem o desenvolvimento tecnológico, sem, no entanto, devastar e ameaçar a natureza. Precisamos garantir a existência da humanidade

---

* A reportagem completa dessa notícia pode ser consultada em: G1 MG. **Barragem se rompe, e enxurrada de lama destrói distrito de Mariana.** 5 nov. 2015. Disponível em: <http://g1.globo.com/minas-gerais/noticia/2015/11/barragem-de-rejeitos-se-rompe-em-distrito-de-mariana.html>. Acesso em: 8 out. 2018.

no futuro, bem como a existência autêntica da vida, tanto do homem como dos demais seres vivos.

Temos claro que não conseguimos abordar toda a amplitude da ética sob uma perspectiva global, mas reafirmamos que os temas aqui discutidos oferecem ao leitor uma compreensão filosófica rigorosa e clara, que servirá de sustentação para o aprofundamento dos temas aqui tratados. Uma das principais dificuldades da filosofia é a capacidade de estabelecer diálogos com outras áreas do conhecimento, porém, vimos que, em uma perspectiva ética contemporânea, limitar o assunto apenas à filosofia representa o fim da própria filosofia. Não podemos refletir sobre questões éticas sem o diálogo com as ciências humanas, como a antropologia e a sociologia, entre outras, ou com a biologia, a medicina e as ciências naturais de modo geral. Quando formos capazes de estabelecer esse diálogo claro com outras áreas do conhecimento, daremos sentido à nossa existência.

referências

ABBAGNANO, N. **Dicionário de filosofia**. Tradução de Alfredo Bosi. 5. ed. São Paulo: M. Fontes, 2007.

AHLERT, A. Ética e direitos humanos: princípios educacionais para uma sociedade democrática. **Nómadas**: Revista Critica de Ciencias Sociales y Jurídicas, Madrid, v. 16, p. 1-9, 2007. Disponível em: <https://webs.ucm.es/info/nomadas/16/alvoriahlert.pdf>. Acesso em: 25 nov. 2018.

ARAÚJO, I. L. Foucault e a ética dos atos de liberdade. In: CANDIOTTO, C. (Org.). **Ética**: abordagens e perspectivas. 2. ed. Curitiba: Champagnat, 2011. p. 143-162.

ARISTÓTELES. **Ética a Nicômaco**. Tradução de Leonel Valandro e Gerd Bornheim. São Paulo: Abril Cultural, 1973. (Coleção Os Pensadores).

BARBOZA, J.; DEBONA, V.; DECOCK, D. C. Para além de uma ética racional: considerações sobre a ética animal. In: CANDIOTTO, C. (Org.). **Ética**: abordagens e perspectivas. 2. ed. Curitiba: Champagnat, 2011. p. 163-182.

BAZZANO, F. C. O. Aspectos éticos da pesquisa científica. In: SILVA, J. V. da (Org.). **Bioética**: meio ambiente, saúde e pesquisa. São Paulo: Iátria, 2009. p. 149-180.

BOFF, L. **Ecologia, mundialização, espiritualidade**: a emergência de um novo paradigma. São Paulo: Ática, 1993.

BONELLA, A. E. Teoria crítica da biotecnologia e clonagem. **Revista de Filosofia Aurora**, Curitiba, v. 27, n. 40, p. 197-217, jan./abr. 2015. Disponível em: <https://periodicos.pucpr.br/index.php/aurora/article/view/646/571>. Acesso em: 25 nov. 2018.

BOSTROM, N. **The Transhumanist FAQ**: a General Introduction. version 2.1, 2003. Disponível em: <http://nickbostrom.com/views/transhumanist.pdf>. Acesso em: 10 out. 2018.

BRASIL. Constituição (1988). **Diário Oficial da União**, Brasília, DF, 5 out. 1988. Disponível em: <www.planalto.gov.br/ccivil_03/Constituicao/Constituicao.htm>. Acesso em: 10 out. 2018.

BRASIL. Lei n. 9.795, de 27 de abril de 1999. **Diário Oficial da União**, Poder Legislativo, Brasília, DF, 28 abr. 1999. Disponível em: <www.planalto.gov.br/ccivil_03/leis/l9795.htm>. Acesso em: 10 out. 2018.

BRAUNER, M. C. C.; DURANTE, V. (Org.). **Ética ambiental e bioética**: proteção jurídica da biodiversidade. Caxias do Sul: Educs, 2012.

CAMARGO, L. N. Transumanismo: desafios e perspectivas para a filosofia contemporânea. In: GOUVEIA, S. S.; SOL, A. F. (Ed.). **Bioética no século XXI**. Charleston: CreateSpace Independent Publishing, 2018. p. 415-429.

CAMPOS, P. C. O pressuposto da ética na preservação do meio ambiente. Breve história sobre origens e conceitos do movimento ambientalista. **Alceu**, v. 8, n. 16, p. 19-51, jan./jun. 2008. Disponível em: <http://revistaalceu.com.puc-rio.br/media/alceu_n16_Campos.pdf>. Acesso em: 10 out. 2018.

CANDIOTTO, C. (Org.). **Ética**: abordagens e perspectivas. 2. ed. Curitiba: Champagnat, 2011a.

_____. Ética: definições, modelos e perspectivas. In: CANDIOTTO, C. (Org.). **Ética**: abordagens e perspectivas. 2. ed. Curitiba: Champagnat, 2011b. p. 9-25.

_____. Foucault: ética e governo. In: SGANZERLA, A.; FALABRETTI, E. S.; BOCCA, F. V. (Org.). **Ética em movimento**. São Paulo: Paulus, 2009. p. 219-230.

CAPRA, F. **A teia da vida**. Tradução de Newton Roberval Eichemberg. 16. ed. São Paulo: Cultrix, 2010.

_____. **O ponto de mutação**. Tradução de Álvaro Cabral. 28. ed. São Paulo: Cultrix, 2007.

CARVALHO, R. R. P.; ALBUQUERQUE, A. Desigualdade, bioética e direitos humanos. **Revista Bioética**, Brasília, v. 23, n. 2, p. 227-237, maio/ago. 2015. Disponível em: <http://dx.doi.org/10.1590/1983-80422015232061>. Acesso em: 10 out. 2018.

CASSIMIRO, M. C.; SILVA, C. H. D.; FALCÃO, H. G. Bioética: reflexões sobre pesquisas com seres humanos à luz da perspectiva brasileira. In: GOUVEIA, S. S.; SOL, A. F. (Ed.). **Bioética no século XXI**. Charleston: CreateSpace Independent Publishing, 2018. p. 61-91.

CAVALHEIRO, E. A. A nova convergência da ciência e da tecnologia. **Novos estudos Cebrap**, São Paulo, n. 78, p. 23-30, jul. 2007. Disponível em: <www.scielo.br/scielo.php?script=sci_arttext&pid=S0101-33002007000200004&lng=en&nrm=iso>. Acesso em: 10 out. 2018.

CORTÉS-BOUSSAC, A. A técnica em Heidegger e Hans Jonas. In: SANTOS, R. dos; OLIVEIRA, J. R. de; ZANCANARO, L. (Org.). **Ética para a civilização tecnológica**: em diálogo com Hans Jonas. São Paulo: São Camilo, 2011. p. 183-194.

COSTA, L. A. V. da; IGNÁCIO, R. P. Relações de consumo × meio ambiente: em busca do desenvolvimento sustentável. **Âmbito Jurídico**, Rio Grande, v. 14, n. 95, dez. 2011. Disponível em: <www.ambito-juridico.com.br/site/?n_link=revista_artigos%20_leitura&artigo_id=10794&revista_caderno=5>. Acesso em: 10 out. 2018.

COSTA, L. S.; CAMARGO, L. N. O Stoffwechsel como primeiro gesto de liberdade da vida segundo Hans Jonas. **Griot**: Revista de Filosofia, v. 15, n. 1, p. 128-145, jun. 2017. Disponível em: <https://www3.ufrb.edu.br/seer/index.php/griot/article/view/747/462>. Acesso em: 25 nov. 2018.

ENGELHARDT, H. T. **The Foundations of Bioethics**. Oxford: Oxford University Press, 1986.

FEENBERG, A. O que é a filosofia da tecnologia. In: NEDER, R. T. (Org.). **A teoria crítica de Andrew Feenberg**: racionalização democrática, poder e tecnologia. Brasília: Ed. da UnB/Capes, 2010a. p. 49-65.

_____. Teoria crítica da tecnologia: um panorama. In: NEDER, R. T. (Org.). **A teoria crítica de Andrew Feenberg**: racionalização democrática, poder e tecnologia. Brasília: Ed. da UnB/Capes, 2010b. p. 97-117.

_____. **Transforming Technology**: a Critical Theory Revisited. New York: Orforx University Press, 2002.

FLORES, J. H. **Teoria crítica dos direitos humanos**: os direitos humanos como produtos culturais. Rio de Janeiro: Lumen Juris, 2009.

FONSECA, L. S. G. **Hans Jonas e a responsabilidade do homem frente ao desafio biotecnológico**. 468 f. Tese (Doutorado em Filosofia) – Universidade Federal de Minas Gerais, Belo Horizonte, 2009. Disponível em: <http://www.bibliotecadigital.ufmg.br/dspace/bitstream/handle/1843/ARBZ-7X4FBC/tese_lilian_s_godoy_fonseca.pdf?sequence=1>. Acesso em: 25 nov. 2018.

_____. Hans Jonas responsabiliza a técnica pela atual crise ambiental? **Revista de Filosofia Aurora**, Curitiba, v. 24, n. 35, p. 465-480, jul./dez. 2012. Disponível em: <https://periodicos.pucpr.br/index.php/aurora/article/view/487/415>. Acesso em: 25 nov. 2018.

_____. Tecnologias contemporâneas: ainda há o que temer? **Pensando**: Revista de Filosofia, v. 4, n. 7, p. 2-15, 2013. Disponível em: <http://www.ojs.ufpi.br/index.php/pensando/article/download/1327/1065>. Acesso em: 25 nov. 2018.

FOUCAULT, M. A ética do cuidado de si como prática da liberdade. **Concórdia**: Revista Internacional de Filosofia, n. 6, p. 99-116, jul./dez. 1984.

FRANCISCO, Papa. **Encíclica Apostólica Laudato Si'**: sobre o cuidado da casa comum. São Paulo: Loyola/Paulus, 2015.

G1 MG. **Barragem se rompe, e enxurrada de lama destrói distrito de Mariana**. 5 nov. 2015. Disponível em: <http://g1.globo.com/minas-gerais/noticia/2015/11/barragem-de-rejeitos-se-rompe-em-distrito-de-mariana.html>. Acesso em: 10 out. 2018.

GOUVEIA, S. S. Problemas conceituais e morais na prática médica actual: sobre a distinção entre "matar" e "deixar morrer". In: GOUVEIA, S. S.; SOL, A. F. (Ed.). **Bioética no século XXI**. Charleston: CreateSpace Independent Publishing, 2018. p. 373-391.

GOUVEIA, S. S.; SOL, A. F. (Ed.). **Bioética no século XXI**. Charleston: CreateSpace Independent Publishing, 2018.

HARARI, Y. N. **Homo Deus**: uma breve história do amanhã. Tradução de Paulo Geiger. São Paulo: Companhia das Letras, 2016.

_____. **Sapiens**: uma breve história da humanidade. Tradução de Janaína Marcoantonio. Porto Alegre: L&PM, 2015.

HEIDEGGER, M. A questão da técnica. **Scientiae Studia**, São Paulo, v. 5, n. 3, p. 375-398, 2007. Disponível em: <http://www.scientiaestudia.org.br/revista/PDF/05_03_05.pdf>. Acesso em: 24 nov. 2018.

HOTTOIS, G. **El paradigma bioético**: una ética para la tecnociencia. Barcelona: Anthropos, 1991.

HUNT, L. **A invenção dos direitos humanos**: uma história. Tradução de Rosaura Eichenberg. São Paulo: Companhia das Letras, 2009.

JONAS, H. O fardo e a benção da mortalidade. **Princípios**, Natal, v. 16, n. 25, p. 265-281, jan./jun. 2009. Disponível em: <https://periodicos.ufrn.br/principios/article/view/450>. Acesso em: 13 ago. 2018.

_____. **O princípio responsabilidade**: ensaio de uma ética para a civilização tecnológica. Tradução de Luiz Barros Montez e Marijane Lisboa. Rio de Janeiro: Contraponto/Ed. PUCRio, 2006.

_____. **O princípio vida**: fundamentos para uma biologia filosófica. Tradução de Carlos Almeida Pereira. Petrópolis: Vozes, 2004.

_____. **Pensar sobre Dios y otros ensayos**. Barcelona: Herder, 1998.

_____. **Philosophical Essays**: from Ancient Creed to Technological Man. Englewood Cliffs: Prentice-Hall, 1974a.

_____. Seventeeenth Century and After: the Meaning of the Scientific and Technological Revolution. In:_____. **Philosophical Essays**. New Jersey: Prentice-Hall, Englewood Cliffs, 1974b. p. 45-80.

_____. **Técnica, medicina e ética**: sobre a prática do princípio responsabilidade. Tradução do Grupo de Trabalho Hans Jonas da Anpof. São Paulo: Paulus, 2013.

KANT, I. **Fundamentação da metafísica dos costumes**. Tradução de Paulo Quintela. São Paulo: Abril Cultural, 1973. (Coleção Os Pensadores).

KÄSSMAYER, K. Apontamentos sobre a ética ambiental como fundamento do direito ambiental. **EOS**: Revista Jurídica da Faculdade de Direito/Faculdade Dom Bosco, Curitiba, v. 1, n. 4, p. 128-146, jul./dez. 2008.

LEVINAS, E. **Entre nós**: ensaios sobre a alteridade. Tradução de Pergentino Stefano Pivatto (Coord.). 2. ed. Petrópolis: Vozes, 2005.

_____. **Humanismo do outro homem**. Tradução de Pergentino Stefano Pivatto (Coord.). Petrópolis: Vozes, 1993.

_____. **Totalidade e infinito**. Tradução de José Pinto Ribeiro. Lisboa: Edições 70, 2000.

LOPES, W. E. S. **Hans Jonas e a diferença antropológica**: uma leitura da biologia filosófica. Tese (Doutorado em Filosofia) – Universidade Federal de Minas Gerais, Belo Horizonte, 2014.

MENDONÇA, M. T. Eutanásia: um olhar bioético. In: GOUVEIA, S. S.; SOL, A. F. (Ed.). **Bioética no século XXI**. Charleston: CreateSpace Independent Publishing, 2018. p. 339-353.

MORAES, A. de. **Direito Constitucional**. 33. ed. rev. e atual. São Paulo: Atlas, 2017.

MORAES, M. C. **O paradigma educacional emergente**. Campinas: Papirus, 1997.

MORE, M. **H+**: True Transhumanism, 2009. Disponível em: <www.metanexus.net/essay/h-true-transhumanism>. Acesso em: 16 out. 2018.

NIETZSCHE, F. **A gaia ciência**. Tradução de Paulo César de Souza. São Paulo: Companhia das Letras, 2001.

NIETZSCHE, F. **Obras incompletas**. Tradução de Rubens Rodrigues Torres Filho. São Paulo: Nova Cultural, 1999. (Coleção Os Pensadores).

NOVAES, A. (Org.). **Mutações**: o novo espírito utópico. Tradução de Paulo Neves. São Paulo: Sesc, 2016.

OLIVEIRA, J. R. de. **Compreender Hans Jonas**. Petrópolis: Vozes, 2014.

_____. Da magnitude e ambivalência à necessária humanização da tecnociência segundo Hans Jonas. **Cadernos IHU Ideias**, São Leopoldo, ano 10, n. 176, p. 1-20, 2012.

_____. O futuro nas mãos da técnica: o destino do homem e da natureza segundo Hans Jonas. **Pensando**: Revista de Filosofia, v. 4, n. 7, p. 16-25, 2013. Disponível em: <http://www.ojs.ufpi.br/index.php/pensando/article/view/1448/1066>. Acesso em: 25 nov. 2018.

_____. O *homo faber*, de usuário de ferramentas a objeto tecnológico. **Educação e Filosofia**, v. 30, n. 59, p. 331-351, jan./jun. 2016. Disponível em: <http://www.seer.ufu.br/index.php/EducacaoFilosofia/article/view/26952/19911>. Acesso em: 25 nov. 2018.

_____. Um Adão biotecnológico: sobre a secularização dos antigos ideais religiosos pelo trans-humanismo. **Revista Pistis & Práxis**: Teologia e Pastoral, v. 9, n. 3, p. 861-886, 2017. Disponível em: <https://periodicos.pucpr.br/index.php/pistispraxis/article/view/23337/22477>. Acesso em: 25 nov. 2018.

OLIVEIRA, J. R. de; MORETTO, G.; SGANZERLA, A. **Vida, técnica e responsabilidade**: três ensaios sobre a filosofia de Hans Jonas. São Paulo: Paulus, 2015.

PAULA JUNIOR, H. O.; OLIVEIRA, J. R. Nietzsche: a filosofia do trágico, entre a ética e a estética. In: SGANZERLA, A.; FALABRETTI, E. S.; BOCCA, F. V. (Org.). **Ética em movimento**. São Paulo: Paulus, 2009. p. 173-186.

PEGORARO, O. A. **Ética e bioética**: da subsistência à existência. Petrópolis: Vozes, 2002.

PELIZZOLI, M. L. **Ética e meio ambiente**: para uma sociedade sustentável. Petrópolis: Vozes, 2013.

PESSINI, L. **Eutanásia**: por que abreviar a vida? São Paulo: Loyola, 2004.

POTTER, V. R. **Bioética**: ponte para o futuro. Tradução de Cecília Camargo Bartalotti. São Paulo: Loyola, 2016.

QUINTANA, A. C.; HACON, V. O desenvolvimento do capitalismo e a crise ambiental. **O Social em Questão**, ano 14, n. 25-26, p. 427-444, 2011. Disponível em: <http://osocialemquestao.ser.puc-rio.br/media/21_OSQ_25_26_Quintana_e_Hacon.pdf>. Acesso em: 25 nov. 2018.

REALE, G.; ANTISERI, D. **História da filosofia**: de Nietzsche à Escola de Frankfurt. Tradução de Ivo Storniolo. São Paulo: Paulus, 2006. (Coleção História da Filosofia; v. 6).

ROCCO, M. C.; BAINBRIDGE, W. S. (Ed.). **Converging Technologies for Improving Human Performance**: Nanotechnology, Biotechnology, Information Technology and Cognitive Science. Arlington: NSF/DOC-Sponsored Report, 2002.

RUIZ, C. M. M. B. Ética e alteridade em Emmanuel Levinas. In: CANDIOTTO, C. (Org.). **Ética**: abordagens e perspectivas. 2. ed. Curitiba: Champagnat, 2011. p. 223-249.

SANCHES, M. A. Bioética: uma reflexão ética provocada pelo avanço das biociências. In: CANDIOTTO, C. (Org.). **Ética**: abordagens e perspectivas. 2. ed. Curitiba: Champagnat, 2011. p. 251-266.

SÁNCHEZ VÁSQUEZ, A. S. **Ética**. Tradução de João Dell'Anna. 15. ed. Rio de Janeiro: Civilização Brasileira, 1995.

SANTOS, B. de S. Direitos humanos: o desafio da interculturalidade. **Revista Direitos Humanos**, n. 2, p. 10-18, jun. 2009. Disponível em: <http://www.boaventuradesousasantos.pt/media/Direitos%20 Humanos_Revista%20Direitos%20Humanos2009.pdf>. Acesso em: 25 nov. 2018.

_____. Os direitos humanos na zona de contacto entre globalizações rivais. **Cronos**, Natal, v. 8, n. 1, p. 23-40, jan./jun. 2007. Disponível em: <http://www.boaventuradesousasantos.pt/media/Direitos%20 humanos%20globaliza%C3%A7%C3%B5es%20rivais_Cronos2007.pdf>. Acesso em: 25 nov. 2018.

_____. Por uma concepção multicultural de direitos humanos. **Revista Crítica de Ciências Sociais**, n. 48, p. 11-32, jun. 1997. Disponível em: <http://www.boaventuradesousasantos.pt/media/pdfs/Concepcao_multicultural_direitos_humanos_RCCS48.PDF>. Acesso em: 24 nov. 2018.

_____. **Se Deus fosse um ativista dos direitos humanos**. 2. ed. São Paulo: Cortez, 2014.

SAVULESCU, J. The Human Prejudice and the Moral Status of Enhanced Beings: what do we Owe the Gods? In: SAVULESCU, J.; BOSTROM, N. (Ed.). **Human Enhancement**. Oxford: Oxford University Press, 2009. p. 211-250.

SELVAGGI, F. **Filosofia do mundo**: cosmologia filosófica. São Paulo: Loyola, 1988.

SEUNG, S. **Connectome**: how the Brain's Wiring Makes us who we are. New York: Houghton Mifflin Harcourt, 2012.

SGANZERLA, A.; FALABRETTI, E. S.; BOCCA, F. V. (Org.). **Ética em movimento**. São Paulo: Paulus, 2009.

SGANZERLA, A.; MENDES, G. V. M. Peter Singer e o princípio de igual consideração de interesses. In: OLIVEIRA, J. (Org.). **Filosofia animal**: humano, animal, animalidade. Curitiba: PUCPress, 2016. p. 383-403.

SILVA, J. V. da (Org.). A morte e o morrer: algumas reflexões. In: SILVA, J. V. da (Org.). **Bioética**: meio ambiente, saúde e pesquisa. São Paulo: Iátria, 2009a. p. 111-130.

_____. **Bioética**: meio ambiente, saúde e pesquisa. São Paulo: Iátria, 2009b.

SINGER, P. **Ética prática**. Tradução de Jefferson Luiz Camargo. 3. ed. São Paulo: M. Fontes, 2002.

UNESCO. **Declaração universal dos direitos humanos**. 1948. Disponível em: <http://unesdoc.unesco.org/images/0013/001394/139423por.pdf>. Acesso em: 10 out. 2018.

VASCONCELLOS, M. J. E. de. **Pensamento sistêmico**: o novo paradigma da ciência. Campinas: Papirus, 2002.

VATTIMO, G. **O fim da modernidade**: niilismo e hermenêutica na cultura pós-moderna. Tradução de Eduardo Brandão. São Paulo: M. Fontes, 1996.

VIESENTEINER, J. L. Nietzsche e o niilismo como diagnóstico da crise da ética. In: CANDIOTTO, C. (Org.). **Ética**: abordagens e perspectivas. 2. ed. Curitiba: Champagnat, 2011. p. 111-126.

bibliografia comentada

HARARI, Y. N. **Homo Deus**: uma breve história do amanhã. Tradução de Paulo Griger. São Paulo: Companhia das Letras, 2016.
A proposta de Harari nessa obra é investigar, por meio da história, da filosofia e da ciência, quem somos e para onde vamos. O autor discute, com base em uma análise histórica das guerras, da pobreza e da fome, o que podemos esperar da espécie humana e lança a

pergunta: Qual é o destino da humanidade? Diante das conquistas e dos avanços tecnológicos na ciência, na política e na economia, podemos observar uma mudança de comportamento significativa na vida das pessoas. Por meio de uma análise original da história, o autor nos conduz a pensar em quais serão os próximos passos evolutivos que acontecerão na espécie humana e quais são os riscos e as ameaças que enfrentaremos em decorrência desses avanços.

HUNT, L. **A invenção dos direitos humanos**: uma história. Tradução de Rosaura Eichenberg. São Paulo: Companhia das Letras, 2009.
Diante de um momento conturbado na história mundial dos direitos humanos, a obra da historiadora norte-americana Lynn Hunt procura analisar, de maneira clara e objetiva, como se deu o desenvolvimento histórico dos direitos humanos. A autora reúne elementos que mostram o caminho delicado que os direitos humanos tiveram de percorrer até sua legitimação nos dias de hoje e discute os direitos que devem ser assegurados a todos os seres humanos, como a liberdade, o direito à moradia, ao trabalho, à isonomia e à expressão, entre outros. Nessa obra, Hunt analisa três declarações decisivas para a instauração dos direitos humanos, a saber: a Declaração de Independência dos Estados Unidos (1776), a Declaração dos Direitos do Homem e do Cidadão (1789) e a Declaração Universal dos Direitos Humanos da ONU (1948).

JONAS, H. **Técnica, medicina e ética**: sobre a prática do princípio responsabilidade. Tradução do Grupo de Trabalho Hans Jonas da Anpof. São Paulo: Paulus, 2013.
Essa obra, como o título sugere, trata do princípio responsabilidade de 1979. Hans Jonas, ao resgatar filosoficamente o tema da vida, aponta os desafios e as ameaças contidas na técnica moderna, que as éticas

tradicionais já não são capazes de enfrentar em razão da grandeza e da magnitude tecnológica. A técnica transformou o homem em seu objeto. De sujeito da técnica, graças aos avanços técnico-científicos, ele se transformou em seu artefato. Por isso, a obra propõe reflexões: Como recuperar a dimensão ética da técnica? Como salvaguardar a imagem humana? Quais são os desafios éticos na pesquisa médica? Quais problemas surgem quando nos propomos a reconfigurar o ser humano? Por que a morte pode ser entendida como uma benção? Essas são algumas das questões que a obra procura responder.

JONAS, H. **O princípio responsabilidade**: ensaio de uma ética para a civilização tecnológica. Tradução de Luiz Barros Montez e Marijane Lisboa. Rio de Janeiro: Contraponto/Ed. da PUC-RJ, 2006.

Nessa obra, Hans Jonas aborda uma série de questões contemporâneas que ameaçam a integridade física e a autenticidade da humanidade. A fim de superá-las e garantir a existência das gerações futuras, o autor propõe um novo modelo ético capaz de frear os impulsos tecnológicos da sociedade atual. Certas transformações em nossas capacidades acarretaram uma mudança na natureza do agir humano. E, já que a ética tem a ver com o agir, a natureza modificada do agir humano também impõe uma modificação na ética. Em virtude da magnitude e da ambivalência adquiridas pela técnica moderna, as antigas prescrições das éticas tradicionais tornaram-se insuficientes para tratar dos novos assuntos tecnológicos. No pensamento tradicional, a presença do homem no mundo era um dado primário e indiscutível e da qual partia toda ideia de dever referente à conduta humana. Agora, essa presença tornou-se, ela mesma, um objeto de dever: o dever de conservar o mundo e preservar as condições dessa presença.

PELIZZOLI, M. L. **Ética e meio ambiente**: para uma sociedade sustentável. Petrópolis: Vozes, 2013.

Nessa obra, Marcelo Pelizzoli adota uma perspectiva sistêmica para tentar compreender a vida e os seres vivos, ou seja, em uma relação interligada e em constante harmonia. O autor acredita que é preciso superar as dicotomias e as perdas entre o humano e a natureza a fim de recuperar o elo entre esses dois universos. Esta proposta está associada com a possibilidade de mantermos a essência humana em um mundo atacado por doenças degenerativas e ambientais, causadas pelo uso indiscriminado de produtos agrotóxicos em alimentos e pelo estilo de vida consumista adotado pelas pessoas. Por isso, manter a essência humana e a harmonia com a natureza requer o cuidado e a preservação de rios, matas, ar, solos, entre outros recursos.

POTTER, V. R. **Bioética**: ponte para o futuro. Tradução de Cecília Camargo Bartalotti. São Paulo: Loyola, 2016.

Essa é uma obra clássica que introduz o termo *bioética*, destinado a estruturar um grande território interdisciplinar. Para Van Rensselaer Potter, diante do futuro ameaçado pelo desenvolvimento acelerado e desenfreado do progresso técnico-científico, surge a necessidade de uma disciplina capaz de construir uma ponte entre a biologia e a ética, tornando o diálogo entre essas duas áreas algo possível. Essa disciplina é a bioética. Em um mundo interligado, não é mais possível pensar na ética como algo separado da ciência e da tecnologia, de modo que a discussão ética deve se fazer presente em todas as áreas do conhecimento que envolvam pensar a vida humana. Esse livro de Potter nasce da necessidade de analisar, para além das paredes do laboratório, todos os fatores que põem em risco a sobrevivência da espécie humana. Pensando na sobrevivência e na qualidade de vida das pessoas, a bioética que o autor descreve e propõe tem como principal objetivo proteger o ambiente em que vivemos.

respostas

Capítulo 1

Atividades de autoavaliação

1. d
2. e
3. b
4. a
5. e

Atividades de aprendizagem

Questões para reflexão

1. É necessário definir claramente o conceito de niilismo com base no diagnóstico nietzschiano em relação às críticas estabelecidas à cultura ocidental. Para tanto, é preciso fazer uma análise histórica para conceituar o termo *niilismo*, entendido como um esvaziamento ou esgotamento da vida e dos valores, o que conduz a humanidade à falta de sentido e de fundamentação ética. A falta de respostas às questões que solidificam a vida conduz ao desmoronamento dos valores a partir do século XIX.

2. É necessário argumentar filosoficamente como Levinas compreende e estabelece o conceito de *rosto* ao longo de sua produção filosófica. Na argumentação, é importante discutir que o rosto é fundamental para a desenvolvimento da reflexão ética de Levinas. Ou seja, é pelo reconhecimento no rosto que consigo enxergar o outro em

mim mesmo. Essa dimensão que reconhece o outro no rosto permite o enaltecimento da alteridade. É por meio da revelação que o sujeito será capaz de reconhecer o outro enquanto sujeito. Essa revelação é possível pelo rosto e, por meio dele, nos abrimos à humanidade e nos tornamos responsáveis.

Atividades aplicadas: prática

1. É necessário elaborar um fichamento da obra proposta e reconhecer a importância de Nietzsche para a contemporaneidade, de modo a ficar claro que qualquer pretensão de se falar de ética e valores encontra seu fundamento na crítica e no diagnóstico estabelecidos pelo autor em relação à sociedade ocidental.

2. Nessa atividade é necessário fazer uma pesquisa de autores contemporâneos que abordam o tema da ética. Sugerimos autores que não foram abordados no capítulo, como Hannah Arendt, Hans Jonas, Habermas, Paul Ricouer, Merleau Ponty, Albert Camus, Heidegger, Sartre e Freud, entre outros. Também pode-se utilizar autores latinos, como Enrique Dussel e Leonardo Boff, entre outros. O decisivo é a abordagem ética da contemporaneidade, que tem como principal característica a não normatização de princípios éticos, isto é, cada autor apresenta seu modo de compreender a ética. A contextualização histórica do autor e suas influências devem ser mencionadas no texto.

Capítulo 2

Atividades de autoavaliação

1. b
2. c
3. e
4. a
5. d

Atividades de aprendizagem

Questões para reflexão

1. Nessa questão, é necessário expor a opinião sobre os direitos humanos no contexto atual. É preciso utilizar a reflexão e a crítica para desenvolver argumentos e defendê-los, de forma que a posição em relação aos direitos humanos seja clara. Nesse sentido, precisamos mencionar a importância dos direitos humanos na sociedade atual, tendo em vista que eles são a única forma de garantia de direitos essenciais como moradia, educação, saúde, liberdade de expressão e inserção em programas sociais, entre outros. É preciso lembrar que esses direitos foram conquistados com muita luta, diante de sistemas opressores que marginalizam a vida humana.

2. Nessa questão, é necessário defender ou criticar um conceito proposto por um autor, ou seja, dissertar sobre o conceito de contra-hegemonia formulado por Boaventura de Souza Santos (1997). Para isso, antes de estabelecer a crítica ou o apoio, deve-se compreender o conceito de contra-hegemonia para, assim, se posicionar. *Contra-hegemonia*, em breves palavras, refere-se a uma ideia contra o princípio de universalidade dos direitos humanos, isto é, em razão da multiplicidade de culturas no planeta, estabelecer princípios universais pode descaracterizar certos povos. Uma das saídas, como propõe Santos (1997), é a recontextualização dos direitos humanos sob uma visão multicultural. Assim, conforme o autor:

> *um diálogo intercultural sobre a dignidade humana que pode levar, eventualmente, a uma concepção mestiça dos direitos humanos, uma concepção que, em vez de recorrer a falsos universalismos, se organiza como uma constelação de sentidos locais, mutuamente inteligíveis, e se constitui em redes de referências normativas capacitantes.*
> (Santos, 1997, p. 22)

O aluno deverá se posicionar em relação às questões apresentadas e sustentá-las da maneira que considerar conveniente.

Atividades aplicadas: prática

1. Essa atividade requer uma boa capacidade argumentativa dos alunos a fim de expor suas ideias e opiniões. É necessário discutir, por meio de uma leitura histórica, quem eram as pessoas que realmente tinham direitos na *pólis* grega, ou seja, se todos os cidadãos eram de fato livres ou apenas uma parcela da população. Com base em uma reflexão ética da filosofia de Aristóteles, precisamos entender que toda ação humana deveria ser direcionada e regida pela ideia do bem; a busca e o bem maior a ser alcançado é a felicidade. O homem como medida das coisas, por meio da razão, deve almejar a felicidade como fim último. Os meios devem ser direcionados ao alcance do bem. O direito à felicidade, nesse contexto, deveria se estender a todas as pessoas das cidades-estado gregas. No entanto, sabemos que os direitos restringiam-se apenas aos homens, cidadãos livres da *pólis*. Todos os outros membros da sociedade não tinham direitos. O aluno deverá estabelecer sua reflexão sobre até que ponto tal sociedade pode ter influenciado ou não os direitos humanos a partir da modernidade.

2. Nessa questão, é necessário tratar dos elementos de tortura e crueldades que ocorriam com as pessoas que não eram consideradas da sociedade a partir do século XVII, como sugere o capítulo de Hunt (2009). O aluno precisa discutir, em seu texto, sobre a crueldade e o terror com os quais as pessoas, antes dos direitos humanos, tinham de conviver constantemente. O fato de serem ameaçadas, as cenas de torturas e a violência que presenciavam foi marcante para a elaboração de princípios que garantissem direitos a todos os seres humanos. Nesse texto, também é fundamental a abordagem dos direitos humanos em

favor da preservação da dignidade da vida humana. O aluno também poderá discutir se essas torturas e violências ainda estão presentes na atualidade e se desrespeitam os direitos básicos do ser humano.

Capítulo 3

Atividades de autoavaliação

1. e
2. b
3. d
4. a
5. d

Atividades de aprendizagem

Questões para reflexão

1. Nessa questão, o aluno deverá expor sua opinião sobre quais são os elementos que permitem a elaboração de uma ética voltada à preservação do meio ambiente. Deve-se considerar que o cenário contemporâneo sofreu inúmeras mudanças e passou a ser atingido por uma crise multifacetada, o que nos permite pensar em uma crise sistêmica, na qual todos os setores da sociedade são afetados. Da mesma forma, o meio ambiente, além de impactado pelas mudanças, sofre constantemente com os abusos cometidos pelos seres humanos ao dominar e explorar sem limites os recursos naturais ainda disponíveis a todos os seres vivos. Uma concepção ética que negue o antropocentrismo pode ser um dos primeiros passos para a elaboração de uma nova ética que leve em consideração o interesse de todos os seres vivos na natureza. Nesse sentido, o homem tornar-se-ia mais um ser vivo entre tantos outros que necessitam do meio ambiente para manter sua sobrevivência.

2. Nessa questão, o aluno deverá abordar, em seu texto, as principais características da ecologia profunda, pois ela nos permite pensar em um novo cenário ecológico para a vida do planeta. Dessa forma, é importante ter claro a definição de *ecologia* e discorrer sobre o conceito por meio da distinção entre ecologia superficial (rasa) e ecologia profunda. A ecologia profunda entende a natureza como uma rede de fenômenos constantemente interligados, de modo que todos os seres vivos são interdependentes e reconhece o valor de cada um deles. Há uma série de características na ecologia profunda que estão diretamente relacionadas com todas as camadas e ordens da sociedade, ou seja, desde a ciência até a organização social e política da sociedade, a ecologia profunda propõe mudanças para que possamos pensar em um novo paradigma sistêmico ecológico.

Atividades aplicadas: prática

1. Nessa atividade, o aluno precisará analisar como o documentário impacta na vida das pessoas após o século XX. O aluno precisa discutir, em seu texto, a dinâmica por trás dos produtos e aparelhos produzidos no mundo e considerar que toda a lógica do mercado converge para o aumento do lucro de empresas e governos. O aumento excessivo de riquezas concentradas nas mãos de poucas pessoas leva a um desequilíbrio ecológico que afeta diretamente a vida das pessoas mais pobres. Nesse sentido, precisamos garantir soluções viáveis que favoreçam a preservação do meio ambiente, uma melhor distribuição de renda e um equilíbrio social entre as pessoas, de forma que todos tenham acesso ao mínimo de dignidade e qualidade de vida.

2. Nessa atividade, o estudante deverá ler a obra indicada e elaborar, com base em sua leitura, um texto que indique os principais elementos da obra de Capra. Esse é um dos pensadores que propõem uma mudança de paradigma para a sociedade contemporânea. Capra

fórmula uma nova visão da realidade e a compreende como uma série de inter-relacionamentos, interconexões e interdependências entre todas as coisas que compõem a vida. Essas análises de Capra rompem com o paradigma mecanicista e cartesiano, que concebia a natureza como algo matemático e mecânico. Romper com esse paradigma significa mudar nossa maneira de pensar.

Capítulo 4

Atividades de autoavaliação

1. c
2. a
3. d
4. e
5. c

Atividades de aprendizagem

Questões para reflexão

1. O aluno deve elaborar, com base na pesquisa sobre clonagem humana, uma reflexão sobre as implicações bioéticas do tema escolhido. A clonagem é um dos métodos do futuro que tem como objetivo copiar um ser vivo por meio de procedimentos da biologia molecular. Uma série de implicações morais pode ser observada nos processos que envolvem a clonagem de seres humanos, como a perpetuação de um tipo específico de sujeito que possui vários clones, a seleção de tipos específicos de sujeitos para se clonar, como pessoas mais fortes, inteligentes etc. O texto deve desenvolver diferentes concepções a respeito da clonagem, pensando o procedimento também como algo que pode ser positivo, como a clonagem de espécies de vacas com alta produção de leite ou seu uso na agricultura.

2. Nessa questão, o aluno precisará ter clareza sobre o conceito de transumanismo, tendo em vista que existem inúmeros autores que tratam o tema de forma equivocada. O transumanismo é um movimento filosófico que tende a convergir a ciência e a tecnologia a fim de reconfigurar a condição humana. Para os transumanistas, a condição humana é debilitada, precária e incompleta, pois depende essencialmente da natureza para realizar suas alterações. Em outras palavras, o ser humano é biologicamente limitado. No entanto, hoje podemos superar essas limitações à medida que temos tecnologia para fazer isso, a ponto de criarmos um novo ser humano, diferente do que conhecemos hoje e potencialmente melhorado. Atualmente, a Associação Mundial Transumanista (WTA) conta com milhares de pensadores dispostos a discutir o tema. Do mesmo modo, existem os pensadores conhecidos como *bioconservadores*, que defendem a liberdade e a vida humana como ela é.

Atividades aplicadas: prática

1. Nessa atividade, o aluno deverá apresentar um resumo do capítulo proposto. É importante que o texto aborde as relações que existem entre o capítulo apresentado nesse livro e as provocações de Hans Jonas, principalmente em relação às inquietações bioéticas que o autor levanta, como a eugenia, a clonagem e a biologia molecular. Todas essas questões envolvem reflexões éticas que devem ser pensadas antes da aplicação de qualquer uma das práticas mencionadas, pois qualquer alteração que se faça no ser humano pode causar um dano irreparável que afetará as próximas gerações.

2. Nessa atividade, o aluno deverá desenvolver sua capacidade reflexiva e apontar elementos que justifiquem sua posição. O médico, ao exercer sua profissão, deve procurar todas as formas possíveis para manter um paciente vivo. No entanto, em casos específicos, como a

transfusão de sangue, existem elementos que podem impedir a ação médica, é o caso de algumas religiões que não permitem a transfusão de sangue de outra pessoa. Sem dúvida, o médico encontrará um dilema a ser solucionado. O aluno deve apresentar formas que o médico poderá utilizar para resolver o caso, como usar o comitê de ética do hospital, conversar com a família do paciente, apresentar os riscos ao paciente, entre outras possibilidades. Fato é que, em um caso como esse, a decisão sempre envolverá mais pessoas e outras instituições, extrapolando a relação entre médico e paciente.

Capítulo 5

Atividades de autoavaliação

1. d
2. a
3. b
4. e
5. b

Atividades de aprendizagem

Questões para reflexão

1. Nessa questão, o aluno deverá desenvolver um texto crítico-filosófico a respeito da tecnologia. A tecnologia, na contemporaneidade, assume um papel decisivo na vida das pessoas, e nossas relações cotidianas passaram a ser afetadas diretamente pelo uso dela. Apesar de ser um facilitador da vida em geral, a tecnologia tem se transformado em um perigo à vida humana, à medida que não há limites em seu uso. Os *smartphones* e computadores são um exemplo disso. As pessoas substituem o convívio com os semelhantes no dia a dia e ficam conectadas diariamente em suas redes sociais. O que era para ser um

meio de comunicação rápido e eficiente tornou-se um controlador de seres humanos. É nesse sentido que alertamos para uma necessidade de reflexão ética e filosófica acerca da tecnologia, pois a criação humana passou a controlar o próprio criador.

2. Para responder essa questão, o aluno deverá abordar em seu texto problemas sociais e psicológicos que a tecnologia pode causar à vida das pessoas, especialmente na vida do jovem que se mantém preso ao computador por longos períodos no dia. O aluno deve levar em consideração que os aparelhos tecnológicos estão transformando as pessoas em usuários, isto é, a partir do momento que o ser humano perde sua capacidade de reflexão e decisão sobre determinado fato, ele se transforma em objeto da coisa. Ele deixa sua condição de ser humano, de controlador do aparelho, e passa a ser um usuário da rede, de forma que ele se torna apenas uma complementação do aparelho tecnológico. Desse modo, podemos dizer que, de sujeitos responsáveis, as pessoas na sociedade tecnológica estão se transformando em sujeitos técnicos, obcecados pela tecnologia que um aparelho oferece, o que ameaça nossa humanidade.

Atividades aplicadas: prática

1. Nessa atividade, o aluno deverá fazer um resumo do texto de Feenberg (2010a) sobre o que é a tecnologia, apresentando argumentos que mostrem como o autor define e entende esse conceito. Deve também apresentar em seu texto elementos que favoreçam a fundamentação de uma filosofia da tecnologia. A tecnologia e a ciência, após o século XIX, se transformaram nas bases das crenças das pessoas, de modo que a tecnologia tem assumido um caráter de onipresença na vida delas. Ela tornou-se tão fundamental que podemos dizer que, com sua evolução, surge uma nova cultura. Perante os problemas que essa nova cultura

tecnológica pode representar para a sociedade, a filosofia tem como função questionar e refletir sobre essas consequências. O texto de Feenberg (2010a) sugere um passeio histórico da *téchne* desde seu surgimento na Grécia Antiga até os dias de hoje e apresenta características da tecnologia na contemporaneidade, como determinismo, instrumentalismo, substantivismo e teoria crítica. É necessário que o aluno discorra sobre essas características.

2. Nessa atividade, o aluno deverá desenvolver em seu artigo as influências de Heidegger (2007) para a filosofia da tecnologia. Para isso, é necessário compreender a análise de Heidegger sobre a técnica, a princípio, como um estabelecimento de fins que requer meios apropriados em favor do ser humano. A técnica é vista pelo autor como algo que condiciona e determina a existência humana. Também é essencial que o aluno compreenda o significado da técnica moderna, que pode ser vista como um princípio que mecaniza a natureza, isto é, que a domina e a explora. Sem dúvida, é preciso mencionar o fato de a técnica moderna ter se transformado em um bem a serviço do homem. O problema, porém, é quando esse bem é empreendido contra o próprio homem.

Capítulo 6

Atividades de autoavaliação

1. d
2. b
3. c
4. e
5. c

Atividades de aprendizagem

Questões para reflexão

1. Nessa questão, é necessário desenvolver, com base no que foi discutido no capítulo, as características das éticas que Hans Jonas chamou de *tradicionais*. Para isso, o aluno precisará abordar valores que até o século XIX determinavam e conduziam a uma boa vida. Valores como bravura, coragem e compaixão, durante muito tempo, serviram de inspiração e eram atitudes honrosas na sociedade. Para Jonas, esses valores tornaram-se envelhecidos e insuficientes, isto é, diante dos avanços tecnológicos e das ameaças que poderemos enfrentar nas gerações futuras, precisamos de novos valores e de uma nova ética capaz de direcionar nossas ações no presente em favor do futuro. Para esse novo modelo ético, valores como informação, temor, prudência e responsabilidade são determinantes para a efetivação do princípio ético de Jonas.

2. Na segunda questão, o aluno deverá abordar o tema da responsabilidade segundo Hans Jonas. Para isso, é fundamental levar em consideração os tipos de responsabilidade que existem na sociedade, isto é, a contratual e a natural. Sem dúvida, os dois tipos de responsabilidade são determinantes à efetivação da ética para as gerações futuras, mas a responsabilidade do tipo natural tem como principal característica a não reciprocidade, ou seja, em uma relação entre pais e filhos não há interesses, pois o pai sempre tenderá a defender sua prole, sem cobrar nada do filho futuramente. Na responsabilidade contratual, o político assume a tarefa de administrar e cuidar do bem público. Analisando os acontecimentos recentes na história do Brasil, podemos duvidar desse tipo de responsabilidade apontado por Jonas no fim da década de 1970, bem como questioná-la. Resta ao aluno desenvolver essas ideias e apontar os limites da teoria de Jonas.

Atividades aplicadas: prática

1. Nessa atividade, o aluno deverá fazer um resumo do capítulo mencionado e, posteriormente, elaborar um texto dissertativo apresentando os valores que Jonas elenca como determinantes para a formação de um princípio ético que tenha como objetivo salvaguardar a vida das gerações futuras. É interessante mencionar o fato de que, nesse capítulo, o autor trabalha com a ideia de envelhecimento dos valores das éticas tradicionais, em virtude de seu caráter imediato de atuação. No entanto, esses valores ainda são louváveis em situações pontuais, ou seja, ninguém questionará alguém que se atira na água para salvar uma criança que está se afogando. O fato é que, diante da magnitude e da ambivalência do poder tecnológico conferido ao homem na contemporaneidade, não podemos creditar toda a nossa confiança nesses valores tradicionais. Por isso, são necessários novos valores, capazes de nos alertar sobre os perigos que a tecnologia pode representar à vida humana e dos demais seres vivos.

2. Nessa atividade, é necessário desenvolver um texto que aborde as principais características do princípio responsabilidade. É fundamental examinar a definição de *futurologia comparativa* como um conjunto de procedimentos tecnológicos e científicos que levem em consideração as inúmeras ameaças que o ser humano enfrenta com o uso desenfreado da tecnologia. A visualização de um possível mau desse uso tende a tornar as ações do ser humano mais responsáveis. É importante levar em consideração, também, o conceito de heurística do temor, ou seja, diante da visualização dos efeitos negativos de nossas ações no futuro, devemos agir com temor, isto é, sabendo dos possíveis riscos e perigos, nos questionar como devemos agir. O homem, portanto, é o único ser vivo agente de responsabilidade, isto é, o único ser vivo que tem como obrigação ética salvaguardar a vida no planeta e garantir a permanência e a preservação da vida nas gerações futuras.

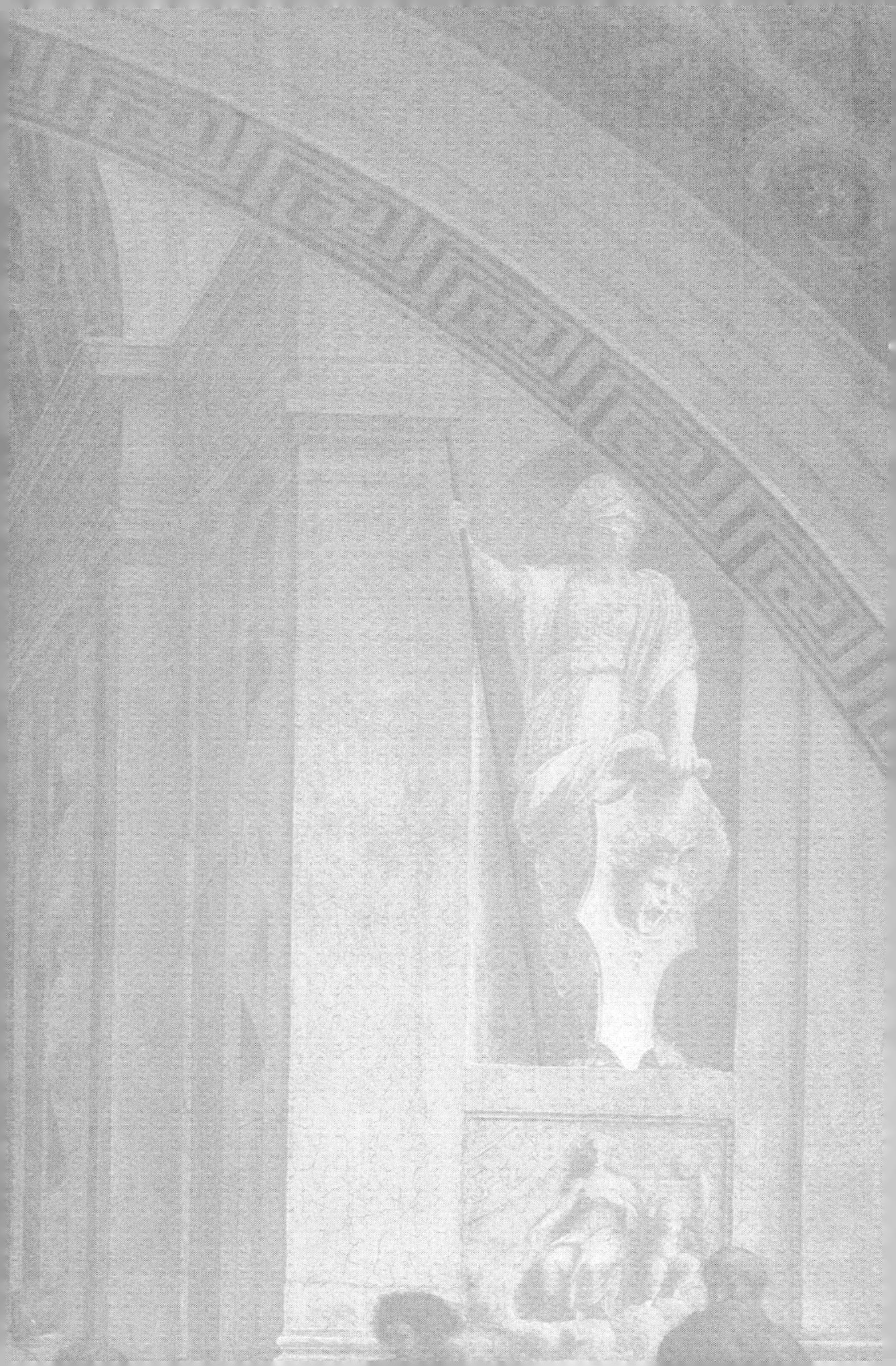

sobre o autor

Leonardo Nunes Camargo é doutorando e mestre em Filosofia pela Pontifícia Universidade Católica do Paraná (PUC-PR), especialista em Ética pela mesma instituição e bacharel em Filosofia pela Faculdade Vicentina (Favi). É membro do Grupo de Trabalhos Hans Jonas da Associação Nacional de Pós-Gradução em Filosofia (Anpof). Coautor da obra *Filosofia hermenêutica* e autor do capítulo "Transumanismo: desafios e perspectivas para a filosofia contemporânea", que integra a obra *Bioética no século XXI*, organizada por Ana Figueiredo Sol e Steven S. Gouveia. Publicou diversos artigos científicos sobre o pensamento de Hans Jonas e Wittgenstein. Atualmente, pesquisa temas relacionados ao transumanismo, à técnica e à ética. Suas pesquisas estão centradas nos pensamentos de Hans Jonas e Martin Heidegger.

A Escola de Atenas (Scuola di Atene)
Rafael Sanzio, 1509-1510
afresco, 500 × 770 cm
Stanza della Segnatura, Musei Vaticani
Città del Vaticano

Impressão:
Dezembro/2018